Roturando los caminos

Perfil biográfico de
D. José María Hernández Garnica

EDICIONES PALABRA
Madrid

Colección: Testimonios
Director de la colección: Javier Martín Valbuena

Paseo de la Castellana, 210 - 28046 MADRID (España)
Telf.: (34) 91 350 77 20 - (34) 91 350 77 39
www.palabra.es
epalsa@palabra.es

Diseño de cubierta: Raúl Ostos
ISBN: 978-84-9840-671-9
Depósito Legal: M. 18.521-2.012
Impresión: Gráficas Anzos, S. L.
Printed in Spain - Impreso en España

José Carlos Martín De la Hoz

Roturando los caminos

Perfil biográfico de
D. José María Hernández Garnica

testimonios

INTRODUCCIÓN

Después de la canonización del Fundador del Opus Dei, llevada a cabo por Juan Pablo II el 6 de octubre de 2002, cobran especial relieve las vidas de tantos hombres y mujeres que han buscado la santidad siguiendo el ejemplo y las enseñanzas de san Josemaría Escrivá de Balaguer[1]. En las siguientes líneas nos proponemos explicar el porqué de esta consideración.

Precisamente en la homilía de ese día, el Santo Padre se dirigía a la multitud que abarrotaba la Plaza de San Pedro con estas significativas palabras en las que resumía brevemente el espíritu del Opus Dei: «El trabajo y cualquier otra actividad, llevados a cabo con la ayuda de la gracia, se convierten en medios de santifi-

---

[1] Cfr. A. Vázquez de Prada, *El Fundador del Opus Dei*, Rialp, Madrid 2002, Vol. II, p. 399. Se han publicado también los Vol. I (Madrid 1997) y III (Madrid 2003). Sobre san Josemaría Escrivá de Balaguer (1902-1975), fundador del Opus Dei hay, además, una amplísima bibliografía.

J. M. Fernández Montes, O. Díaz Hernández, F. M. Requena, *Bibliografía general de Josemaría Escrivá de Balaguer: obras de san Josemaría*, Studia et Documenta (SetD) 1/2007, 425-506. Se puede consultar una semblanza reciente en M. Dolz, *San Josemaría Escrivá de Balaguer. «Mi madre la Iglesia»*, Edibesa, Madrid 2010, 399 pp.

Como iremos viendo a lo largo de estas páginas, los fieles del Opus Dei se referían familiarmente a san Josemaría como el Padre y, después de su fallecimiento, como nuestro Padre.

cación cotidiana. [...] Siguiendo sus huellas, difundid en la sociedad, sin distinción de raza, clase, cultura o edad, la conciencia de que todos estamos llamados a la santidad»[2].

La llamada universal a la santidad recordada por el Concilio Vaticano II es moneda común en la Iglesia. Pero, por un querer de Dios, desde el 2 de octubre de 1928, fecha de la fundación del Opus Dei, la búsqueda de la plenitud del amor de Dios en los quehaceres ordinarios fue el ideal de vida de san Josemaría y de quienes le siguieron, que en cierto modo anticiparon la doctrina conciliar[3].

En los años 60, en una entrevista concedida por el Fundador del Opus Dei a un periodista italiano afirmaba: «La Obra no se basa en el entusiasmo, sino en la fe. Los años del principio –largos años– fueron muy duros, y solo se veían dificultades. El Opus Dei salió adelante por la gracia divina y por la oración y el sacrificio de los primeros, sin medios humanos. Solo había juventud, buen humor y el deseo de hacer la voluntad de Dios. Desde el principio, el arma del Opus Dei ha sido siempre la oración, la vida entregada, el silencioso renunciamiento a todo lo que es egoísmo, por servir a las almas»[4].

En estas palabras hay un apretado resumen del espíritu del Opus Dei y también un delicado elogio de quienes siguieron a su Fundador en los primeros años,

[2] JUAN PABLO II, *Homilía en la ceremonia de Canonización de san Josemaría Escrivá de Balaguer*, 6-X-2002.

[3] La Prelatura del Opus Dei es una institución de la Iglesia católica que, por inspiración divina, impulsa y difunde la llamada a la santidad personal y al apostolado en los quehaceres ordinarios del cristiano. Cfr. D. LE TOURNEAU, *El Opus Dei*, Oikos-tau, Barcelona 1986.

[4] J. ESCRIVÁ DE BALAGUER, *Conversaciones*, Rialp, Madrid 1987, n. 68.

cuando estaba todo por hacer. Vivieron de su fe en Dios y de su confianza en san Josemaría. Uno de ellos fue José María Hernández Garnica (Madrid 1913-Barcelona 1972), que entregó su vida a Dios en el Opus Dei el 28 de julio de 1935.

El Siervo de Dios, como ya le llama la Iglesia, fue Doctor Ingeniero de Minas, Doctor en Ciencias Naturales, Doctor en Teología y ejerció su profesión en la Empresa Electra de Madrid. Posteriormente, el 25 de junio de 1944 recibió la ordenación sacerdotal de manos del obispo de Madrid, Monseñor Leopoldo Eijo y Garay. Después, san Josemaría le encargó especialmente el impulso de la labor apostólica del Opus Dei entre las mujeres, lo que compaginó con otras muchas tareas sacerdotales por todo el país.

Más tarde, marchó a desarrollar su ministerio sacerdotal en varios países de Europa. Trabajó en Inglaterra, Irlanda, Francia, Austria, Alemania, Suiza, Bélgica y Holanda. Falleció con fama de santidad el 7 de diciembre de 1972 en Barcelona. El haber caminado por lugares tan distintos, en continua adaptación a diversas culturas y ambientes, le hace ser un buen ejemplo para la evangelización de la vieja Europa.

Pasados los años y fundamentada su fama de santidad y favores, la Prelatura del Opus Dei solicitó al cardenal Arzobispo de Madrid la apertura del proceso diocesano de vida, virtudes y fama de santidad del Siervo de Dios. La Primera sesión del Proceso tuvo lugar en Madrid el 28 de febrero de 2005 y la clausura, el 17 de marzo de 2009. El 18 de marzo de 2010, la Congregación de las Causas de los Santos emanó el Decreto de validez de la investigación diocesana acerca de la vida y virtudes del Siervo de Dios. Actualmente se trabaja en la redacción de la *Positio* acerca de la vida, virtudes y fama de santidad del Siervo de Dios, que habrá de ser estudiada por esa Congregación.

Desde la muerte de José María Hernández Garnica se han ido extendiendo su fama de santidad y los favores atribuidos a su intercesión. Son numerosas las personas que ven en él un modelo y un intercesor y que esperan el juicio de la Iglesia sobre su santidad.

En el año 2004, Palabra[5] publicó un pequeño trabajo biográfico sobre el Siervo de Dios, que se ha agotado. Posteriormente, en el 2010, la iglesia de Montalegre de Barcelona editó una nueva versión de esa semblanza que también se agotó[6]. Son muchas las voces que han pedido la redacción de un trabajo más extenso.

En las siguientes páginas procuraremos dar respuesta a esa petición. Para esto abordaremos un perfil humano y espiritual de D. José María Hernández Garnica, desgranando las diversas virtudes y facetas de su carácter, al hilo de una narración de tipo cronológico. Tomaremos como base, fundamentalmente, las numerosas relaciones testimoniales escritas por familiares, amigos y personas que lo trataron a lo largo de su vida. Estas testimoniales nos servirán para dejar hablar a quienes lo conocieron y trataron, y nos proporcionarán un recuerdo vivo de D. José María. También nos servirá de hilo conductor de esta semblanza el epistolario del Siervo de Dios, así como sus escritos. Toda esa documentación se encuentra en el Archivo General de la Prelatura (AGP) en una localización provisional (JHG).

---

[5] J. C. Martín De La Hoz, *Por los caminos de Europa*, Palabra, Madrid 2004, 96 pp.

[6] *Ibíd.*, *Abriendo horizontes*, Iglesia de Montalegre, Barcelona 2010, 96 pp.

Pensamos que con esta nueva aproximación a la figura de D. José María Hernández Garnica hemos dado una nueva respuesta a las peticiones de información de los que acuden a su intercesión y a otras que lo están tratando ahora y que desean conocerle más.

Capítulo I
LOS ORÍGENES

Las raíces familiares

José María Hernández Garnica nació en Madrid, el 17 de noviembre de 1913. Siempre se consideró madrileño no solo porque lo era de nacimiento, sino por su mentalidad, por sus expresiones castizas y, sobre todo, por el modo de afrontar la vida.

De todas formas, no es posible dejar de lado los orígenes cántabros de su familia y, sobre todo, el mar de Noja, un pueblecito pesquero de la costa santanderina. En esa localidad todavía se conserva la Casona familiar de los Garnica, construida en el siglo XVII y que pasó a José Garnica Rosado en el siglo XIX de manos de Dámaso Ris.

Las raíces cántabras de D. José María proceden de su madre, Doña Adela Garnica Echeverría[1], una mujer de gran categoría humana y cristiana, prudente, discreta. Entre otras características de su personalidad, destacaba por su carácter fuerte, algo que transmitió a

[1] Era hija de José Garnica Díaz, natural de Madrid, Catedrático de Derecho Internacional de la Universidad Central, casado con Adela Echeverría Bardel, natural de Los Arcos (Navarra).

sus hijos. Había nacido en 1872 y falleció en Madrid el 29 de octubre de 1964, a los 92 años. Era la segunda de una saga familiar: los Garnica Echeverría, una familia relacionada con el mundo de la Banca y de la Industria[2].

Doña Adela era una mujer piadosa, de fe profunda; se esforzó toda su vida, incluso ya con mucha edad, en acudir a la Santa Misa a diario y rezar el Santo Rosario. Solía leer muchas vidas de santas, sobre todo si eran madres de familia.

También destacaba por su gran inteligencia y capacidad de penetración en los asuntos. Era muy culta. Conocía muy bien la literatura española y era una gran narradora de cuentos; también le gustaba evocar las historias de la familia, como la vida de la abuelita chilena.

Los Garnica eran callados, familiares, trabajadores, sobrios y personas de trato fácil. A pesar de los medios económicos de que disponían, nunca hacían ostentación. Se notaba en ellos raigambre cristiana. Pasaban los veranos en Noja, donde muchos de ellos tenían casa. En aquellos años del siglo pasado los veraneos eran de tres meses, por lo que la unión era muy grande. Después, en Madrid, seguían viéndose con frecuencia y así lo recordaba María Ángeles Ruiz Garnica: «Cuando falleció mi abuela, los hermanos Garnica, mis tíos, decidieron visitarse todas las semanas. Un día a la semana

[2] El padre de Doña Adela, José Garnica Díaz (1841-1925), nació en Mataró (Barcelona). Ocupó, entre otros, los cargos de Presidente de la Audiencia de Madrid, Magistrado de la Sala 1ª del Tribunal Supremo, Vocal de la Comisión de Codificación, Subsecretario del Ministerio de Gracia y Justicia, Diputado y Vicepresidente del Congreso. Fue uno de los plenipotenciarios españoles que firmaron en París, en 1898, el Tratado de paz por el que España perdía sus últimas colonias: Cuba, Puerto Rico y Filipinas.

Cfr. M. A. De Gregorio y De Colmenares, *Los Garnica de la merindad de Trasmiera*, edición restringida del autor, Madrid 1997 (ejemplar nº 45, en AGP, JHG, D-00239), pp. 24 ss.

cada uno se quedaba en casa por la tarde y era visitado por el resto. Esta costumbre y la estancia de la mayoría de los hermanos en los veranos en Noja han hecho que la familia Garnica haya estado muy unida»[3].

En Noja, el hermano de Doña Adela –Pablo Garnica Echeverría– tenía una casa conocida como la Casona. Disponía de una amplia capilla donde cabían todos, incluidos tíos, primos y sobrinos. D. Pablo, como sus predecesores de la Casona, se ocupaba de que hubiera un sacerdote en la casa todo el verano. De ese modo, se celebraba la Santa Misa por la mañana todos los días, y por la tarde tenía lugar la Exposición y Bendición con el Santísimo y rezo del Santo Rosario. También el sacerdote estaba disponible para atenderles espiritualmente. En la pared están enmarcados los títulos de concesión de la capilla.

Los domingos se abrían las puertas porque toda la familia se juntaba para oír la Santa Misa[4], incluso el tío Isidro Garnica, el hermano pequeño de los Garnica Echeverría, que era militar de alta graduación, y venía desde Solances con su mujer.

Los días del verano transcurrían lentamente. Las fotografías que se conservan de aquella época muestran un ambiente muy agradable; las personas de edad charlaban en el amplio jardín, jugaban a las cartas o daban un paseo. Los jóvenes iban al mar o hacían deporte en la

---

[3] Testimonio de María Ángeles Ruiz Garnica, Archivo General de la Prelatura del Opus Dei (AGP), Sección José María Hernández Garnica (JHG), Testimonio (T) número: 00255, p. 1. «Éramos una familia muy unida, nos veíamos con frecuencia. En esto era ejemplar el tío Pablo Garnica: todas las tardes, en día fijo, las familias se visitaban. Los lunes en la casa del tío Isidro, los sábados en la de tía Mercedes, los viernes en la de la tía Adela, etc. En esos encuentros se comentaban las grandes y pequeñas noticias. Por eso estábamos muy unidos. También fueron momentos importantes los veranos en Noja, donde casi toda la familia coincidía».

[4] «En la Casona de Noja se conserva una fotografía suya, ordenado de sacerdote». Testimonio de Pablo Garnica Gutiérrez, AGP, JHG, T-00250, p. 1.

pista de tenis o salían de excursión. También tenían clases de inglés y alemán. Actualmente se conserva en el jardín la estatua de D. Pablo Garnica Echeverría que sufragó el Ayuntamiento de Noja.

Doña Adela tenía veneración por su hermano Pablo y, después de enviudar, fue su consejero habitual para todos los asuntos de su casa. La figura de D. Pablo Garnica Echeverría[5] imponía mucho, por su categoría humana y su relevancia social, pues era Presidente del Banco Español de Crédito (Banesto)[6]. Relataba José Francisco González de Castejón: «Recuerdo que D. Pablo celebraba un Consejo de Administración del Banco Español de Crédito, en verano, en su casa de Noja. Ese día no podíamos salir con bicicletas, pues venían 7 u 8 coches de los Consejeros del Banco y podían atropellarnos»[7]. Todo un acontecimiento para la localidad.

---

[5] Pablo Garnica Echeverría (1876-1959), una de las personalidades importantes de la economía española de la primera mitad del siglo XX. Abogado del Estado desde 1903, recibió la gran Cruz de la Orden de Isabel la Católica en 1910, y perteneció al Consejo Superior Bancario. Fue diputado en 1901, afiliado al partido liberal, ocupó una secretaría del Congreso en 1905. En 1918 fue Ministro de Abastecimientos con García Prieto, y Ministro de Gracia y Justicia en 1919 con Allende Salazar. Fue nombrado Administrador Delegado del Banco Español de Crédito en 1924, y Presidente del mismo desde 1932 hasta su fallecimiento en 1959. Ocupó también diversos cargos al terminar la guerra civil española, como la presidencia del Monopolio de Petróleos, la Asociación de la Banca española, y Portland Ibérica. Cfr. G. BLEBERG, *Diccionario de Historia de España*, Alianza Editorial, Madrid 1979, Vol. II, p. 186.

[6] El Banco Español de Crédito (Banesto) se fundó en 1902. El Banco de mayor implantación en España en cuanto a número y distribución de sucursales, sobre todo en pequeñas localidades. Fue clave para el desarrollo del país especialmente después de la guerra, bajo la Presidencia de Pablo Garnica Echeverría. A este le sucedió Luis Gómez-Acebo, Marqués de Deleitosa, y después José María Aguirre Gonzalo, con el que sería Director General Pablo Garnica Mansi: cfr. Banco Español de Crédito, *Historia del Banesto*, Seix Barral, Barcelona 1952.

[7] Testimonio de José Francisco González de Castejón Hernández, AGP, JHG, T-00249, p. 1.

Vayamos ahora al padre de D. José María. Se llamaba José María Hernández Delás[8], y había nacido en Valencia, en 1871. Provenía de una familia de marinos. Su padre había participado en diversas misiones en el Atlántico, en Filipinas y, finalmente, fue Comandante de Marina de Tarragona.

José María era el mayor de tres hermanos. Cursó sus estudios de bachillerato en Barcelona. Se trasladó a Madrid para estudiar la prestigiosa carrera de Ingeniero de Caminos y lucía entonces una barba muy elegante. Después de concluir los estudios se decidió por la investigación y desarrollo de la electricidad en España.

Era un hombre recto, sereno, de carácter fuerte. Tenía, como era normal entre los ingenieros de la época, una gran admiración por Alemania, a donde había viajado muchas veces. En uno de los viajes a París adquirió uno de los primeros coches que circularon en España. Su mentalidad europea le llevó a procurar que sus hijos aprendieran alemán, además de inglés y francés.

Desarrolló su categoría profesional y buen hacer en la empresa Electra de la capital de España, hasta que en 1920 ascendió a Inspector del Cuerpo de Ingenieros. Desde 1929, perteneció al Consejo de Obras Públicas del Ministerio de Fomento. Falleció en Santander el 28 de agosto de 1934.

Adela y José María se conocieron en Madrid. Tras un noviazgo al estilo de la época, que comenzó en el madrileño Parque del Retiro, se comprometieron. Estuvieron siempre muy enamorados. La boda se celebró el 10 de

---

[8] Era hijo de José María Hernández García de Quesada, natural de Motril (Granada). Criado en Barcelona, era marino. Comandante de Marina de Tarragona. Su mujer era Concepción Delás y Foxá, natural de Gerona. Cfr. J. F. GONZÁLEZ DE CASTEJÓN, *Genealogía de la familia Hernández*, edición particular, Madrid 2009.

abril de 1899 en el Palacio episcopal de Madrid y bendijo el enlace Mons. José María de Cos, entonces Obispo de Madrid-Alcalá[9].

Así pues, los padres de D. José María Hernández Garnica gozaron de buena posición social y procuraron dar una esmerada educación cristiana a sus hijos. Vivieron en Madrid, en el barrio de Salamanca. Primero, en el número 49 de la calle Claudio Coello. Posteriormente se trasladaron a Recoletos número 10, esquina a la calle Villalar y, finalmente, a Conde de Aranda número 14.

Además de José María, que era el menor de los hijos, tuvieron otros cinco: las gemelas Adela y María de la Concepción (1900), que enfermaron al poco de nacer y de las que solo sobrevivió Concha, Fernando (1910), María de las Mercedes (1911) y María Luisa (1912). Concha permaneció con su madre toda la vida. Mercedes, dotada de una gran inteligencia y corazón, fue traductora en la Unesco, y también quedó soltera. Fueron Fernando y María los que dieron descendencia a sus padres, y ambos tuvieron muchos hijos. A lo largo de la vida, José María fue tratando y conociendo a los sobrinos, que le guardaban cariño y admiración.

José María Hernández Garnica nació en Madrid el 17 de noviembre de 1913[10]. A los cuatro días de su nacimiento fue bautizado en la parroquia de San José en la calle de Alcalá. Se le pusieron los nombres de José María, Augusto y Gregorio. Sus padrinos de bautismo fueron su tío, Joaquín Hernández Delás, y la esposa de este, María Núñez[11].

---

[9] Cfr. Partida de matrimonio canónico en AGP, JHG, D-01448. Partida civil en AGP, JHG, D - 01455.

[10] Cfr. Partida de nacimiento en AGP, JHG, D-01195.

[11] Cfr. Certificación de partida de butismo en AGP, JHG. D-00197. «Mi madre era Carmen Hernández Núñez, y mi abuela, María de las Mercedes Núñez del Río, estaba casada con Joaquín Hernández Delás; mis abuelos

Fue confirmado, como era costumbre en la época, con cinco años, en la madrileña capilla de Loreto[12]. Hizo la primera Comunión en 1921 en la Parroquia de la Concepción, en la calle Goya, con sus compañeros de Colegio[13].

Al ser el más pequeño de los hijos, su formación y cuidado fueron, si cabe, aún más esmerados. D. José María recordaba siempre que en la familia se querían entrañablemente. En una carta desde la clínica, en Colonia, tras una operación de un tumor de piel, recordaba un detalle de su infancia: «cuando tenía 11 años y celebraba mi familia las bodas de plata de mis padres, los hijos regalamos un centro de mesa, que ellos escogieron y a mí me dieron 25 pesetas para contribuir al regalo»[14].

En 1923 inició el bachillerato en el Colegio de Nuestra Señora del Pilar, que regentaban con altura académica y moral los Hermanos Marianistas, situado en la calle Castelló[15]. Allí permaneció hasta obtener el título de bachiller en Ciencias en julio de 1929[16]. Tanto en casa

---

fueron los padrinos de bautizo de Chiqui, como le solíamos llamar en familia, y guardaban de él un gran recuerdo». Testimonio de José Francisco González Castejón Hernández, AGP, JHG, T-00249, p. 1.

12 La capilla de Loreto dependía de la Parroquia de Nuestra Señora de Covadonga, cuyos archivos fueron destruidos durante la guerra civil. En el expediente de órdenes del Siervo de Dios se conservan las declaraciones juradas de su madre y del párroco de Covadonga, donde se garantiza la recepción de este sacramento, cfr. AGP, JHG, D-00155/2 y 00155/4.

13 «Fue al colegio del Pilar (Marianistas) e hizo la Primera Comunión en 1921, en la Parroquia de la Concepción, en la calle de Goya, con su clase del colegio». Testimonio de María y Teresa Temes Hernández, AGP, JHG, T 00060, p. 1.

14 Carta de José María Hernández Garnica a san Josemaría Escrivá de Balaguer, Colonia, 24.II.1962, AGP, JHG, A - 01057.

15 Cfr. AA. VV., *El colegio del Pilar, 75 años*, Colegio del Pilar, Madrid 1983.

16 Según la legislación vigente, el colegio estaba adscrito al Instituto Cardenal Cisneros y, a través de él, a la Universidad Central. Estas dos instituciones eran las que examinaban y daban validez oficial a los estudios de los alumnos del Colegio El Pilar: cfr. AGP, JHG, D-00266. Expediente certificado de la estancia del Siervo de Dios en el Colegio El Pilar, Madrid 21 de

como en el colegio comenzaron a denominarle Chiqui. En el Colegio le tenían conceptuado como un alumno bien dotado, sencillo, confiado, constante, aunque algo rebelde. De aquella época también se ha conservado su nerviosismo ante los exámenes orales.

José María era de natural tímido y más bien callado. Como muchos jóvenes de su generación, era deportista de verano. Entonces jugaba al tenis, andaba en bicicleta, se bañaba en el mar. En invierno apenas hacía deporte. Seguía las peripecias de los equipos de fútbol. Lo normal en aquella época. Precisamente, en 1926, a la salida de un estadio tuvo una caída y, como consecuencia, se le atrofió un riñón, que le sería finalmente extirpado en 1940[17].

Como estaban muy unidos, los primos se trataban mucho: Pablo Garnica Mansi (futuro Presidente del Banco Español de Crédito), Gabriel Garnica Mansi (Ingeniero de Minas), Rosario, Piti, María José, Teresa. Tenía dos primas monjas: Anusca (Ana Isabel Ruiz Garnica), religiosa de la Asunción, y María Josefa Morales Garnica, monja de las irlandesas. Fue muy amigo de su primo Gabriel, a quien casó y con el que estuvo muy unido toda la vida. No solo habían realizado los mismos estudios, también compartían gustos y aficiones[18].

Terminado brillantemente el bachillerato, decidió estudiar Ingeniería de Minas. Su padre, Ingeniero de Caminos, influyó en su decisión, pero también su tío Pablo, que tenía intereses en el campo de la minería en

abril de 2006: cfr. AGP, JHG, D-01414 y expediente certificado del Instituto Cardenal Cisneros, AGP, JHG, D-01340.

[17] Cfr. Historia clínica del Siervo de Dios en AGP, JHG, D-00199, p. 1.

[18] Testimonio de Teresa Garnica Mansi, AGP, JHG, T-00258, p. 1. Cfr. Testimonio de Adela Morales Garnica, AGP, JHG, T-00259, p. 1.

Rodalquilar (Almería)[19], y su primo Gabriel, que ya había iniciado esos estudios.

Empezó entonces a preparar el ingreso en la Escuela de Ingenieros de Minas, que contaba con plazas limitadas. Las Escuelas especiales gozaban ya entonces de gran prestigio social y mucha vigencia profesional. Poner por obra esa ilusión, tarea nada fácil, requería superar las duras pruebas de acceso. Como era habitual, acudió a una Academia especializada en esas materias.

Por fin, tantas horas de estudio dieron su fruto. En septiembre de 1932, superados los exámenes de ingreso, inició la carrera[20]. En el examen último de 1932 se encontró con Álvaro del Portillo[21], a quien conocía del Colegio del Pilar y del barrio porque eran vecinos: vivía en Conde de Aranda 12, y se presentó simultáneamente a Minas y a Caminos. Finalmente optó por lo segundo[22].

---

[19] Consta que esos intereses continuaron. En 1963 el ingeniero jefe del distrito minero de Almería era Ramón Garnica Abril, casado con María de la Cruz Parody.

[20] Cfr. Expediente certificado de estudios de Ingeniería de Minas, AGP, JHG, D-00202 y D-01440.

[21] El Siervo de Dios Mons. Álvaro del Portillo y Diez de Sollano (1914-1994). Ingeniero de Caminos y Doctor en Filosofía y en Derecho canónico. Se incorporó al Opus Dei en 1935. Ordenado sacerdote el 25 de junio de 1944, junto con los Siervos de Dios José Luis Múzquiz y José María Hernández Garnica. Colaboró estrechamente con san Josemaría hasta su fallecimiento, en 1975. Desempeñó, además, numerosos encargos de la Santa Sede, entre los que destaca su activa participación en los trabajos del Concilio Vaticano II. En 1975, tras el fallecimiento de san Josemaría, fue elegido para sucederle en el gobierno del Opus Dei. Años más tarde de la erección del Opus Dei como Prelatura personal en 1982, fue ordenado obispo en 1991. Falleció en Roma el 23 de marzo de 1994. Su proceso de canonización se inició en marzo de 2004. La *Positio super vita, virtutibus et fama sanctitatis* fue entregada en la Congregación de las Causas de los Santos en el 2010. Sobre su vida, cfr. S. BERNAL, *Recuerdo de Álvaro del Portillo*, Rialp, Madrid 1996, pp. 30 y 48.

[22] Cfr. JOSÉ MARÍA HERNÁNDEZ GARNICA, *Meditaciones*, 19-II-1972, AGP, JHG, E-61, p. 1 (Cuando ya no podía hablar, y con el deseo de ayudar a los que convivían con él, escribía meditaciones para ayudarles en la práctica de la oración mental).

Los nervios de José María ante los exámenes orales afloraron de nuevo en aquella ocasión, pero logró superarlos. De hecho, en uno de los ejercicios, un examen escrito, consiguió el máximo número de puntos. Los profesores del tribunal, al verlo tan perfecto, sospecharon que había copiado. Le hicieron un examen oral y comprobaron que dominaba la asignatura.

La carrera discurrió con normalidad. Superó siempre todas las asignaturas en la convocatoria ordinaria de junio. Sus calificaciones le colocaron entre los mejores del curso. El primer año terminó con el nº 4 de la promoción. En el segundo curso siguió en el nº 4 y en el tercero pasó al nº 3. En cuarto, que fue el último antes de la guerra civil española, obtuvo el nº 2. Después de la guerra, en el curso de 1939 a marzo de 1940, terminó la carrera con el nº 3 y la calificación de *Muy bueno*.

Chiqui, como le llamaban en casa y sus amigos, no solo destacaba por su memoria, sino también por la capacidad de síntesis. Su afición a las asignaturas de Geología hizo que, al finalizar la guerra, pudiera realizar, con gran rapidez, la licenciatura y el doctorado en Ciencias Naturales[23].

Entre sus compañeros de la Escuela de Minas destacamos este comentario de Manuel Madina: «Conocí a José María Hernández Garnica en Madrid en 1932 cuando comenzamos el primer curso de Ingenieros de Minas en la Escuela de la calle Ríos Rosas de la capital. Fuimos compañeros de promoción y terminamos el Proyecto fin de Carrera en 1941. José María era sobrino de Pablo Garnica Echeverría, un hombre importante en el mundo económico español del siglo XX, pues era Presidente de Banesto. Se notaba en José María una educa-

[23] Cfr. Certificado de estudios y expediente completo de sus estudios en la Facultad de Ciencias de la Universidad de Madrid, AGP, JHG, D-00208.

ción esmerada. Su comportamiento era muy bueno. Destacaba por su inteligencia y extraordinaria memoria. Era elegante, alegre, aunque de natural callado. Era un buen compañero y buen cristiano. No nos tratamos mucho fuera de clase, pues él tenía su familia en Madrid, y yo provenía de Bilbao, y tenía mi grupo de amigos con otros vascos que estudiábamos en Madrid. Teníamos algunos amigos comunes, como Luis Genua[24] o Mateo Azúa»[25].

Chiqui tenía ya entonces carácter y mucha simpatía humana. Era servicial y divertido. Se notaba su agudeza de mente, rapidez de pensamiento y su gran memoria[26]. Tanto en su casa como en el colegio, le ayudaron a aficionarse a la lectura. Aunque fuera claramente un hombre de ciencias, poseía un gran bagaje cultural a través de las horas de lectura, y conocía ampliamente la literatura y el arte. Todo eso contribuía a que se estuviera a gusto con él.

Gracias a los meses de verano en Noja y a las excursiones de campo que llevaba a cabo en sus estudios, fue desarrollando una gran capacidad de observación. De todas formas, como expresó muchas veces, le gustaba más el campo que la montaña.

---

24 «En aquel ambiente previo a la Guerra Civil española, me dedicaba fundamentalmente a estudiar, aunque también daba paseos con los Azúa, con José María Hernández Garnica y otros estudiantes». Testimonio de Luis Genua Sansinenea, AGP, JHG, T-01242, p. 1.

25 Testimonio de Manuel Madina Azcárate, AGP, JHG, T-01317, p. 1. Cfr. Testimonio de Joaquín Martínez de Velasco, AGP, JHG, T-01307, p. 1.

26 Testimonio de Adolfo Llorente Llorente, AGP, JHG, T-00031, p. 31. «Era muy inteligente y tenía una memoria prodigiosa. Alguna vez san Josemaría, presumiendo como cualquier padre de la memoria de ese hijo suyo, le preguntaba delante de nosotras qué autor clásico y en qué libro decía tal cosa, y D. José María contestaba sin titubear; podía decir hasta la página de la cita». Testimonio de Dorotea Calvo Serrador, AGP, JHG, T-00010, p. 4.

La situación política en Madrid se había ido complicando desde 1931[27]. El 14 de abril llegó la República y, con ella, los artículos antirreligiosos de la Constitución que terminó por aprobarse en octubre de 1931. Las quemas de conventos, que sucedieron desde mayo de ese año, hizo que los jóvenes católicos se sintieran llamados a participar más activamente en la vida pública[28].

Cuando Chiqui terminó segundo de carrera, sucedió un hecho que cambió el rumbo de su existencia. Repentinamente, el 28 de agosto de 1934, mientras estaban veraneando en Noja, el padre de Chiqui empezó a tener grandes dolores. Le trasladaron al hospital de Santander, donde murió a las pocas horas, a causa de una peritonitis[29]. Se da la circunstancia de que un año antes había fallecido Joaquín Hernández Delás, el hermano de su padre, de una septicemia fulminante[30].

Este inesperado fallecimiento supuso un duro golpe para Chiqui, le dio que pensar y le llevó a replantearse el sentido de su existencia y la necesidad de estar más cerca de Dios. Hasta entonces, su vida espiritual había sido la normal entre los jóvenes católicos de la época: algunas oraciones a lo largo del día y la asistencia a la misa dominical con sus padres. Como muchos alumnos del colegio El Pilar, perteneció a la Congregación mariana allí establecida. Poco después de regresar a Madrid, conoció al Fundador del Opus Dei y, a través de él, Dios encauzó los deseos de conversión y de mejora espi-

---

[27] Cfr. G. Redondo, *Historia de la Iglesia en España. La II República 1931 1936*, Rialp, Madrid 1993, pp. 266-279.

[28] Cfr. V. M. Arbeloa, *La Semana trágica de la Iglesia en España (8-14-X-1931)*, Encuentro, Madrid 2006, 383 pp.

[29] Cfr. J. F. González De Castejón, *Genealogía de la familia Hernández*, edición particular, Madrid 2009.

[30] Cfr. Partida de defunción de José María Hernández Delás en AGP, JHG, D-00203.

ritual que habían brotado en su interior con ocasión de la muerte de su padre.

Descubrimiento de la llamada de Dios

El verano terminó con esa pena en el alma y con una inquietud. Fue difícil para él la vuelta a la vida normal en octubre. Se incorporó a sus estudios de tercer curso de Ingeniería de Minas y comenzó a buscar una orientación para su vida espiritual.

Tenemos la suerte de que se conserve un escrito autobiógrafico, redactado a comienzos de 1942 por el propio José María, que nos servirá de hilo conductor en las próximas líneas: «Al llegar a Madrid, quería asistir a alguna clase sobre asuntos religiosos o conferencias, o alguna otra cosa análoga. Andaba bastante despistado pues, desde que salí del colegio, no me había ocupado para nada de estos asuntos. Estuve en la Juventud de Acción Católica de la Parroquia de la Concepción, y no cuajé; fui a la Federación de Amigos de la Enseñanza, en Claudio Coello 31, a unas charlas sobre el Evangelio que venían anunciadas en un periódico, y también pregunté a un compañero mío de clase, a Mateo Azúa[31], si sabía de algún sitio en que hu-

[31] Mateo de Azúa Dochao. Ingeniero de Minas, compañero de promoción. Mateo había conocido a san Josemaría Escrivá y asistido a medios de formación en la Residencia DYA, de Ferraz 50, desde 1934. Cfr. AGP, RHF, D-03696. «Acudí a la Academia DYA, en la calle Luchana de Madrid, en 1934, acompañando a Luis y Mateo Azúa, que eran de Bilbao y preparaban, como yo, el ingreso en las Escuelas Especiales. De hecho, Mateo Azúa se presentó a Minas, como hice también yo, aunque finalmente acabé ingresando en Caminos». Testimonio de Luis Genua Sansinenea, AGP, JHG, T-01242, p. 1. Años después, cuando Chiqui se ordenó sacerdote, Mateo Azúa le escribió una emotiva carta: «No quiero que pase el día de hoy sin ponerte unas líneas para felicitarte en nombre de mi mujer y en el mío propio por tu suerte en poder cantar el próximo día 25 tu primera Misa. Aunque, desde que en Madrid nos separamos, hemos tenido pocas relaciones literarias, no por eso me he olvidado de mis compañeros y menos de quien,

biese algo de lo que yo buscaba. Mateo ya iba por las clases de formación que entonces daba el Padre (así denominaban familiarmente al Fundador del Opus Dei), pero, como me conocía de tiempo atrás, no se atrevió a llevarme y me puso en una "auténtica cuarentena"».

Por fin, un día de octubre de 1934, Mateo Azúa decidió presentar a Chiqui a san Josemaría y lo llevó a la Academia-Residencia DYA en la calle de Ferraz 50. DYA era una iniciativa planteada por Josemaría Escrivá de Balaguer para impulsar la labor apostólica con universitarios y mejorar la formación de los primeros fieles del Opus Dei. Las siglas significaban Derecho y Arquitectura, pero para el Fundador y los que le seguían tenían un sentido más hondo: Dios y Audacia[32]. Allí se estudiaba, se impartían cursos de formación cristiana y se animaba a los jóvenes a santificar el trabajo y a crecer en amor a Dios.

Continuemos con la narración de nuestro protagonista: «Un día, después de estudiar juntos en casa las asignaturas de la Escuela, hacia las 6 de la tarde, me dijo que dejásemos de estudiar, pues él tenía algo que hacer. Yo le pregunté qué era lo que tenía que hacer, y me contestó que tenía que ver a un sacerdote. Y añadió: "Si no tienes nada que hacer, acompáñame". Yo me figuraba que le acompañaba únicamente por el camino; durante este, le dije: "¿Dónde vamos?". Y me dijo: "A una casa de la calle Ferraz, donde vive ese sacerdote". Y entonces le pregunté: "¿Es que está enfermo?". "No. Es un sacerdote que da unas clases para estudiantes". (Creo que no me

entre ellos, es además amigo». Carta de Mateo Azúa a José María Hernández Garnica, Bilbao 8-VI-1944, AGP, JHG, C-194.

[32] Cfr. A. VÁZQUEZ DE PRADA, *El Fundador del Opus Dei*, Rialp, Madrid 1997, Vol. I, pp. 508-519. JOSÉ LUIS MÚZQUIZ DE MIGUEL, *Mis recuerdos del Padre* (sobre san Josemaría), AGP, Registro Histórico del Fundador (RHF), D-04417, p. 10.

dijo más; si me lo dijo, yo no me enteré de nada). "¿Jesuita?", pregunté. "No. Un sacerdote secular"».

A partir de aquel momento empezó a participar de la vida de la Residencia: «estuvimos esperando un rato a que el Padre saliera de una de las clases y me habló de la labor que desarrollaba con los estudiantes. Quedé en ir todos los miércoles (creo, casi seguro, que fue ese día) a las clases. No sé si fue en la primera o en otra de las primeras clases a las que asistí, pues el curso estaba ya empezado, cuando el Padre habló de director espiritual y, como de costumbre, al final de la charla dijo que el que tuviese alguna duda o necesitase alguna aclaración, que podía ir libremente a consultarle. Yo en mi vida había oído hablar de director espiritual y, si lo había oído, no le había hecho ni pizca de caso, de modo que para mí todo lo que dijo el Padre era cosa nueva y la verdad es que me enteré muy poco»[33].

Otro día, un domingo del mes de octubre, después de asistir a la Santa Misa con algunos amigos, subió a la Residencia DYA[34] para hablar con san Josemaría[35], quien le acogió con una gran confianza, pues nada más llegar a la casa, después de hablar un rato, le dijo: «¡Hombre, Chiqui, muy bien! Ten, coge este martillo y unos clavos y, ¡hala!, a clavar allá arriba»[36].

---

[33] José María Hernández Garnica, *Recuerdos de los años treinta*, AGP, JHG, E-468, p. 1.

[34] La primera sede de la Academia DYA (Derecho y Arquitectura) estuvo en la calle Luchana 33. Luego se trasladó a la calle Ferraz, número 50, donde se instaló también la primera residencia universitaria. Más tarde, tuvo su sede en la calle Ferraz, número 16. Cfr. A. Vázquez De Prada, *op. cit.*, Vol. I, pp. 508-518.

[35] «Después de algunas cavilaciones, de que si no estaría, de que si era una tontería, etc., me decidí y fui a Ferraz a ver al Padre el domingo siguiente. Iba con mi sombrero negro, con mi cuello duro y con una cara muy seria (según me dice el Padre muchas veces)». José María Hernández Garnica, *Recuerdos de los años treinta*, AGP, JHG, E-1468, p. 1.

[36] A. Vázquez De Prada, *El Fundador del Opus Dei*, *op. cit.*, Vol. I, p. 527.

Estaban instalando el baldaquino del presbiterio del futuro oratorio de la Residencia y el Fundador del Opus Dei le animó a colaborar en el trabajo que estaban haciendo. El gesto agradó al Siervo de Dios que, desde ese instante, haciendo un arreglo doméstico se sintió como en su casa. Así lo narró el propio Chiqui muchas veces[37].

Aquel domingo Chiqui había asistido a la Santa Misa con sus mejores galas. En aquella época algunos jóvenes pusieron de moda el cuello duro. Los madrileños, tan dados a las bromas, empezaron a denominarles con el apelativo de «pollos peras».

Precisamente, san Josemaría al recordar esa escena muchas veces añadía con buen humor una broma sobre la indumentaria. Lo relataba Margarita Urieta: «Nuestro Padre nos habló de la vocación de D. Álvaro y de D. José María, "dos pollos peras de cuello duro" -comentó bromeando-. Nos contó que la primera vez que D. José María estuvo en la residencia le había dado un martillo y unos clavos y que se había pasado la mañana trabajando la mar de contento, que Dios lo había premiado con la vocación porque siempre había estado disponible»[38].

---

[37] «Como yo entonces era más callado que un pez y muy poco comunicativo, el Padre, para que me acostumbrase a ir más a menudo por casa y a tomar todas las cosas de casa por nuestras, me llevó al cuarto que se estaba arreglando para oratorio y allí me armó con un martillo y, subido a una escalera, estuve arreglando el dosel que se estaba poniendo al altar». JOSÉ MARÍA HERNÁNDEZ GARNICA, *Recuerdos de los años treinta*, AGP, JHG, E-1468, p. 1.

[38] Testimonio de Margarita Urieta Pueyo, AGP, JHG, T-01328, p. 2.

«Aunque, a decir verdad, no era muy habilidoso de manos para hacer trabajos materiales de carpintería, etc., se ocupaba con gusto y aplicación en esos trabajos. Se diría que a D. José María este primer encuentro con el Fundador no se le olvidó nunca y le dio como una tendencia a buscar las ocasiones de poder hacer trabajos materiales. En Alemania conservamos algunos altares de madera, pintados y decorados con mucho gusto por él mismo. Se utilizan y los conservamos como recuerdos muy queridos. Asimismo, tenemos un montón de cuadros, la mayoría representaciones de la Madre de Dios, hechos con láminas de arte pegadas sobre una tabla fina con un marco a propósito y barnizadas de forma que parecen auténticas y

Un testigo de lo sucedido aquel día, José Ramón Herrero[39], lo resumía así: «Conocí a Chiqui, así le llamábamos familiarmente, en otoño de 1934 cuando apareció un día acompañando a un amigo a la Residencia DYA en Ferraz 50. Debió de ser un domingo al final de la mañana, que era la hora que yo solía acudir allí, también solía ir los martes por la tarde. Aquel día estábamos en plena instalación del oratorio de la Residencia. Recuerdo que san Josemaría nos lo presentó: "aquí está Chiqui, un buen estudiante de Minas". Y le animó a unirse a nosotros. Se quitó la chaqueta –llevaba cuello duro– y tomó el martillo. En el primer golpe se pilló un dedo: ahí terminó su ayuda en aquel día»[40].

Mientras tanto, las circunstancias políticas de España se estaban complicando enormemente. El 4 de octubre de 1934 se constituyó el gobierno, en el que participaban, por primera vez, a pesar de ser el grupo mayoritario en la Cámara, algunos diputados de la CEDA (Confederación Española de Derechas Autónomas), y al día siguiente, la izquierda anunció una huelga general, y sucedió el estallido revolucionario que sacudió Asturias y Cataluña y dejó estremecido al país[41].

---

que se conservan en muchas habitaciones». Testimonio de Alfonso Par Balcells, AGP, JHG, T-00043, p. 10.

[39] José Ramón Herrero Fontana (n. 1917). Abogado. Conoció a san Josemaría en 1933, y asistió durante ese año al primer curso de formación. Frecuentó la Academia DYA y la Residencia de Ferraz. La guerra le sorprendió en Logroño y quedó sin contacto con las personas de DYA. Cuando san Josemaría llegó a Burgos, se reanudó nuevamente el trato, por carta y con algunas visitas.

[40] Testimonio de José Ramón Herrero Fontana, AGP, JHG, T-00245, p. 1. «Un día llegó a la Residencia un estudiante muy elegante, lo que se llamaba entonces un *pollo pera*. Llevaba corbata de pajarita. El Padre le animó a colaborar con nosotros; le dio un cuadro, una punta y un martillo, y le dijo, sonriente: "Hala, cuelga este cuadro". Pero, al dar el primer golpe, se lastimó el dedo. Era José María Hernández Garnica». Testimonio de Manuel Pérez Sánchez, AGP, APD, T-00431, p. 4.

[41] Cfr. G. REDONDO, *Historia de la Iglesia en España 1931 1939, op. cit.*, Vol. I, pp. 406-416.

Al ser comienzo de curso académico, muchos de los alumnos de la Universidad Central de Madrid retrasaron su llegada a la capital hasta comprobar cómo evolucionaban los acontecimientos. La consecuencia inmediata para la Residencia de la calle Ferraz fue que gran parte de las plazas se quedaron vacías. En febrero, ante la falta de ingresos, se rescindió el contrato de la tercera planta, y todo queda unificado en la Residencia. La reacción de san Josemaría y de los primeros de la Obra fue verdaderamente sobrenatural, como quedó reflejado, posteriormente, en una parte del punto número 12 de *Camino*, donde, años después, san Josemaría Escrivá anotará: «¿Qué importa que de momento hayas de recortar tu actividad si luego, como muelle que fue comprimido, llegarás sin comparación más lejos que nunca soñaste?»[42].

Chiqui comenzó a tener dirección espiritual con el Fundador del Opus Dei y frecuentó los medios de formación cristiana que se impartían allí. Así lo relataba José Gabriel de la Rica: «De sus propios relatos oí cómo en el año 1934 conoció a san Josemaría Escrivá, a la Obra que este acababa de comenzar unos años atrás. En esa época, todo el Opus Dei lo constituían unas cuantas personas. Pero la perspectiva del trabajo apostólico que le comunicó el Fundador unida a la fe que tenía le hizo decidirse en unas pocas semanas a unirse a lo que entonces, humanamente, solo se podía considerar como una locura. Esta fe en Dios y una confianza absoluta en nuestro Padre le duró toda su vida»[43].

Sus conversaciones con san Josemaría, los ratos de oración, las horas de estudio y el trato con los otros estudiantes que frecuentaban DYA fueron calando en su alma. Años más tarde, rememorando los primeros me-

---

[42] J. Escrivá De Balaguer, *Camino*, edición crítico-histórica preparada por P. Rodríguez, Rialp, Madrid 2002, n. 12.

[43] Testimonio de José Gabriel de la Rica Olave, AGP, JHG, T-00045, p. 1.

ses en la Residencia de la calle Ferraz, escribía Chiqui: «Yo había nacido en una familia cristiana y había recibido la educación complementaria en un colegio dirigido por religiosos. Cuando ya tenía 20 años fui por primera vez por la Residencia de estudiantes de la Obra, allí pude descubrir un mundo nuevo –y no me refiero a la vocación al Opus Dei–, que era sacar sentido a la vocación y a las virtudes cristianas, aprender a tratar con Dios hasta alcanzar el concepto de hijo de Dios. Y en todo ello un lento, pero constante, ascender en las virtudes cristianas. [...] Es decir, que aprendimos [...] el trato con Dios –el hablar con Dios–, el conocer la amorosa Providencia divina que nos llevaba a la filiación divina, el sentido sobrenatural del trabajo, que daba un sentido cristiano completo a nuestra vida»[44].

En estas sencillas palabras autobiográficas hay un resumen intenso de ese clima de formación personal, que se impartía en la Academia DYA, y que será característico en la vida apostólica de la Obra en el mundo entero. Así lo resume el teólogo José Luis Illanes: «la labor de DYA toma cuerpo y, el año siguiente, en 1934, se amplía dando vida a una residencia: un lugar en el que no solo se ofrece enseñanza complementaria de la que se imparte en la Universidad, sino donde es dado encontrar un ambiente, un hogar que sea ámbito de formación de personas. Porque este es un ideal que subyace a toda la Obra de Escrivá de Balaguer: aspira a formar hombres, a formar cristianos y a formarles a fondo»[45].

Al Siervo de Dios le atrajo especialmente el ambiente de hogar, de alegría, que se respiraba en la Residencia. A

[44] José María Hernández Garnica, *Meditaciones*, 8 de mayo de 1972, AGP, JHG, E 69.

[45] J. L. Illanes, *La universidad en la vida y enseñanza de Mons. Escrivá de Balaguer*, en AA. VV., *La personalidad de Mons. Escrivá de Balaguer*, Eunsa, Pamplona 1994, p. 107.

lo largo de su vida recordó muchas veces que san Josemaría hizo que se pusieran en un cuadro las palabras del mandamiento del amor, tomadas de san Juan: «Un mandamiento nuevo os doy, que os améis unos a otros; como yo os he amado, amaos también unos a otros. En esto conocerán todos que sois mis discípulos, si os tenéis amor entre vosotros» (*Jn* 13, 34-35). De ese modo se metía en las almas de aquellos estudiantes la necesidad de quererse y de comprender los puntos de vista ajenos[46].

José Ramón Herrero comentaba de Chiqui un detalle simpático: «Debería de ir a la Residencia a otras horas distintas de las mías, pues no coincidíamos mucho. Sí lo suficiente para conservar de él la imagen de un joven elegante, amable, sencillo, alegre, más bien callado, inteligente. No cantaba bien, pues tanto a él como a mí se nos animó amablemente a dejar de participar en el coro de voces de estudiantes: no teníamos nada de oído. Debió de pasarlo mal al entonar los cantos litúrgicos en las ceremonias a lo largo de su vida, cuando se ordenó sacerdote»[47].

Chiqui fue profundizando en su vida espiritual con las prácticas de piedad que le indicaba san Josemaría. Aprendió a hacer el ofrecimiento de obras y a luchar por tener presencia de Dios durante el día. Rezaba el Rosario y hacía un buen rato de oración mental por la mañana y por la tarde. Incorporó a su vida pequeñas morti-

[46] Cfr. P. CASCIARO, *Soñad y os quedaréis cortos*, Rialp, Madrid 1996, p. 182; J. F. COVERDALE, *La fundación del Opus Dei*, Ariel, Barcelona 2002, p. 128; JOSÉ LUIS MÚZQUIZ, *Mis recuerdos del Padre*, AGP, RHF, D-04417, p. 18.

«Allí me dejaron solo con l'Abbé Garnica, que enseguida me habló del primer encuentro que tuvo con el fundador del Opus Dei, cuya foto la identifiqué sobre la chimenea. Era en una residencia de estudiantes. El Padre le había dicho: "Esta casa es tuya. Si quieres coger esta mesa, te la puedes llevar. Pero, como tienes sentido común, te darás cuenta de que la necesitamos y no te la llevarás". Enseguida me di cuenta de su gran afecto por el fundador». Testimonio de François Gondrand, AGP, JHG, T-01302, p. 1.

[47] Testimonio de José Ramón Herrero Fontana, AGP, JHG, T-00245. p. 1.

ficaciones habituales, así como pequeñas penitencias corporales. Muchas veces le costaba esfuerzo, pero no le faltaban la reciedumbre y la generosidad necesarias para cumplirlas. Para asistir a la Santa Misa debía madrugar mucho y recorrer cierta distancia. Acudía diariamente a las siete de la mañana a la iglesia del Cristo de la Salud, en la calle Ayala, y luego iba a las clases de la Escuela de Minas, situada en Ríos Rosas. Este plan de vida que aprendió de san Josemaría y que incorporó a su quehacer habitual le ayudaba a encontrar a Dios en medio de las tareas cotidianas[48].

Su madre, viuda y preocupada por su hijo menor, estaba sorprendida por los madrugones de Chiqui y le pidió al portero que lo siguiese y averiguase dónde iba. Así supo que asistía diariamente a la Santa Misa y se quedó tranquila, pero el portero tomó nota del hecho[49].

Cuando llegó el final de curso, Chiqui se incorporó al servicio militar y no acompañó a su familia a Noja. En esas semanas del mes de julio tuvieron lugar los momentos clave de su vida. Volvamos a su narración de 1942: «También tuve la "suerte" de que, en el sorteo para el servicio militar que me tocaba hacer ese año, me correspondiese empezarlo en verano (el primero de julio), y con ese motivo tuviese que pasar ese verano en Madrid; por eso y por lo que me animaban, iba bastante a Ferraz. Empezaron unas clases de francés, me sospecho

---

[48] El plan de vida que le proponía san Josemaría era normas de piedad, sencillas y tradicionales en la ascética cristiana, pero, como decía el Prof. Coverdale: «Lo nuevo en este plan de vida era su finalidad. Estaba pensado para ayudar a la gente comprometida en la búsqueda de la santidad a encontrar a Dios en medio del mundo». J. F. COVERDALE, *La fundación del Opus Dei*, *op. cit.*, p. 119.

[49] «La imagen que conservo de él es la de una buena persona, callada, alegre. Era piadoso, su madre le veía salir muy temprano a Misa cada día: lo comentaba con frecuencia». Testimonio de Teresa Garnica Mansi, AGP, JHG, T-00258, p. 1.

que con el único motivo de "pescarnos" a varios. Aunque a mí no me hacían falta estas clases, pero me insistieron tanto, que me decidí a ir (creo que sabía más francés que el profesor). Además, me dejaba convencer, porque estaba muy a gusto en Ferraz»[50].

En aquellos días previos a su respuesta a la llamada de Dios en la Obra, intervino decisivamente Álvaro del Portillo, quien se había entregado a Dios en el Opus Dei el 7 de julio de 1935[51]. Así lo relataba Chiqui: «Delante del pequeño grabado de Cristo en la barca con los apóstoles, con el texto de san Marcos cap. 1, versículo 16, escrito de puño y letra del Padre ("Y, al pasar junto al mar de Galilea, vio a Simón y a Andrés, el hermano de Simón, que echaban las redes en el mar, pues eran pescadores": *Mc* 1, 16), Álvaro hacía comentarios *ad hoc* para que me decidiera a servir a Dios»[52]. Como ya se ha dicho, Álvaro del Portillo vivía también en la calle Conde de Aranda y era casi de su misma edad[53]. Se habían conocido desde niños. Durante toda su vida el Siervo de Dios guardó en el alma el agradecimiento por esta intervención de Álvaro y la veneración hacia su persona, a quien consideró ejemplo de santidad y entrega en el Opus Dei.

Como narraba el propio Chiqui, con su característico estilo castizo: «A primeros de julio cayó[54] Álvaro Portillo

---

50 José María Hernández Garnica, *Recuerdos de los años treinta*, AGP, JHG, E-1468, p. 2.

51 Cfr. S. Bernal, *Recuerdo de Álvaro del Portillo*, *op. cit.*, p. 13.

52 José María Hernández Garnica, *Meditaciones*, 19-II-1972, AGP, JHG, E-61.

53 Vivían muy cerca, en la calle Conde de Aranda, 14 y 16, respectivamente. Sabemos la línea de tranvía que usaban, por un comentario de D. Álvaro, sobre Isidoro, que también vivía cerca. «Me acuerdo muy a lo vivo de cuando volvíamos en el tranvía en el 49 juntos, a casa de nuestras familias respectivas». Testimonio de Álvaro del Portillo y Diez de Sollano sobre Isidoro Zorzano, AGP, IZL, T-00094, p. 3.

54 Quiere decir que Álvaro del Portillo se entregó a Dios.

y ya era otro más a meterse conmigo. En este noté el cambio, pues antes no me decía nada y, la verdad, yo pensaba por dentro: "También este pelmazo se mete ahora a decirme cosas". Iba todas las tardes a la oración. Algún día lo hacía el Padre y en alguna de ellas debió de decir cosas bastante claras, porque al salir me decían: "La verdad, que ha estado bien el Padre, ha dicho las cosas muy claras". Yo estaba en "Babia" y no me enteraba. Otro domingo del mes de julio quisieron darme lo que después de la guerra llamamos dar "el paseo" al Cerro de los Ángeles; pero después de cenar se suspendió el viaje. El último domingo de julio, por la tarde, me hablaron en un cuarto de la calle de Ferraz de la Obra. Me decidí y dije que sí. El Padre me dijo que esperara a decidirme a que terminase un triduo al Espíritu Santo y que, después de hacerlo, que "si seguía en mis trece" ya veríamos. Total, que fue que sí»[55].

El 28 de julio solicitó la admisión en la Obra. Desde entonces aumentó la preocupación apostólica por sus amigos. Como recordaba Pedro Casciaro[56], que pidió la admisión en el Opus Dei meses después: «El Padre aludía, en aquellas charlas, al fuego del amor de Dios; nos decía que teníamos que pegar este fuego a todas las almas con nuestro ejemplo y nuestra palabra, sin respetos humanos; y nos preguntaba si no tendríamos entre nuestros amigos algunos que pudieran entender la labor

[55] JOSÉ MARÍA HERNÁNDEZ GARNICA, *Recuerdos de los años treinta*, AGP, JHG, E-1468, p. 2.

[56] Rev. D. Pedro Casciaro Ramírez (1915-1995). Licenciado en Ciencias Exactas. Uno de los primeros miembros del Opus Dei (1935). Se ordenó sacerdote en 1946. En 1949 se trasladó a México para comenzar, junto con otros, los apostolados del Opus Dei en ese país. En 1957, recibió el encargo del Fundador de viajar a Centroamérica, Colombia y Ecuador, para consolidar las labores recién comenzadas. En 1958 se desplazó a Kenya por la misma causa. Desde octubre de 1958 hasta mayo de 1966 estuvo junto a san Josemaría, trabajando en el Consejo General del Opus Dei y en la Región de Italia. Regresó a México en 1966, donde ejerció su labor pastoral hasta su muerte.

de formación que se llevaba a cabo en la Residencia»[57]. Chiqui era uno más entre los que acudían a la residencia de Ferraz, e invitaba a sus amigos para que recibieran formación cristiana. Con su buen humor y sus frases castizas madrileñas, hacía reír a todos.

Su lucha por vencer la timidez fue constante a lo largo de aquellos primeros años. Lo recordaba Lourdes Toranzo: «Una y otra vez le pedíamos a D. José María que nos hablase de estas cosas de familia; nunca sospechamos el esfuerzo de tantas horas seguidas de hablar sin pausa, venciendo aquella timidez que tanta molestia tenía que ocasionarle. Un día nos dijo: "Cuando llegué a la Obra, pensé que jamás podría pronunciar media hora de oración en voz alta; ni, menos, dar una clase. Si ahora me dicen que, mientras siga hablando, no me ahorcan..., no me llega esa tortura; puedo hacerlo día y noche sin inmutarme"»[58].

El clima de violencia que caracterizó la preguerra civil se acentuó en los primeros meses del nuevo año. Tras las elecciones de febrero de 1936, que ganó el Frente Popular, se multiplicaron las huelgas y los enfrentamientos callejeros. Ese ambiente, lejos de paralizar la vida de la Residencia, la hizo crecer en hondura. San Josemaría animaba a aquellos jóvenes a seguir santificando el trabajo ordinario y a realizar un intenso apostolado personal[59]. Aquel clima de serenidad y exigencia en el estudio

---

57 P. CASCIARO, *Soñad y os quedaréis cortos*, *op. cit.*, p. 31.

58 Testimonio de Lourdes Toranzo Fernández, AGP, JHG, T-00058, pp. 1-2. «Sin hacer ni decir nada que le permitiese vanagloriarse, sino únicamente para que nos moviera a ser más generosas en la entrega, comentaba que desde sus primeros años de vocación había pedido al Señor y seguía haciéndolo no acostumbrarse nunca a las cosas que le costaban; pedía que le siguiesen costando, para poder ofrecérselas a Dios». Testimonio de Carmen Mouriz García, AGP, JHG, T-00037, p. 3.

59 Cfr. A. VÁZQUEZ DE PRADA, *El Fundador del Opus Dei*, *op. cit.*, Vol. I, p. 577.

que se respiraba en la residencia de Ferraz era un remanso de paz en una sociedad que se iba alterando[60].

Una de las características del espíritu del Opus Dei, desde el comienzo, es el amor a la libertad. San Josemaría les enseñaba a confiar y respetar las ideas de los demás. En la Residencia de Ferraz, la variedad de opiniones era un hecho. Pedro Casciaro, años después, hablando del ambiente de la Residencia y de la formación que impartía san Josemaría, decía: «Entre los miembros del Opus Dei y entre los universitarios que trataba apostólicamente había, como es lógico, gran diversidad de posturas, y nos enseñaba a tener un gran respeto hacia la libertad de cada cual. "Mira –explicaba el Padre a un chico–, aquí nunca te preguntarán de política; vienen de todas las tendencias: carlistas, de Acción Popular, monárquicos de Renovación Española... Y ayer –le decía como ejemplo– estuvieron el Presidente y el Secretario de la Asociación de Estudiantes Nacionalistas Vascos"»[61].

En abril de 1936, mientras se celebraba el aniversario de la llegada de la República, se produjeron grandes altercados. Contemporáneamente, san Josemaría proseguía su tarea de formación. De aquellas fechas José Ramón Herrero recordaba que «en abril de 1936, en la Semana Santa, aprovechando la ausencia de los residentes, con motivo de las vacaciones escolares, san Josemaría impartió unos días de retiro espiritual en la Residencia. Un pequeño grupo de estudiantes nos trasladamos a vivir allí. Coincidimos Chiqui y yo en la misma habitación. Lógicamente hablamos poco, pues los dos deseábamos aprovechar intensamente aquellos días de oración y examen. Sí le recordé el incidente del martillo y nos reímos.

[60] Cfr. J. CERVERA, *Madrid en guerra. La ciudad clandestina 1936-1939*, Alianza, Madrid 1998, p. 36.

[61] *Ibid.*, pp. 66-67.

Aquellas jornadas produjeron mucho fruto en mi alma, y supongo que también en la suya, pues la predicación del Fundador del Opus Dei calaba hondo en el alma»[62].

Chiqui había iniciado su servicio militar el 1 de agosto de 1934 y se había licenciado el 12 de diciembre de 1935[63]. En junio de 1936 fue de nuevo movilizado, aunque se le concedió durante junio y julio un permiso –que se daba fácilmente– para realizar sus exámenes de cuarto curso y los viajes de prácticas[64].

Mientras, un grupo de miembros de la Obra que habían terminado los exámenes pasaban unos días en el campo, de convivencia. Otros preparaban los exámenes de junio que, como habían anunciado las autoridades académicas, serían duros pues se exigirían los programas completos de un curso caracterizado por las huelgas y enfrentamientos estudiantiles.

Por otra parte, Isidoro Zorzano[65], uno de los primeros miembros de la Obra, había pedido la excedencia en los ferrocarriles andaluces y se había trasladado a Madrid para ser el nuevo director de la Residencia. También, en aquellos días, Ricardo Fernández Vallespín[66] y Francisco

[62] Testimonio de José Ramón Herrero Fontana, AGP, JHG, T-00245, p. 1.

[63] Cfr. Expediente certificado del Servicio militar del Siervo de Dios (1934 a 1941) en AGP, JHG, D-00204.

«Cuando estalló la guerra en julio de 1936, estaba haciendo el servicio militar en El Pardo, bajo el mando de un Coronel llamado Gallego, conocido de la familia. En el mes de julio disfrutaba de dos meses de permiso para presentarse a los exámenes en la Escuela de Minas, y no iba por el cuartel». Testimonio de María y Teresa Temes Hernández, AGP, JHG, T-00060, p. 1.

[64] Cfr. *Diario de José Ramón Herrero Fontana*, AGP, RHF, D-03423, anotación del 3 de junio de 1936.

[65] Isidoro Zorzano Ledesma (1902-1943). Ingeniero industrial, uno de los primeros miembros del Opus Dei (1930). Falleció con fama de santidad y se inició su Causa de canonización en 1948. Cfr. J. M. PERO SANZ, *Isidoro Zorzano*, Palabra, Madrid 1996.

[66] Rev. D. Ricardo Fernández Vallespín (1910-1988). Arquitecto. Solicitó la admisión en el Opus Dei en 1933. Fue el primer Director de la residencia DYA. Trabajó como arquitecto desde 1940 hasta su ordenación sa-

Botella[67] preparaban su viaje a Valencia para ultimar la instalación de la Residencia de la ciudad levantina.

Los primeros y calurosos días del mes de junio, políticamente agitados, fueron de especial trajín en DYA. Se estaban trasladando desde la calle Ferraz 50, una casa de pisos, a Ferraz 16, un pequeño edificio donde se dispondría de más espacio y un poco de jardín.

El 13 de julio concluyó la mudanza; quedaba solo ultimar la instalación de la nueva casa. Ese día se conoció la noticia del asesinato de Calvo Sotelo, importante político de la oposición. Pocos días después, el 18 de julio estalló el levantamiento militar, que en Madrid tuvo especial incidencia en el Cuartel de la Montaña, situado enfrente de la Residencia de la calle Ferraz, donde se fueron concentrando algunos partidarios del alzamiento.

Mientras, el Fundador del Opus Dei y algunos más pasaron el día trabajando, pendientes de las noticias; al caer la tarde, san Josemaría envió a sus casas a todos, con el ruego de que llamasen por teléfono para confirmar que habían llegado bien. Con él se quedaron en Ferraz José María González Barredo[68] e Isidoro Zorzano[69].

---

cerdotal en 1949. En 1950 fue enviado por san Josemaría a Argentina y Uruguay para iniciar los apostolados del Opus Dei en esos países. En 1962 regresó a España y continuó desarrollando una intensa tarea pastoral hasta su fallecimiento, tras varios años de enfermedad.

[67] Rev. D. Francisco Botella Raduán (1915-1987). Catedrático de Geometría Analítica y Topología en las Universidades de Barcelona y Madrid. Presidente de la Real Sociedad Matemática Española y Secretario del Consejo Superior de Investigaciones Científicas (CSIC). Solicitó la admisión en la Obra en 1935. Ordenado sacerdote en 1946.

[68] José María González Barredo (1906-1993). Catedrático de Instituto de Física y Química. Catedrático de Química Física de la Universidad de Zaragoza. Profesor en Chicago University, en Harvard y Columbia, trabajó en el National Bureau of Standards y desarrolló una amplia actividad científica. Pidió la admisión en el Opus Dei en 1933. Con ocasión de sus investigaciones científicas pudo colaborar con el inicio de las labores apostólicas de la Obra en Alemania y Estados Unidos.

[69] Cfr. J. M. PERO SANZ, *Isidoro Zorzano*, *op. cit.*, p. 191.

El día 19 siguieron poniendo cuadros y lámparas. El Fundador del Opus Dei, por la tarde, les predicó la meditación. Esa noche, al regresar a sus casas, tuvieron que sortear varios controles. Mientras, el Gobierno había armado a las milicias populares y se preparaba el asalto del Cuartel de la Montaña. Aquella noche se cruzaron disparos y, al día siguiente, fue tomado el cuartel. San Josemaría tuvo que salir de la residencia con el mono de arreglos que utilizaba Chiqui. Había empezado la guerra civil española, que se prolongaría durante casi tres años[70].

La guerra civil española

Al estallar la guerra, José María no se incorporó a su regimiento porque este se había unido a la sublevación militar y se había trasladado a La Granja (Segovia); se ocultó en casa de su tío Pablo Garnica, en la calle Jorge Juan 5. Allí se concentraron varios jóvenes de la familia: su hermano Fernando, Pepe Garnica, Manolín Morales y Ricardo Garnica, todos ellos en edad militar. Se escondieron para no ser reclutados por el ejército republicano. La situación de Chiqui era más grave, pues estaba ya incorporado a filas, y podía ser considerado desertor. Al poco tiempo, llegó un grupo de milicianos que registraron la casa y se incautaron del piso. A los refugiados les dio tiempo para bajar al jardín interior del edificio, saltar una valla y alcanzar la calle Goya, donde se dispersaron[71].

---

[70] Cfr. J. F. Coverالde, *La fundación del Opus Dei, op. cit.*, p. 179. Cfr. AA.VV., *Historia General de España y América*, Rialp, Madrid 1986, Tomo XVII, pp. 347 y ss.

[71] Testimonio de Teresa Garnica Mansi, AGP, JHG, T-00258, p. 1.

«Sufrieron mucho mi marido (Ricardo Garnica) y Chiqui durante la guerra: he oído contar que, estando escondidos en la casa de D. Pablo Garnica en Jorge Juan 5, vinieron los milicianos y tuvieron que huir». Testimonio de Ana María Collantes Garnica, AGP, JHG, T-00256, p. 1.

Desde los primeros días de la guerra comenzaron los registros domiciliarios. Primero por la aparición de francotiradores y después buscando a los enemigos de la revolución marxista o amigos de los insurrectos. Al mismo tiempo, se intensificó una cruel persecución religiosa, inspirada por un odio furioso, superior a lo conocido hasta entonces. El furor de las masas se dirigió inicialmente contra la Iglesia: sacerdotes y religiosos fueron perseguidos y asesinados, las iglesias y conventos, incendiados y destruidos[72].

José María se refugió entonces en casa de su madre, en la calle Conde de Aranda 14, situada muy cerca de la vecina calle de Jorge Juan. Allí comenzó una etapa muy dura de aislamiento. Su madre y sus hermanos estaban en Madrid todavía, no así D. Pablo Garnica, que ya estaba en Noja, donde fue detenido y, posteriormente, canjeado.

Mientras su madre y sus hermanos Concha, Mercedes y Fernando estaban preocupados por la suerte de la contienda, Chiqui se sentía escondido en el piso; con el calor del verano, solo, abatido, con pocos ánimos.

En una de sus escasas salidas del domicilio familiar tuvo la suerte de encontrar a Álvaro del Portillo en el portal de la calle. Chiqui se encontraba nervioso y desconcertado ante la situación. Álvaro le orientó y fortaleció sus convicciones. Toda su vida recordó José María aquella conversación y otras que tendría luego en la cárcel de San Antón, donde coincidieron ambos en diciembre y enero siguientes[73].

---

[72] Cfr. G. Redondo, *Historia de la Iglesia en España. La guerra civil, 1936 1939, op. cit.,* vol. II, pp. 19-36; A. Montero, *Historia de la persecución religiosa en España 1936-1939*, BAC, Madrid 1961; V. Cárcel Ortí, *La persecución religiosa en España durante la Segunda República (1931-1939)*, Rialp, Madrid 1990.

[73] «Por lo que se refiere a don Álvaro, su admiración era, yo diría, que ilimitada; y mi impresión es que esa admiración empezó exactamente el mismo día en que, recién comenzada la guerra civil en España, se lo encontró por ca-

Álvaro, como Chiqui, era muy joven y apenas llevaban un año en el Opus Dei. La madurez humana y sobrenatural del que sería el primer sucesor de san Josemaría se fue mostrando nítidamente a los ojos de los primeros de la Obra y por supuesto del Fundador, en aquellos años de la guerra civil.

En los primeros días de octubre, Chiqui consiguió recuperar el contacto con el Fundador de la Obra y serenar su alma[74]. Pero, pocos días después, el 10 de noviembre, José María fue delatado por el portero de la finca y, capturado, ingresó en la Cárcel Modelo de Madrid[75].

Como otros estudiantes católicos, fue condenado a muerte a finales de noviembre por un tribunal popular.

---

sualidad en la calle. Contaba que él mismo estaba aturdido y desorientado ante los acontecimientos, sin saber a qué atenerse, pero que D. Álvaro le indicó con absoluta normalidad cómo tenía que comportarse hasta en detalles mínimos. Como ejemplo de su absoluta confianza en Dios y de su sangre fría, contaba también que en medio del evidente peligro, dada la edad de ambos y otras circunstancias, D. Álvaro le invitó a tomar una cerveza sentados delante de un bar madrileño donde le siguió dando consejos sobre cómo superar los peligros. Desde entonces, la confianza también en la gracia y las dotes de D. Álvaro probablemente fuesen también ilimitadas». Testimonio de Fernando Inciarte Armiñán, AGP, JHG, T-00026, p. 4.

74 Cfr. A. Vázquez De Prada, *El Fundador del Opus Dei*, Rialp, Madrid 2002, Vol. II, p. 41. Vid. Apéndice XVII, p. 710, diario de Juan Jiménez Vargas, día 7 de octubre de 1936.

75 «Chiqui se fue a la casa de su madre, en la calle Conde Aranda 14. No salía nunca de casa, pero el portero lo denunció y vinieron los milicianos a por él en noviembre de 1936. La familia ignoraba en qué cárcel había caído. Un antiguo criado de la familia Braulio Concepción, que era conserje en el Congreso, iba todos los días a los voceos y supo que Chiqui y un primo suyo, José Carlos Ruiz Garnica, estaban en La Modelo. Al bombardearse la Modelo, pasaron a la de San Antón». Testimonio de María y Teresa Temes Hernández, AGP, JHG, T-00060, p. 1.

«Se refugió primero en casa de su tío, D. Pablo Garnica, conocido hombre de la Banca, y luego en la casa de su madre en la calle Conde de Aranda, donde fue detenido y llevado a la Cárcel Modelo de Madrid, pasando muy pronto a la Cárcel de San Antón». Testimonio de Francisco Ponz Piedrafita, AGP, JHG, T-00044, p. 4.

José María pasó a la prisión de San Antón[76]. Fueron días de enorme tensión. Se sacaba de la cárcel a la gente de modo indiscriminado para fusilarla: el Siervo de Dios vio la muerte muy cercana.

El 27 de noviembre se le incluyó en una de las sacas de presos con destino al fusilamiento de Paracuellos del Jarama[77], pero se salvó milagrosamente en el último momento. Cuando estaba subido al camión, fue separado del resto[78]. Lo contaba años después en Alemania, y así lo escribe D. Alfonso Par, uno de los que le escucharon: «Quizá lo que padeció durante los meses de cárcel en la guerra civil española le dejó como un sello grabado en el corazón. El haber visto la muerte tan segura y cercana seguramente le abrió los ojos sobre lo poco que es todo lo terreno. D. José María nos lo contó en tertulias un par de veces: estaba condenado a muerte y ya le habían subido en el camión con todos los demás para fusilarles, cuando uno de los carceleros le dijo: "Tú, bájate". Así le salvó. Todos los demás fueron fusilados. Pienso que estas experiencias quizá contribuyeron a que D. José María estuviera tan desapegado de todo lo terreno y aun de su propia vida»[79].

Quedó a disposición del Tribunal de Represión del Fascismo, que le acusó de desafección al Régimen y le condenó a ocho meses de cárcel[80].

---

[76] Cfr. J. L. ALFAYA, *Como un río de fuego*, *op. cit.*, pp. 80-81. J. CERVERA, *Madrid en guerra*, *op. cit.*, p. 80.

[77] Respecto a las sacas de presos, cfr. J. CERVERA, *Madrid en guerra*, *op. cit.*, p. 86.

[78] Cfr. Testimonio de Francisco Botella Raduán sobre san Josemaría, AGP, RHF T 00159, I, p. 22. «Condenado a muerte ya muy avanzado noviembre de ese mismo año, cuando el día 27 salía ya con la expedición de los presos que iban a ser fusilados, le separaron del grupo porque había sido reclamado para ser juzgado por otro tribunal». Testimonio de Francisco Ponz Piedrafita, AGP, JHG, T-00044, p. 4.

[79] Cfr. Testimonio de Fernando Inciarte Armiñán, AGP, JHG, T-00026, p. 8.

[80] Cfr. Texto de la condena en AGP, JHG, D-00149.

La madre de Chiqui fue siguiendo todos los pasos de su hijo. Según parece, dieron resultado las gestiones del suegro de su hermana María, José Temes, Magistrado del Tribunal Supremo, quien consiguió que fuera reclamado para ser juzgado. Cuando la madre del Siervo de Dios supo que en el mes de diciembre se había empezado a normalizar la situación en la cárcel y que se cumplirían las penas, sin más sacas, comentó: «Chiqui se salva. Se ve que Dios le quiere para algo importante en la vida»[81].

San Josemaría e Isidoro Zorzano estaban, lógicamente, preocupados por Chiqui. Las visitas de Isidoro a la cárcel de San Antón fueron frecuentes y consoladoras[82], se veían en la Biblioteca de la cárcel, donde hablaban y rezaban juntos unos minutos[83].

En los diarios escritos por otros miembros del Opus Dei durante aquellos días se recoge su desmejorado aspecto: la afección de riñón, unida al hacinamiento, la precaria alimentación y los malos tratos iban haciendo mella en su salud[84].

---

[81] Testimonio de Teresa Temes Hernández, AGP, JHG, T-00060, p. 2.

[82] Cfr. Testimonio de José María Hernández Garnica sobre Isidoro Zorzano, AGP, IZL, T-00032.

«Estalla la guerra española. Fue preciso, en los primeros momentos, desperdigarse. Dejé entonces, por unos meses, de tener trato continuo con Isidoro. Desde la cárcel de San Antón pude enviarle en el mes de diciembre un recado, para que me dieran noticias del Padre, de todos: para que nos dieran noticias, mejor dicho, pues estábamos Chiqui y yo juntos en la cárcel». Testimonio de Álvaro del Portillo y Diez de Sollano, AGP, IZL, T-00094, p. 4.

[83] «Al comenzar la guerra mi hermano José Carlos, a pesar de que tenía 16 años, fue detenido. José Carlos coincidió en la cárcel con Chiqui. Recuerdo a Isidoro Zorzano con brazalete de súbdito argentino y a mi padre con brazalete de médico, visitando al primo Chiqui porque estaba enfermo, debió de ser en noviembre de 1936 o en enero del 37». Testimonio de María Ángeles Ruiz Garnica, AGP, JHG, T-00255, p. 1.

[84] En los diarios que se conservan de esos días, se constatan las visitas de Isidoro y de Manuel Sainz de los Terreros a la cárcel de San Antón. La primera anotación es del 26 de enero. Siguen anotaciones de visitas el 27, 29, 30, 31 de enero, 1, 2, 3, 4 y 5 de febrero. Cfr. Diario de Manuel Sainz de los Terreros, AGP, RHF, D-00637.

El 5 de febrero se confirmó la sentencia, y fue trasladado a Valencia[85]. Efectivamente, a las tres de la mañana del 6 de febrero de 1937 partió hacia la capital levantina[86]. Formó parte del cuarto envío de presos a esa ciudad. Los tres anteriores no llegaron a la ciudad del Turia porque los detenidos fueron fusilados a su llegada a Tarancón (Cuenca)[87]. Al llegar a Valencia ingresó en la Cárcel Modelo[88].

En julio de 1936, al estallar la guerra civil, Ricardo Fernández Vallespín y Francisco Botella estaban en Valencia para firmar el alquiler de la nueva Residencia de estudiantes. La firma no llegó a realizarse y Ricardo fue movilizado por el ejército republicano. Francisco permaneció en Valencia y se le unió Pedro Casciaro desde Murcia, donde le había sorprendido el comienzo de la guerra.

Las personas del Opus Dei que vivían en Valencia se esforzaron por visitar a Chiqui y llevarle alimentos. Las estrecheces de la prisión pusieron a prueba su reciedumbre. Junto con los paquetes de comida, básicos para sobrevivir, le hicieron llegar también noticias de san Josemaría, esenciales para su vida interior en aquella difícil situación[89].

---

85 Cfr. *Ibíd.*, anotación del 5 de febrero de 1936.

86 Salieron un total de 80 presos en esa expedición, 12 de los cuales eran de San Antón (cfr. Ibídem, anotación del 6 de febrero de 1936). «Luego supieron que S. Antón se había convertido en cárcel preventiva y que el mismo D. Ángel García guió la expedición en la que iba Chiqui, y que fue la única que llegó a su destino en S. Miguel de los Reyes, en Valencia. A los pocos días, recibieron una postal de Chiqui desde Valencia, diciendo que había llegado bien». Testimonio de María y Teresa Temes Hernández, AGP, JHG, T-00060, p. 2.

87 Cfr. J. CERVERA, *Madrid en guerra, op. cit.*, pp. 102-103.

88 Cfr. Texto y lugar donde cumple la condena en AGP, JHG, D-00149.

89 Consiguieron verlo en el mes de mayo. La conversación transcurrió entre un gran griterío, pero Francisco Botella pudo meter la cabeza entre los barrotes y hacerse entender. Le llevó las cartas de san Josemaría y unas palabras de aliento. Cfr. Testimonio de Francisco Botella Raduán sobre san Josemaría, AGP, RHF, T-00159, II. 21.

Mientras Chiqui permaneció en la cárcel de Madrid, Isidoro Zorzano visitaba a Adela Garnica, madre de José María[90], quien recordaba años después que Isidoro se tomó un gran interés por liberar a su hijo; llegó a conseguir que le declararan enfermo y le admitieran en un sanatorio, pero no pudo ir porque lo trasladaron a Valencia. Lo narraba Doña Adela: «Venía a vernos y a consolarnos, trayéndonos siempre noticias satisfactorias y cuando le decíamos que se arriesgaba mucho, decía que él no tenía que temer, por ser súbdito argentino; cuando todos sabíamos que a muchos extranjeros no les había defendido de la muerte el serlo»[91]. Cuando a Chiqui lo trasladaron a Valencia, Isidoro siguió visitando a su familia, transmitiéndoles las noticias que le llegaban de José María[92].

Al mismo tiempo, en una meditación predicada por san Josemaría en la Legación de Honduras, donde estaba refugiado, comentaba: «Yo padezco por aquellos miembros de la Obra, hijos míos, que están ausentes en la trinchera, en la cárcel [...]. Y Chiqui... ¡con cuánta paz nos cuentan que lleva sus sufrimientos! Tendrá sus cruces interiores pero también, como todos, sus consuelos; esos consuelos que Tú sabes dar. Pido por él y también por todos los que se encuentren en un trance difícil, sin conocerlo nosotros»[93].

En el diario que llevaba, Isidoro Zorzano recogió los desvelos de san Josemaría, de la madre de Chiqui y sus

[90] Cfr. Testimonio de José María Hernández Garnica sobre Isidoro Zorzano, AGP, IZL, T-00313, n. 603.

[91] Cfr. Testimonio de Adela Garnica Echevarría sobre Isidoro Zorzano, AGP, IZL, T - 00389, p. 1.

[92] Por ejemplo anota Isidoro en su diario: «La familia de Chiqui no había recibido carta suya, por lo que se alegraron extraordinariamente al saber que está atendido con toda solicitud por amigos nuestros y que habíamos recibido una tarjeta suya». Diario de Isidoro Zorzano, AGP, IZL, D-01122, anotación del día 18 de marzo de 1937.

[93] J. Escrivá De Balaguer, *Crecer para adentro*, pp. 25-26 (AGP, biblioteca, P12).

hermanos para encontrar un lugar a donde trasladar a José María cuando terminase el período de reclusión[94]. Pedro Casciaro recibió en el mes de abril una carta del Fundador del Opus Dei desde Madrid en la que le pedía que, cuando el Siervo de Dios saliera de la cárcel Modelo de Valencia, procurara irse con él a Alicante. Pero Pedro fue movilizado en mayo, se incorporó al ejército republicano y el plan no pudo llevarse a cabo[95].

A mediados de mayo, su hermano Fernando realizó diversas gestiones en el Palacio de Justicia de Madrid y confirmó que la salida de la cárcel de José María estaba prevista para finales de junio[96]. Esto aceleró el ritmo de búsqueda de un lugar adecuado. Gracias a Dios, la salud del Siervo de Dios iba mejor[97].

Finalmente, después de cumplir su condena, fue puesto en libertad el 30 de junio de 1937. Se dirigió a casa de Francisco Botella, donde hablaron largamente[98]. El 6 de julio salió rumbo a Alcalalí (Alicante), donde estaba Rafael Calvo Serer, uno de los primeros valencianos en pedir la admisión en el Opus Dei[99]. Aunque fueron días

[94] Cfr. Diario de Isidoro Zorzano, AGP, IZL, D-01122, días 12, 16, 17 de marzo de 1937.

[95] Cfr. P. CASCIARO, *Soñad y os quedaréis cortos*, *op. cit.*, p. 81.

[96] Cfr. Diario de Isidoro Zorzano, AGP, IZL, D 01122, días 14, 15 y 16 de mayo de 1937.

[97] Cfr. Ibídem, día 16 de mayo de 1937. «Su familia trató de buscar "algo seguro" para cuando Chiqui saliera de la cárcel de Valencia, donde estaría poco tiempo. También Isidoro Zorzano, que iba a visitarles casi a diario, estudiaba una manera de situarle. Buscando alguna solución, se les ocurrió pedir a un médico, conocido de la familia, un documento certificando la atrofia de un riñón y, por lo tanto, la incapacidad de alistarse. Para cuando lo consiguieron, Chiqui lo había resuelto de otra forma». Testimonio de María y Teresa Temes Hernández, AGP, JHG, T-00060, p. 2.

[98] Cfr. Testimonio de Francisco Botella Raduán sobre san Josemaría, AGP, RHF, T-00159, II, pp. 23-24.

[99] Rafael Calvo Serer (1916-1988). Nació en Valencia. Catedrático de Filosofía del Derecho, escritor y periodista. Solicitó la admisión en el Opus Dei en 1936. Cfr. O. DÍAZ, *Rafael Calvo Serer y el grupo Arbor*, Publicaciones de la Universitat de Valéncia, Valencia 2008.

gratos, al ser un lugar poco seguro, pocos días después, regresó a Valencia[100].

Tras varias gestiones, el 24 de julio optó por irse a trabajar a las minas de Rodalquilar, en Almería, propiedad de su familia, con su primo Gabriel Garnica, ingeniero de la explotación[101]. Ya el 14 de agosto se recibió una carta en Madrid de Francisco Botella, en la que comentaba que José María debía salir de la mina porque había peligro para su vida[102]. Efectivamente, solo permaneció unas semanas porque los obreros le tendieron una emboscada en la que estuvo a punto de morir[103]. Huyó de noche del pueblo y se trasladó en tren a Valencia[104].

En el vagón del tren donde tomó asiento, providencialmente, leyó un periódico que estaba en el suelo y allí encontró la noticia del nombramiento de un nuevo comandante de la caja de reclutas de Valencia, que resultó ser un compañero de armas de su tío Isidro, a quien ha-

---

[100] Así lo recordaba años después en una carta a Rafael: «Ya te extrañará el ver estas letrillas de este casi podríamos decir antiguo amigo aunque en realidad no he dejado de ser tuyo; me acuerdo mucho de las largas conversaciones que teníamos tan agradables debajo del árbol ese de Alcalalí; lástima que hoy no se hayan podido prolongar porque verdaderamente se estaba ahí a gusto». Carta de José María Hernández Garnica a Rafael Calvo Serer, Madrid 6-VII-1939, AGP, JHG, A-279.

[101] Gabriel Garnica Mansi (1912-1996), primo hermano del Siervo de Dios, hijo de Pablo Garnica Echeverría, había terminado la carrera de Ingeniero de Minas en junio de 1936.

[102] Cfr. Diario de Isidoro Zorzano, AGP, IZL, D-01122, anotación del día 14 de agosto.

[103] «Chiqui sale de la cárcel en julio de 1937 y se va a Alicante, pero allí no está seguro: su familia recibe alguna postal, pero no da detalles. A fin de mes decide irse a las minas de oro de Rodalquilar, donde trabaja de Ingeniero un primo hermano suyo: Gabriel Garnica. Según cuenta Gabriel, allí pudo estar solo 15 o 20 días porque los obreros empezaron a sospechar de él, y amenazaron a los dos. Les hicieron una emboscada y casi murió Chiqui; huyó de noche y se volvió a Valencia. Desde allí le dice a su hermano que se va a alistar en el Ejército, de miliciano, en agosto». Teresa y María Temes Hernández, AGP, JHG, T-00060, p. 3.

[104] Cfr. Testimonio de Francisco Botella Raduán sobre san Josemaría, AGP, RHF, T-00159, II, p. 24.

bía oído narrar aventuras de ambos[105]. Llegado a Valencia, se presentó en la Caja de Reclutas y pidió hablar con el coronel. El amigo de su tío, al oír su nombre, le recibió muy bien. Después de un rato de conversación recordando los tiempos de la Academia militar, Chiqui le explicó su situación. Decidieron hacer abstracción del pasado y fue incorporado al ejército como si nunca hubiera pasado nada. Finalmente, fue destinado a transmisiones en Madrid, donde llegó el 21 de agosto de 1937[106].

Cuando Chiqui volvió a Madrid, el comportamiento incontrolado de las milicias revolucionarias en la capital había disminuido considerablemente y se podía circular con más tranquilidad[107].

El 23 de agosto, a primera hora, fue José María a saludar al Padre, que estaba refugiado en la Legación de Honduras. El encuentro fue de una gran emoción. Charlaron detenidamente y, al final de la conversación, recibió la comunión de manos de san Josemaría. Después se fue con Isidoro a desayunar y este le entregó formas consagradas para una semana[108]. En aquel Madrid en guerra se había recibido la autorización de la Santa Sede para que algunos seglares pudieran conservar el Santísimo en sus casas, y estaban organizadas

---

105 Su tío era el Coronel Isidro Garnica. Como comenta Francisco Botella, la proverbial memoria de Chiqui le salvó, pues vio en el periódico el nombre de ese coronel, y se acordó de haber oído a su tío hablar de él, como amigo suyo. Cfr. Testimonial de Francisco Botella Raduán sobre san Josemaría, AGP, RHF, T-00159, II, p. 24.

106 «Allí opta por ir a visitar a un amigo de un tío suyo que era el Coronel Jefe de la caja de reclutas de Valencia. Le recibió muy bien, y le facilitó incorporarse al ejército republicano. Es destinado a transmisiones a Madrid y logra que en el expediente militar no figure que ha estado encarcelado ni que ha sido desertor. Así, en un coche del Banco Español de Crédito, del que era Presidente su tío Pablo Garnica, parte a Madrid». Ibídem.

107 Cfr. J. CERVERA, *Madrid en guerra*, *op. cit.*, pp. 104-105.

108 Cfr. Diario de Isidoro Zorzano, AGP, IZL, D-01122, día 23 de agosto.

las cosas clandestinamente para recibir los sacramentos ocultamente[109].

El 27 de agosto, José María se incorporó a su destino en el cuerpo de transmisiones. Su horario de trabajo le permitía reunirse casi a diario con Isidoro y otros: charlaban y hacían un rato de oración juntos[110].

A finales de agosto conoció a la madre del Fundador del Opus Dei, doña Dolores Albás[111], que desde años atrás era *la Abuela* para los hijos espirituales de san Josemaría. Lo recordaba años más tarde en una meditación: «Conocí a la Abuela a fines de agosto de 1937, cuando vivía durante la guerra civil en la calle Caracas número 30». Y añadía después: «algunos pocos hermanos nuestros han podido conocer y vivir con la Abuela. Este don de Dios nos permitió admirar las virtudes cristianas de la madre del Padre y ver su delicadeza, generosidad y su realidad de servicio al Padre, a la Obra y a todos los hijos que tuvo ocasión de conocer. Todo ello con una delicadeza y una naturalidad que le hacía querernos como una abuela quiere a sus nietos de una manera espontánea y natural. Sin embargo, este servicio a sus nietos y a la Obra lo hizo con tal señorío que le hacía estar siempre en su sitio, sin entrometerse en la vida de la Obra ni en nuestra vida espiritual y apostólica y, sin embargo, tan cerca de nosotros que siempre estaba a nuestra disposición para prestar un servicio, tener un detalle de cariño: una golosina que nos

[109] Las autoridades eclesiásticas concedieron a algunos fieles laicos el permiso de custodiar la Eucaristía, teniendo en cuenta la situación excepcional en que vivían los católicos. Cfr. A. MONTERO, *Historia de la persecución religiosa en España (1936-1939), op. cit.*, pp. 99-103.

[110] Cfr. Diario de Isidoro Zorzano, AGP, IZL, D-01122, días 28, 29 y 30 de agosto.

[111] Para los primeros miembros de la Obra, la madre del Fundador resultó una persona cercana y muy querida. Respecto a su contribución al tono de familia del Opus Dei, cfr. A. VÁZQUEZ DE PRADA, *El Fundador del Opus Dei, op. cit.*, Vol. II, p. 452.

guardaba, una palabra cariñosa, una preocupación por nuestra salud, una prenda de abrigo que sus manos trabajadoras –que nunca estaban ociosas– nos había confeccionado, etc.»[112].

También José María tuvo oportunidad, en aquel tiempo, de conocer a la hermana del Fundador de la Obra, tía Carmen, como empezó a llamarla desde entonces, y a la que tuvo toda su vida un gran cariño, admiración y agradecimiento. En una de sus meditaciones, escrita en 1972, recordará: «terminada la contienda, tuvimos ocasión de tratar, admirar y querer a la familia del Padre y, si me preguntas qué recuerdos han quedado más fijos en mi mente de tía Carmen, te diré: su fidelidad al Padre; su abnegación –que le hacía servir hasta límites que hoy me parecen inverosímiles– y su gran corazón para querer a los de la Obra, cariño que sabía hacer compatible con una gran entereza»[113].

Aquellos días fueron especialmente gozosos, ya que había recuperado buena parte de la libertad. El día 1 de septiembre cenó con san Josemaría y algunos otros en casa de Isidoro. Esas reuniones se repetían periódicamente y ayudaban a soñar juntos con la expansión del Opus Dei. José María recuperó sus fuerzas. Como escribió Isidoro en el diario, con sentido del humor: «Chiqui, aunque tiene mucho servicio, no tiene trabajo; con eso, unido a que almuerza dos veces al día, una en el cuartel y otra en su casa, se está desquitando y, cosa rara en este tiempo, poniéndose rollizo»[114].

---

112 José María Hernández Garnica, *Meditaciones*, 21-IV-1972, AGP, JHG, E-66, p. 1.

113 *Ibíd.*, *Meditaciones*, 20-VI-1972, AGP, JHG, E-73, p. 1. Sobre la madre y la hermana de san Josemaría, cfr. Esther, Gloria y Lourdes Toronzano, *Una familia del Somontano*, Rialp, Madrid 2004.

114 *Diario de Isidoro Zorzano*, AGP, IZL, D-01122, anotación del día 5 de septiembre.

El 8 de octubre de 1937 el Fundador marchó a Barcelona para iniciar el paso a la zona nacional a través de los Pirineos[115]. Le costó dejar a su madre, hermanos y a los de la Obra que estaban en Madrid, pero la esperanza de reemprender con libertad el ejercicio del ministerio sacerdotal, y cumplir más eficazmente con su misión, le impulsaron a dar ese paso. En Madrid quedó Isidoro al cuidado de las personas de la Obra que allí permanecían[116].

La madre y las hermanas de Chiqui con sus dos sobrinas, Tere y María, marcharon a Noja a través de Francia, aprovechando la evacuación del verano de 1937. Allí descubrieron la casa derruida. Se fueron a Vitoria, donde disponían de fondos y de mayor tranquilidad.

Mientras, José María fue destinado el 22 de noviembre de 1937 a Baza (Granada), en el cuerpo de intendencia, donde permaneció hasta el final de la guerra[117]. Comienza de nuevo un tiempo de aislamiento, entre gentes descreídas, llenas de odio a la religión, con un nivel ínfimo de conversación y frecuentes blasfemias. Chiqui viajaba a Madrid periódicamente, cuando obtenía permiso y hablaba largamente con Isidoro y los que quedaban en la capital. Isidoro Zorzano le escribía con frecuencia, le bus-

---

115 El 31 de agosto de 1937, san Josemaría abandonó la Legación de Honduras, cfr. J. M. PERO SANZ, *Isidoro Zorzano, op. cit.*, pp. 229-230. Sobre el paso de los Pirineos, cfr. A. LLAHÍ - J. PIFERRER, *Andorra: tierra de acogida. El paso de San Josemaría por Andorra*, Rialp, Madrid 2010, pp. 35-93.

116 Cfr. J. M. PERO SANZ, *Isidoro Zorzano, op. cit.*, p. 231.

«En mis recuerdos de 1937, Chiqui era distinto a Fernando. Siendo los dos Ingenieros y muy educados, Fernando era más abierto. Pienso que, en aquel momento, el Siervo de Dios estaba con todos pero un poco aparte, él tenía ya su camino en el Opus Dei. Chiqui era un bendito, a la vez muy normal, cariñoso, delicado». Testimonio de Pilar Crespo Gómez-Acebo, AGP, JHG, T-01271, p.1.

117 Cfr. Nota de Amador García Bañón sobre la estancia del Siervo de Dios en Baza, AGP, JHG, D-00198.

caba un sacerdote para confesarse cuando venía a Madrid y le enviaba puntos de meditación. El Siervo de Dios aprendió mucho de la fortaleza espiritual de Isidoro y de su disposición de entrega total a los demás[118].

Durante esa temporada atravesó momentos de decaimiento, que se reflejaban, por ejemplo, en las escasas cartas que escribía, escritas en clave para burlar la censura postal: «Hace tiempo que tengo ganas de escribirte, pero ya conoces mi vagancia que, aunque no es disculpa en la tardanza, con un propósito de enmienda de no volver a caer en esta llamémoslo incorrección. Por aquí me encuentro en estas tierras añorando el Madrid castizo y, sobre todo, la casa que teníamos en la calle de Ferraz. Pero todo será, y cuando el triunfo del Pueblo, que no se hará esperar, llegue y podamos todos reintegrarnos a nuestras actividades, pero cada cosa a su tiempo y los nabos en adviento, como dice el refrán. Ahora nos ha tocado bailar con la más fea y más tarde tendremos más suerte»[119]. A veces lo compensaba con extensas misivas que llenaban a todos de alegría. Años después recordaba que los consejos de Isidoro fueron determinantes para su vida espiritual, precisamente en esas circunstancias difíciles para vivir su entrega a Dios[120].

A primeros de diciembre de 1937 le visitó en Baza su hermano Fernando y le encontró mucho mejor de aspecto, de salud y ánimo[121]. Un compañero de aquella época, En-

118 Cfr. Testimonio de José María Hernández Garnica sobre Isidoro Zorzano, AGP, IZL, T-00032.

119 Carta de José María Hernández Garnica a Isidoro Zorzano, Baza, Granada, 7-I-1939, AGP, JHG, A-268.

120 Cfr. Testimonio de José María Hernández Garnica sobre Isidoro Zorzano, AGP, IZL, T-00032.

121 «Estuvo en Madrid unos dos meses. En noviembre, a través de un amigo al que la familia llama "el Guerra" (Francisco Díaz Guerra, ingeniero especializado en el campo de las transmisiones, que vivía en la calle de Argensola), consigue que le destinen a Baza, en Granada, a Intendencia». Testimonio de María y Teresa Temes Hernández, AGP, JHG, T-00060, p. 2.

rique Recio, narró a la familia, años después, que el Siervo de Dios era muy honrado y no les permitía robar comida. Solía decirles: «robar es robar, sea a quien sea»[122].

Aquellos largos meses de contienda también fueron agotadores por la tensión que había entre las desmoralizadas tropas republicanas en un frente muerto, al que solo llegaban noticias manipuladas por la propaganda. Para José María no fue nada fácil disimular sus verdaderos sentimientos en aquel ambiente[123].

Aunque realizó algunos viajes a Madrid y pudo hablar con Isidoro Zorzano, el esfuerzo de permanecer entre los milicianos le agotaba[124]. Lo expresa en una carta: «Espero que cuando vaya a Madrid me encuentre con el abuelo (san Josemaría) pues tengo unos grandes deseos de verle para tirarme unas grandes charlas con él, pues con esa "gracia" (referencia a la confesión sacramental) que tiene le deja a uno contentísimo para una larga tem-

---

122 «Un compañero, E. Recio (joyero en Madrid al terminar la guerra), contó a Fernando Hernández Garnica que Chiqui era muy "estricto", con "mucha honradez" y que no les dejaba "robar comida". Solía decirles: "robar es robar, sea a quien sea". Allí, en Baza, estuvo hasta el final de la guerra». Testimonio de Teresa y María Temes Hernández, AGP, JHG, T-00060, p. 3.

123 «D. José María Hernández Garnica nos había contado en Londres en 1966-1967 episodios de su encarcelamiento en Madrid y sus experiencias de la guerra, hacia el final de la guerra civil española, cuando estaba destinado en algún lugar del sur de España. Aunque sufrió mucho, parecía que había sobrevivido gracias a haberse hecho buen amigo de un cocinero comunista». Testimonio de Richard A. P. Stork, AGP, JHG, T-01272, pp. 8-9.

124 «Espero que en este mes pueda ir por Madrid con permiso, pues se ha abierto ahora y creo que me tocará al final de este o a principios del que viene». Carta de José María Hernández Garnica a Isidoro Zorzano, Baza, Granada, 10-II-1939, A-270.

«D. José María fue destinado a otra unidad militar en Baza (Granada), asimismo del Gobierno comunista, donde permaneció casi año y medio solo, lejos de otros de la Obra, hasta el final de la guerra civil. Durante este largo período, sus comunicaciones con Isidoro Zorzano o con otros que continuaban en Madrid habían sido difíciles y escasas, lo que, como es comprensible, fue motivo de lógica preocupación fraterna». Testimonio de Francisco Ponz Piedrafita, AGP, JHG, T-00044, p. 4.

porada, cosa que a mí me hace mucha falta después de toda esta serie de disgustos que se está uno llevando»[125].

Posteriormente, su hermano Fernando fue destinado al frente de Baza, donde permaneció con Chiqui hasta el final de la contienda[126]. Aunque quien tomaba las decisiones era Chiqui, como tantas veces le oyó narrar Fernando Inciarte: «A propósito de esto, recuerdo algo de lo que me contaba de los dos en la zona roja, como soldados o milicianos, en que fueron a pasar juntos, hacia el final, allá por Granada. De sus narraciones saqué la impresión que D. José María no solo tuvo que sufrir mucho en la cárcel en Madrid, sino también al salir de ella, en el ejército. El caso es que, hacia el final de la guerra, los dos hermanos tuvieron que arreglárselas para salir adelante lo más rápido posible de aquel caos. Los detalles no los recuerdo ya, pero sí que él era, aunque más joven, el que llevaba la iniciativa, planeaba la fuga o las diversas fugas y tomaba las decisiones»[127].

El 1 de abril de 1939 terminó la guerra civil. José María fue hecho prisionero junto con su unidad por el ejército vencedor y trasladado desde Baza a Granada. Aprovechó un descuido de los legionarios que los llevaban presos por la ciudad, se fugó y acudió a la oficina del Banco Español de Crédito de Granada[128]. Allí conectó

[125] Carta de José María Hernández Garnica a Isidoro Zorzano, Baza, Granada, 23-II-1939, AGP, JHG, A-271.

[126] Testimonio de Felipe Hernández Font, AGP, JHG, T-00254, p. 1.

[127] Testimonio de Fernando Inciarte Armiñán, AGP, JHG, T-00026, p. 3.

[128] Respecto al final de la guerra civil, Chiqui lo narraba de esta manera: «Yo estaba encuadrado en un regimiento disciplinario de zapadores, como penado, y nos dedicábamos a desactivar bombas que no habían explotado. Estábamos en Granada cuando nos rendimos, y nos llevaron en cuerda de presos a depurarnos a la plaza de toros. Íbamos en fila y a nuestro lado teníamos un legionario cada quince o veinte metros. A uno que iba a mi lado, al llegar a un cruce de calles, le pedí permiso para *hacer las aguas* y con un gesto me autorizó, así que me puse a orinar en la esquina y dejé que, mientras seguían andando, pasaran tres o cuatro legionarios. Cuando noté

providencialmente con sus primos Rosario y Gabriel que, procedentes de Rodalquilar, se dirigían a Sevilla en un coche del Banco[129]. Recogieron a José María y los tres llegaron a Sevilla. Desde allí, el Siervo de Dios se desplazó a Vitoria, donde se encontraban su madre y sus hermanos[130]. Luego continuó viaje a San Sebastián, donde se reincorporó al ejército hasta que se licenció definitivamente[131]. Por aquellas fechas, escribió a Isidoro a Madrid comunicándole su presencia en San Sebastián[132].

---

que el que pasaba ya no reparaba en mí, me fui por la otra calle, busqué un banco y le dije al director: "necesito tres mil pesetas para irme a Santander" que era donde estaba mi madre». Testimonio de Andrés Rodríguez Eyré, AGP, JHG, T-01239.

[129] Rosario y Gabriel Garnica Mansi eran hijos del Presidente del Banco, Pablo Garnica Echeverría (cfr. supra). «Recuerdo que a finales de marzo de 1939, cuando la guerra civil española estaba terminando, nos fuimos en un coche, con chófer, a Sevilla. Íbamos mi hermana Teresa, una amiga, que se llamaba Teresa Argüelles, y yo. Llegamos a la capital andaluza, y nos fuimos a dormir a un cortijo de las afueras que tenía Aritio, un Consejero del Banco. Vino a saludarnos el director del Banco en Sevilla. Este nos comentó que tenían previsto realizar un viaje a Almería para hacer gestiones del Banco. Ese día era el 1 de abril, pues escuchamos por la radio las célebres palabras: "la guerra ha terminado". No recuerdo más que me fui a Almería con ese señor en un coche del Banco. Desde Almería fui a ver a Rodalquilar a mi hermano Gabriel, que estaba trabajando en las Minas de esa población. Le di la noticia de la muerte de mi hermana Ana María y de su marido Gabriel Zubiría en Bilbao, y de mi hermano José en el frente de guerra, era Alférez de regulares. De regreso, con Gabriel pasamos a ver a mi primo Fernando Hernández Garnica cerca de Granada. Luego recogimos a Chiqui. Cuando llegamos a Sevilla, Chiqui se fue a Vitoria». Testimonio de Rosario Garnica Mansi, AGP, JHG, T-00257, p. 1.

[130] «Van después a Vitoria donde están su madre y hermanos y de allí a San Sebastián, donde está de Gobernador Militar D. Alfonso Velarde, tío suyo, para que los desmilitarice». Testimonio de María y Teresa Temes Hernández, AGP, JHG, T-00060, pp. 2-3. Allí intentó contactar con José María Albareda: «Estoy en Vitoria con mi madre en la calle Olaguíbel nº 15, 2º. Como quiero y tengo muchas ganas de saber de ti y de todos los demás, espero te pases por casa y, si continúo aquí, podremos charlar. Caso de no estar ya te dirán las señas por si puedo establecer contacto con el Padre y todos». Carta de José María Hernández Garnica a José María Albareda. Vitoria 3-IV-1939, AGP, JHG, A-272.

[131] Cfr. Expediente certificado del Servicio militar del Siervo de Dios (1934 a 1941), AGP, JHG, D-00204.

[132] Cfr. A. Vázquez De Prada, *El Fundador del Opus Dei, op. cit.*, Vol. II, p. 395.

La guerra había terminado, muchas lecciones había aprendido, pero también tenía cicatrices por cerrar y, sobre todo, recuperar las fuerzas espirituales después de tantos meses de aislamiento.

La recuperación después de la guerra

Totalmente agotado después del conflicto bélico y minada su salud y su ánimo, José María llegó a San Sebastián, donde se incorporó al ejército nacional y comenzó a preparar los exámenes de Ingeniería[133]. Desde allí escribió a san Josemaría una carta muy significativa: «¡Por fin! dirá Vd. cuando vea estas líneas del hijo más desagradecido que tiene Vd.; me encuentro aquí arreglando mis asuntos; me he presentado en la Caja y estoy pendiente de la Junta de Clasificación y después me destinarán a un Regimiento; creo que probablemente será en esta ciudad, a Zapadores nº 6. Estuve cuatro días en Vitoria con mi madre que está viviendo ahí. Fui al Obispado a preguntar por sus señas y me dijeron que Usted estaba en Madrid y que en cambio José María Albareda residía en Vitoria. Después de algunas vueltas conseguí encontrar su pensión y, visto que no estaba, le dejé unas líneas y ya he recibido una carta suya. Cuando tenga las

[133] Algunas de sus disposiciones aparecen manifestadas en una carta de la que no se conserva el nombre del destinatario: «Ya sabrás que cuando salí de Baza fui a Granada, y de ahí me arreglé para conseguir un pasaporte para aquí y así arreglar aquí los papeles; me pasé unos días en Vitoria y ahí fui a ver al Obispo para saber vuestras señas, pues no tenía ni idea dónde os podría encontrar y no sabía si Isidoro había cambiado de domicilio (...). Escribí a José María a la calle de Santa Isabel y todavía no he tenido la satisfacción de recibir unas líneas, que espero con gran ansiedad, pues me hacen mucha falta. Yo aquí estoy destinado en el Batallón de Zapadores número 6, pero duermo aquí en S. Sebastián. No sé cuándo podré estar libre para poder ir a Madrid, pero la verdad es que tengo unas ganas locas de ir y espero que María (ya seguía con la costumbre de las cartas de la zona roja), la Virgen María me lo arregle, y así podré reconfortarme y volver a coger un poco de espíritu». Carta de José María Hernández Garnica, San Sebastián 29-IV-1939, AGP, JHG, A-274.

cosas arregladas definitivamente ya escribiré. Me encuentro en esta después de una larga y penosísima soledad; casi igual de solo que antes y un poco frío; soy casi un náufrago que necesita un "salvavidas" y que me den una fuerte paliza para reaccionar, y tengo unas ganas muy grandes de poder charlar con Usted un rato para ver si me pongo al compás de todo»[134].

Recordará toda la vida la ayuda que, para fortalecer su ánimo, le dio san Josemaría en una carta fechada el 27 de abril de 1939: «Queridísimo Chiqui: por los deseos tuyos puedes deducir los que tengo, de abrazarte y charlar. Si me necesitas, haré un viaje enseguida aunque sea al fin del mundo. Tú tienes la palabra. Anímate. Después de lo que has sufrido [...], necesitas reponerte. Luego... ¡verás qué bien reaccionarás y qué bien trabajarás! Ánimo: yo te aseguro que, si me cumples el plan de vida que te di, habrás de bendecir la guerra, porque tendrás más experiencia y más reciedumbre para seguir trabajando»[135].

El hecho fue que Chiqui quedó atrancado en San Sebastián. El 18 de mayo de 1939 le visitó Francisco Botella desde Burgos, enviado por san Josemaría. Se desplazó a San Sebastián y se presentó en la pensión a las seis de la mañana. Le animó a viajar a Madrid. La respuesta fue negativa. Como evocaba años después Francisco Botella: «parece que estoy viendo aquella habitación y a Chiqui en silencio y pensativo, mientras se mordía el labio, ese gesto suyo tan característico. Yo le hablaba del Padre, de cada uno de los de la Obra, haciendo que salieran las Normas del plan de vida en mi conversación»[136]. Al llegar Francisco

---

134 Carta de José María Hernández Garnica a san Josemaría Escrivá de Balaguer, San Sebastián 17-IV-1939, AGP, JHG, A-273.

135 Carta de san Josemaría Escrivá de Balaguer a José María Hernández Garnica, Madrid 27-IV-1939, AGP, serie A.3.4, 256-2.

136 Cfr. Testimonio de Francisco Botella Raduán sobre san Josemaría, AGP, RHF, T-00159 II, pp. 11-12. Así lo recoge una carta de esos días: «Recibí ayer tu carta, que he tardado bastante más de lo que debía en contestar,

a Madrid, el Fundador de la Obra le preguntó por el resultado de su visita a la capital donostiarra. Escuchó en silencio y no comentó nada, en un gesto de serena esperanza.

Gracias a Dios, en junio viajó a Madrid. Contó al Padre la situación de su alma, y salió de esa conversación con una determinación clara, firme y generosa[137]. Probablemente, quedó grabada en su alma la necesidad de volcarse en ayudar espiritualmente a los que daban los primeros pasos en su entrega a Dios en el Opus Dei[138].

En una carta a san Josemaría de esos días, resumía su situación: «Casi no me atrevo a coger la pluma para escribirle por la vergüenza que tengo de haber sido tan..., no me atrevo ni siquiera a ponerme calificativo. Pero haremos como hizo el hijo pródigo: "Pecavit te Domine, miserere mei", y espero volver a trabajar con más ánimo que antes con mucha ayuda de la Señora y con el magnífico ejemplo de estos hermanos que, al verlos con este espíritu, se siente uno bien birria. Ya estoy licenciado y, salvo un pequeño trabajo en una finca de mi madre en Extremadura, estoy libre»[139].

---

ayer estuvo en esta a verme Paco Botella, que después se fue a Madrid con Emiliano Amann, yo no quise irme con él porque espero poder tener un permiso para principios del mes que viene y a lo mejor se estropeaba si me iba ayer. Me dijo que en el Batallón donde estoy, que es el de Zapadores, se encuentra de Teniente Elejabarrieta; a mí me había parecido reconocerle pero pasé varias veces delante de él y, como tampoco me reconoció, dudé si sería él. Ya he visto en el periódico lo del licenciamiento de Oficiales Provisionales con lo que supongo que Ricardo, y muy pronto tú, habréis recobrado vuestra libertad y os podréis dedicar con más tranquilidad al trabajo, yo creo que a mí también me licencian y así podré ir a Madrid de una manera definitiva». Carta de José María Hernández Garnica a Juan Jiménez Vargas, San Sebastián 20-V-1939, AGP, JHG, A-275.

137 Cfr. Testimonio de Francisco Botella Raduán sobre san Josemaría, AGP, RHF, T-00159, II, p. 16.

138 Cfr. Testimonio de Alfonso Par Balcells, AGP, JHG, T-43, p. 8.

139 Carta de José María Hernández Garnica a san Josemaría Escrivá de Balaguer, Madrid 27-VI-1939, AGP, JHG, A-276.

También le dice: «... arribé a esta casa en la que cada día me voy encontrando mejor y acostumbrándome al plan que me recetó y que mi abandono era la causa de mi frialdad y pocas ganas de escribir. En este mes tengo que hacer un viaje a Azuaga (Badajoz) para resolver el asunto de una finca de mi madre y creo que después habrá manera de arreglar el quedarme casi todo el verano (si no todo). Sin más y con muchas ganas de verle para charlar largo (cosa rara en mí) se despide»[140].

[140] Carta de José María Hernández Garnica a san Josemaría Escrivá de Balaguer, Madrid 1-VII-1939, AGP, JHG, A-277.

Capítulo II
FORTALECIMIENTO Y DESARROLLO

La posguerra

Como hemos explicado páginas atrás, la residencia de estudiantes de la calle Ferraz número 16 que estaban instalando los miembros del Opus Dei y algunos amigos, en los días previos a la guerra civil, quedó completamente destruida durante el conflicto. Una vez llegada la paz, llenos de fe en Dios y de confianza en san Josemaría, se aprestaron a buscar otro lugar donde volver a empezar.

Las pesquisas dieron buenos resultados y en julio de 1939 ya estaban ultimando la instalación de una residencia de estudiantes en Madrid, en la calle Jenner nº 6. El 10 de agosto el Fundador bendijo la nueva sede[1]. José María colaboró en los trabajos de búsqueda e instalación del inmueble. Por las tardes, mientras preparaba sus exámenes, ayudaba activamente en la tarea apostólica que se desarrollaba en aquel inmueble. Relataba Francisco Botella que: «se pasaba el día en Jenner y hacía mucha labor apostólica, con ese talante y sentido práctico que Dios le había dado»[2].

---

[1] Cfr. A. Vázquez De Prada, *El Fundador del Opus Dei*, *op. cit.*, Vol. II, p. 399.

[2] Testimonio de Francisco Botella Raduán sobre san Josemaría, AGP, RHF, T-00159, II, p. 16.

En septiembre dieron comienzo en las universidades españolas los cursos acelerados para recuperar el tiempo perdido en la guerra. Chiqui comenzó a asistir a las clases de la Escuela de Minas[3] y terminó el último año de la carrera en marzo de 1940. A continuación, se aprestó a realizar el Proyecto fin de carrera.

Sus disposiciones en esos meses las muestra en una carta a los miembros de la Obra de Valencia: «Cuánto tenemos que empujar. Dios se ha empeñado en que tiremos para adelante y, o tiramos o, si no, nos atropellará el carro; yo, en vista de que soy una rueda completamente roñosa, le digo, lo más a menudo posible, a la Virgen que me eche aceite para que no estorbe, porque lo que es solo no doy ni un paso. Tengo ganas de terminar la carrera en marzo y poder así vivir siempre con los míos»[4].

En aquella época Chiqui estaba pensando su orientación profesional. Después de la guerra las universidades españolas habían quedado diezmadas de alumnos y profesores, entre los fallecidos en la contienda y los que habían emigrado a otros países. Entonces empezó a barajar la posibilidad de preparar la oposición a la cátedra de Mineralogía y Cristalografía en la Facultad de Ciencias Naturales, de ahí que aprovechando sus amplios conocimientos de geología, en septiembre de 1939, además de los estudios de Minas, se matriculó en la carrera de Ciencias Naturales. De hecho, ese mismo

[3] De septiembre a junio se realizaron dos cursos; uno terminó en marzo y el segundo, en junio. Así se lo anunciaba a un compañero de curso: «Ya habrás visto que los cursos empiezan en la segunda quincena de septiembre y espero que para entonces se habrá resuelto algo de vosotros, porque sería una pena el no dejaros seguir vuestros estudios». Carta de José María Hernández Garnica a Alejandro de la Sota, Madrid 5-VII-1939, AGP, JHG, A-278.

[4] Carta de José María Hernández Garnica a los de Valencia, Madrid 16-XI-1939, AGP, JHG, A-281.

mes se examinó de siete asignaturas, que aprobó con facilidad[5].

En el curso 39/40, entre las convocatorias de marzo y junio superó 11 asignaturas. Y en el curso 40/41 cursó dos más, a pesar de haber estado convaleciente de la operación de riñón y de realizar el Proyecto fin de carrera en Ingeniería de Minas. En el curso 41/42 terminó las tres asignaturas que le faltaban, después de las convalidaciones correspondientes con la Escuela de Minas[6]. Entre ese curso y el siguiente realizó, con buenas calificaciones, las asignaturas de doctorado, que concluyó el 24 de abril de 1944[7].

Ante las necesidades económicas y después de realizar los estudios de Ciencias Naturales, optó por el desarrollo profesional en el mismo campo que su padre[8]: la electrotecnia. Como recordaba Joaquín Martín de Ve-

[5] Su intención era haber acabado en septiembre. Así lo expresaba en una carta: «Me he examinado de cuatro asignaturas, creo que las he aprobado pero no he recogido todavía todas las papeletas. A ver si termino la carrera en septiembre». Carta de José María Hernández Garnica a Félix Íñiguez, Madrid 22-VI-1940, AGP, JHG, A 289. Pero no pudo ser por la enfermedad que padeció en agosto de 1940.

[6] Cfr. Expediente de estudios en la Escuela de Ingenieros de Minas, AGP, JHG, D-00208. «Alguna vez me asesoró en los estudios de Ciencias Naturales que yo también cursaba, licenciatura que ambos terminamos en 1941». Testimonio de Francisco Ponz Piedrafita, AGP, JHG, T-00044, p. 4.

[7] Cfr. Expediente de Doctorado en Ciencias Naturales, AGP, JHG, D-00201, p. 3. «Otra de las cosas admirables suyas era la poca importancia que daba a sus propias dotes, sabiendo, por otra parte, o siendo perfectamente consciente de las que tenía. Por ejemplo, de su fabulosa memoria. Una vez, pasó con nosotros las Navidades un estudiante de Farmacia que estaba estudiando la clasificación y nombres de los numerosos o innumerables tipos de plantas medicinales. Aquellas Navidades oyeron horas enteras con ristras de tales nombres y clasificaciones, y el aprendiz de farmacéutico (Wolfgang Kündgen) no salía de su asombro. D. José María lo había aprendido hacía muchos años en sus estudios de Ciencias Naturales y desde entonces no lo había olvidado. Y comentaba sin ningún reparo: “no me ha servido nunca para nada”». Testimonio de Fernando Inciarte, AGP, JHG, T-00026, p. 9.

[8] Testimonio de Francisco Ponz Piedrafita, AGP, JHG, T-00044, pp. 4-5.

lasco: «A principios del siglo XX, la cátedra de Electrotecnia, cuyo titular era D. José María Madariaga, gozó de gran y merecido prestigio. Muchos estudiantes que deseaban especializarse en esta materia estudiaron la carrera de Minas por asistir a las clases de tan notable profesor. Entre ellos estaba mi padre, Andrés Martínez de Velasco, que dedicó toda su vida profesional a la industria eléctrica, en la Unión Eléctrica Madrileña. Esta circunstancia me hizo conocer, en mi juventud, algo de ese ambiente y, personalmente o de nombre, a bastantes personas que trabajaban en él. Por eso supe que el hermano del Siervo de Dios, Fernando Hernández Garnica, Ingeniero de Caminos, ocupaba un alto cargo en la "Cooperativa Electra", una filial de Hidroeléctrica Española. Podemos decir que Hidroeléctrica trabajaba la "alta tensión" y la Cooperativa Electra, la baja tensión o la distribución a domicilio en la capital de España. En ese sentido no me extraña que José María trabajara en la Electra. Las oficinas de esa Compañía estaban en la calle Aduana de Madrid, cerca de la Puerta del Sol. Lo que le permitía realizar otros quehaceres en la Capital»[9].

Así que, en vez de trabajar en la minería con su primo Gabriel, como le sugería la familia[10], se incorporó a la compañía «Electra» el 1 de julio de 1940, donde había estado su padre y lo hacía su hermano[11].

---

[9] Testimonio de Joaquín Martínez de Velasco, AGP, JHG, T-01307, p. 1.

[10] «En septiembre de ese año se presenta a varios exámenes de su carrera de Minas. Al terminarla, su familia le sugiere que vaya a trabajar a una Mina, y ya le tienen buscadas varias posibilidades. Él solo explica que "no quiere salir de Madrid", y empieza la carrera de Ciencias Naturales, trabajando también en la Electra Madrileña». Testimonio de María y Teresa Temes Hernández, AGP, JHG, T-00060, p. 3.

[11] Fernando Hernández Garnica, Ingeniero de Caminos, empezó a trabajar en la Electra antes de la Guerra Civil. Así lo narraba su hijo: «Me contó que, como era Ingeniero de Caminos antes de empezar la guerra civil, y trabajaba en la empresa Electra, como mi abuelo José María Hernández Delás. Después de la guerra continuó trabajando en ese sector, estuvo metido en las obras del pantano de Alarcón, en la fusión de las compañías de

Comentaba Antonio Cortés Rego: «Al terminar la guerra civil española el trabajo era inmenso. También se contaba con un personal bien preparado de nivel técnico y humano que afrontó aquel reto con sentido de responsabilidad. El recuerdo de muchas de las personas que conocieron y trataron a D. José María Hernández Garnica, a pesar de haber trabajado allí escasamente dos años, es muy bueno. Dejó una estela de calidad humana, buena educación y buen cristiano. Así, para Eustaquio Alcázar era un hombre muy bueno. Su compañero de trabajo, Eduardo Pérez Somirraba, le comentó a su mujer que tenía un encanto especial en el trabajo. Y ella recuerda todavía que le invitaron a comer alguna vez en casa. Los compañeros tuvieron un trato especial con él, de modo que, con motivo de su ordenación sacerdotal, le hicieron un regalo»[12].

Por otra parte, en febrero de 1940 san Josemaría había pedido a los más antiguos del Opus Dei que se responsabilizaran de impartir las clases de formación a los jóvenes universitarios y a los que habían terminado la carrera que acudían a la residencia de Jenner[13]. Desde entonces, Juan Jiménez Vargas[14], Ricardo Fernández Vallespín, Álvaro del Portillo, José María Hernández Garnica, Pedro Casciaro, Francisco Botella y los otros se lanzaron a la aventura de dirigir esos me-

---

electricidad que confluyeron en Hidroeléctrica Española. y en el Canal de Isabel II». Testimonio de Felipe Hernández Font, AGP, JHG, T-00254, p. 1. Respecto al trabajo del Siervo de Dios en la Electra, cfr. Documento de la Empresa Iberdrola en AGP, JHG, D-01384.

12 Testimonio de Antonio Cortés Rego, AGP, JHG, T-01436, p. 1.

13 Cfr. José Luis Múzquiz de Miguel, *Mis recuerdos del Padre*, AGP, RHF, D-04417, 10, p. 53.

14 Juan Jiménez Vargas (1913-1997). Doctor en Medicina y catedrático de Fisiología. Estuvo en los comienzos de la Facultad de Medicina de la Universidad de Navarra. Conoció a san Josemaría en 1932. Se incorporó al Opus Dei en enero de 1933. Falleció en Pamplona en 1997.

dios de formación cristiana, lo que supuso un importante crecimiento del apostolado con jóvenes.

Francisco Ponz[15], uno de los que conocieron entonces al Siervo de Dios, le recordaba así: «Alto, aparentemente fornido aunque su salud no fuera buena, de pelo oscuro y ancha frente, de ojos vivos y mirada aguda y chispeante, era de trato simpático y sencillo. [...] Al principio de conocerle, por el año 1940, era persona de más bien pocas palabras, de conversación hecha de frases breves y claras, alejado del largo discurso, de la narración prolongada y atrayente; y, sin embargo, se estaba bien junto a él, por lo agudo de su pensamiento, la nobleza de su corazón y la claridad de su palabra llena de afecto recio y hondo»[16].

El 19 de marzo de 1940 fue para José María un día muy especial, porque realizó su incorporación definitiva al Opus Dei[17]. Poco después, en Semana Santa, asistió a unos días de convivencia para los fieles de la Obra en la Residencia[18]. Combinaban tiempos dedicados al estudio y otros al descanso.

---

[15] Francisco Ponz Piedrafita (n. 1919). Doctor en Ciencias, catedrático de Organografía y Fisiología animal en las Universidades de Barcelona y Navarra, Rector Magnífico de esta última Universidad (1966-1979) y Vicerrector (1979-1992). Solicitó la admisión en el Opus Dei en 1940. Cfr. F. PONZ PIEDRAFITA, *Mi encuentro con el Fundador del Opus Dei*, Eunsa, Pamplona 2000.

[16] Testimonio de Francisco Ponz Piedrafita, AGP, JHG, T-00044, p. 2.

[17] Cfr. JOSÉ LUIS MÚZQUIZ DE MIGUEL, *Mis recuerdos del Padre*, AGP, RHF, D-04417, 10, p. 55.

[18] Cfr. Ibíd., p. 68: «Conocí a José María Hernández Garnica exactamente el sábado de Pasión (o sea, el sábado inmediatamente anterior a la Semana Santa) del año 1940, con motivo de una convivencia que íbamos a tener en la Residencia universitaria de la calle Jenner número 6 de Madrid. Se trataba de aprovechar los días de vacación de aquella Semana Santa, para reunirnos un grupo de estudiantes, procedentes de diversas ciudades españolas, y recibir la formación espiritual propia del Opus Dei. Serían las cinco o seis de la tarde de ese día, que creo era el 15 de marzo, cuando estábamos reunidos un grupo de personas en el "hall" de la Residencia junto a la puerta de entrada y en aquel momento apareció entrando en la casa José María, que venía trayendo en la mano una pequeña maleta y saludó al

Días después, san Josemaría le encomendó ocuparse especialmente del apostolado con los universitarios que iban por Jenner. Así lo vio Francisco Botella, al que sustituía en ese encargo: «Chiqui estaba cada día más lanzado a todo lo que hubiera que hacer, y en sus manos se dio un empujón a la labor de apostolado»[19]. Francisco Ponz contaba de aquellos años: «Hombre leal a toda prueba, vivía su vocación al Opus Dei con total fidelidad al Señor y al Fundador, y a eso supeditaba todo lo demás. Era decidido, resuelto, nada vacilante o dubitativo. Cualquier deseo de san Josemaría que llegara a su conocimiento, le incitaba a aguzar el ingenio para transformarlo en proyectos que, aunque fuesen humanamente difíciles o aun a primera vista inabordables, pasaban pronto a ser realidades gracias a su extraordinario sentido práctico»[20].

En agosto de 1940 continuaba estudiando y, aprovechando que su familia estaba en Noja, se trasladó a vivir al nuevo centro del Opus Dei en la calle de Martínez Campos que se había abierto en esos días. Colaboró en la instalación de la casa, como narraba él mismo en una carta: «Voy a escribirle y me pasa lo de siempre: no sé qué contarle. Estamos en la casa de Martínez Campos casi demasiado bien y sin casi, la casa es muy fresca (...). Ya se han comprado globos para todos los cuartos y también una mesa para el cuarto de José María Albareda». Después de dar noticias del crecimiento de la labor apostólica señala: «Nada, Padre, ¡que esto avanza a pesar de mí! A ver si sirve para algo un pequeño jaleo que me ha salido dentro del cuerpo, pero que no me im-

---

grupo que allí estábamos. Por aquel tiempo José María era hombre de poquísimas palabras». Testimonio de Teodoro Ruiz Josué, AGP, JHG, T-00048, p. 1.

[19] Cfr. Testimonio de Francisco Botella Raduán sobre san Josemaría, AGP, RHF, T-00159, II, p. 47.

[20] Testimonio de Francisco Ponz Piedrafita, AGP, JHG, T-00044, p. 2.

pide hacer la vida normal. Pedro lleva el diario de la casa y yo, las cuentas»[21].

En esa carta menciona unos problemas de salud, sin darle importancia. Se trataba de las afecciones renales que ya había padecido anteriormente y que por esos días se estaban acentuando. Lo decía en la siguiente carta: «Aquí me tiene Vd. hecho un cacharro viejo –me codeo con el coche–; pero qué se va a hacer si ahora quiere Dios que esté así, él entiende más y convendrá que me fastidie (...). No dejo de ayudarle de vez en cuando aunque la enfermedad (que no tiene importancia) es para otras cosas»[22].

Aquellas dolencias eran más graves de lo que parecía y en agosto de 1940 cayó gravemente enfermo, y tuvieron que extirparle el riñón izquierdo, que estaba atrofiado y adherido al diafragma. Cuando lo retiraron, se rasgó el diafragma, motivo por el cual el postoperatorio se prolongó más de lo previsto[23]. Hasta seis meses después no cicatrizó completamente la herida. El Fundador del Opus Dei se preocupó de que le llevasen con frecuencia la Sagrada Comunión y en ocasiones lo hizo él mismo[24].

---

[21] Carta de José María Hernández Garnica a san Josemaría Escrivá de Balaguer, Madrid 4-VIII-1940, AGP, JHG, A-291.

[22] Carta de José María Hernández Garnica a san Josemaría Escrivá de Balaguer, Madrid 6-VIII-1940, AGP, JHG, A-293.

[23] Cfr. Historia Clínica del Siervo de Dios, AGP, JHG, D-00199, p. 1. «A fines de julio del mismo año me trasladé a Madrid. Pero, pocos días después, José María fue intervenido quirúrgicamente y le extrajeron un riñón, que desde antes de la guerra civil española estaba dañado por un accidente y que, desde hacía una temporada, había empeorado con gravedad. El resto del verano lo pasó José María restableciéndose en casa de su madre». Testimonio de José María Casciaro Ramírez, AGP, JHG, T-00012, p. 1.

[24] «Conocí a D. José María Hernández Garnica un día del verano de 1940. En ese día acompañé a nuestro Padre a llevarle la Sagrada Comunión a la casa de su madre, en la calle del Conde de Aranda. D. José María estaba aún en cama, en el período postoperatorio, después de haberle sido extirpado un riñón». Testimonio de José Orlandis Rovira, AGP, JHG, T-00041, p. 1.

Estas complicaciones hicieron peligrar la entrega de la Memoria de investigación, último requisito para obtener el título de Ingeniero de Minas, dentro del plazo previsto. Pidió una ampliación, pero las autoridades académicas no se la concedieron. Finalmente, en la cama, logró terminar la Memoria el 7 de mayo de 1941 y obtuvo la máxima calificación[25].

En el mes de julio de 1941 estuvo en Noja para terminar de restablecerse y avanzar con algunas asignaturas de la Licenciatura en Ciencias Naturales, que había comenzado a estudiar. Le escribe a Álvaro del Portillo diciendo: «Me da vergüenza el estar casi todo el día con mi Botánica que es una de mis fieles compañeras»[26]. El resto de la compañía que tenía en aquellos días en Noja eran su madre y sus hermanas.

Se recuperó satisfactoriamente y se reintegró a la vida normal. Así lo recuerda Francisco Botella: «Chiqui en marcha era como un tanque fidelísimo a los deseos del Padre y a las indicaciones de Álvaro»[27].

---

[25] «La Sociedad Saltos del Alberche», Memoria para obtener el título de Ingeniero de Minas. Consta de dos volúmenes, que contienen 121 pp., y 10 Anexos gráficos. Original en el Archivo de la Secretaría de la Escuela de Minas de Madrid, exp. Núm. 4457. De ese modo pasó a pertenecer al Cuerpo nacional de Ingenieros de Minas, por tanto sujeto a los ascensos según vacantes. Así en 1945 tiene el número 522, como ingeniero 2º. El 10 de junio de 1959 asciende a Ingeniero 1º, aunque continúa en situación de excedente voluntario y el 30 de septiembre de 1971 obtuvo el grado de Doctor en Ingeniero de Minas. Además de presentar un curriculum vitae, entregó una Tesis Doctoral que llevó el título «Estudio geológico de las sierras de Algámitas y Algodonales», Tesis doctoral inédita, Escuela Superior de Ingenieros de Minas de la Universidad Politécnica de Madrid. Se trataba de una actualización del trabajo elaborado y presentado como Tesis Doctoral en Ciencias Naturales en 1946.

[26] Carta de José María Hernández Garnica a Álvaro del Portillo, Noja, Santander, 6-VII-1941, AGP, JHG, A-300. En agosto se trasladó a Madrid para participar en un curso de formación, como adelanta en su carta siguiente. Cfr. Carta de José María Hernández Garnica a Álvaro del Portillo, Noja, Santander, 27-VII-1941, AGP, JHG, A-301.

[27] Testimonial de Francisco Botella Raduán sobre san Josemaría, AGP, RHF, T-00159, VII, p. 12.

Apostolado con jóvenes universitarios

Un año después, san Josemaría le nombró director de un centro del Opus Dei en Madrid, en la calle Lagasca. Allí se ubicaba un centro de formación dedicado a las nuevas vocaciones. Se trataba de poner los fundamentos de una vida entregada a Dios en medio del mundo, santificando el trabajo ordinario (para muchos de ellos entonces era el estudio).

A esa tarea se entregó Chiqui con total decisión y exigencia. Uno de aquellos jóvenes recordaba: «Cuando estaba de director ponía esa tarea que el Fundador le había encomendado por encima de todo. Siempre estaba dispuesto a recibirnos, a atender nuestras consultas, sin gestos de impaciencia o de cansancio. Vivía olvidado de sí, pendiente de las necesidades de todos. Tenía con los demás una caridad recia y sincera, profunda, enraizada en el amor a Dios, que le llevaba a querer por encima de todo, como él veía hacer a san Josemaría, que fueran santos, que lucharan para ser mejores y más fieles cristianos, seguro de que de ese modo serían también más felices en la tierra y luego lo serían eternamente en el Cielo»[28].

Impresionaba su capacidad de trabajo. Compatibilizó sus estudios con una honda vida de piedad, una in-

---

[28] Testimonio de Francisco Ponz Piedrafita, AGP, JHG, T-00044, p. 13: «Después no volví a tener más contacto con él hasta el verano de 1942, tiempo en el que pasé a vivir a la casa de Diego de León 12, donde estaba José María de director. Allí estuve conviviendo con él todo ese verano y todo el curso académico 42-43». Testimonio de Teodoro Ruiz Jusué, AGP, JHG, T-00048, p. 1: «Un tiempo después, me trasladé a la capital de España. Yo ya había pedido la admisión en la Obra y fui a vivir a un pequeño centro en la calle Núñez de Balboa 116. Creo recordar que José María Hernández Garnica era el director. Debió de ser poco tiempo, pues en 1942 fue nombrado director del primer centro de estudios del Opus Dei, en la calle Lagasca. Recuerdo que mi impresión de Chiqui cambió profundamente, descubrí un hombre alegre, divertido, con sentido del humor y chispa. Ya no se escondía». Testimonio de Federico Suárez Verdeguer, AGP, JHG, T-00246, p. 1.

tensa dedicación a difundir la doctrina cristiana con charlas dirigidas a universitarios y el trabajo en la empresa Electra. Además, realizaba viajes, algunos acompañando a san Josemaría, para poner en marcha la tarea apostólica en varias ciudades de España. Solo un gran amor a Dios y al cumplimiento de su voluntad explicaría ese ritmo de trabajo[29].

Ismael Sánchez Bella, uno de aquellos jóvenes universitarios que conoció en Valencia narraba una anécdota de aquella época: «A D. José María Hernández Garnica le conocí en Valencia el 25 de mayo de 1940, cuando yo llevaba solamente un mes en la Obra. Yo tenía 18 años y era muy hablador. Salí con él para hacer una gestión y, mientras él permanecía callado, yo hablaba por los codos. A los 5 o 10 minutos, al pasar junto a la Catedral, se paró un momento y me dijo: "Si hablas tanto, no tendrás vida interior". Nunca lo he olvidado y he procurado corregirme»[30].

Por aquel tiempo se desataron algunas calumnias contra el Opus Dei. Con paciencia san Josemaría y los fieles de la Obra las denominaban la «persecución de los buenos». Años después, el Fundador de la Obra, en una carta dirigida a sus hijos, resumía el origen de aquellas

---

[29] Cfr. AGP, RHF, D-15204, 10, 11 y 17. «Conocí a Chiqui, como le llamábamos familiarmente, en 1940, en el Cubil, el primer centro de la Obra de Valencia. Desde Madrid venían algunos de la Obra para impulsar y atender la incipiente labor apostólica del Opus Dei en la ciudad. Venían, entre otros, Ricardo Fernández Vallespín, Álvaro del Portillo y Pedro Casciaro. La impresión que yo guardaba de esos viajes sobre Chiqui era la de una persona callada, que estaba en segundo plano: observaba y callaba». Testimonio de Federico Suárez Verdeguer, AGP, JHG, T-00246, p. 1. «Cuatro letras para contarte que el domingo iré por Bilbao y estaré la mañana, o sea, el 13 por la mañana; también estaré el 20 por la tarde cuando vuelva de vuelta para Madrid. Te lo cuento por si pudieras arreglar el ir por esa». Carta de José María Hernández Garnica a Gonzalo Ortiz de Zárate, Madrid 8-IX-1942, AGP, JHG, A-331.

[30] Testimonio de Ismael Sánchez Bella, AGP, JHG, T-00050, p. 1.

habladurías: «Al grupo de los que, por fanatismo, son enemigos de la Iglesia (...). Al grupo de los que tienen mentalidad de partido único en el orden temporal: son fanáticos también. Al grupo de los que tienen mentalidad de partido único doctrinal religioso en lo que es libre: poco arreglo tienen, porque su fanatismo les lleva siempre a defender un único grupo apostólico, del que ellos han de ser permanentemente los jefes»[31].

Tanto el Siervo de Dios como los demás eran plenamente conscientes de que quienes rodeaban al Fundador eran mucho más jóvenes que él y con pocos años de entrega a Dios, que procuraban ayudarle todo lo que podían, pero el peso de la Obra recaía sobre los hombros de san Josemaría[32].

De ese período de 1942-1944, como director del Centro de la calle Lagasca, D. José María procuraba estar en contacto con san Josemaría, que vivía en la misma casa y, a la vez, se ocupaba de la formación de aquellos jóvenes con sentido de responsabilidad: estaba al tanto de la labor apostólica que realizaban, de la marcha de sus estudios y del funcionamiento material de la casa, que era sede central del Opus Dei, a la vez que residencia de estudiantes.

También en este tiempo, Chiqui convivió más estrechamente con la madre y la hermana de san Josemaría y valoró el gran servicio a la Obra que realizaron en la administración de las labores domésticas de los primeros Centros, especialmente en Lagasca[33].

---

31 J. Escrivá De Balaguer, *Carta 14-IX-1951*, n. 16, en J. Andrés Gallego y A. M. Pazos, *La Iglesia en la España Contemporánea*, 1936-1999, Encuentro, Madrid 1997, Vol. II, pp. 77-78. Cfr. A. Vázquez De Prada, *El Fundador del Opus Dei*, *op. cit.*, Vol. II, pp. 467-497.

32 José María Hernández Garnica, *Meditaciones*, 20-VI-1972, AGP, JHG, E-73, p. 1.

33 Cfr. Ibíd., *Meditaciones*, 20-VI-1972, AGP, JHG, E-73, p. 2.

La ordenación sacerdotal

La confianza del Fundador del Opus Dei en el Siervo de Dios fue muy grande a lo largo de su vida. De hecho, pocos meses después de terminar la guerra civil española, y una vez superados los momentos de dificultades interiores, le planteó la posibilidad de prepararse para su ordenación sacerdotal. Como escribía don José María en 1972: «El Padre nos había hecho ver bien claramente la necesidad de sacerdotes en la Obra, que llegaran al sacerdocio después de haber vivido la vocación propia nuestra, para ayudar con su predicación –de acuerdo con las directrices señaladas por el Padre– a la formación de sus hermanos y para colaborar en su dirección espiritual, sobre todo a través del Sacramento de la Penitencia»[34].

Al recordar ese evento, comentaba D. Álvaro del Portillo: «¡Todo fue muy sencillo! No hay nada barroco en la Obra. Nuestro Padre sabía perfectamente que podía disponer de nosotros, y nosotros respondimos libremente, sin ninguna coacción»[35].

Chiqui, tiempo atrás, le había anunciado a su madre la posibilidad de su ordenación sacerdotal, aunque le pidió que guardase discreción, pues podría dilatarse en el tiempo[36]. Mientras, continuó con sus quehaceres habituales.

---

[34] Cfr. Ibíd., *Meditaciones*, 25-VI-1972, AGP, JHG, E-74, p. 1.

[35] S. Bernal, *Recuerdo de Álvaro del Portillo, op. cit.*, p. 84. José Luis Múzquiz de Miguel, *Mis recuerdos del Padre*, AGP, RHF, D-04417, 125 a 127. Cfr. F. L. Mateo Seco - Rodríguez Ocaña, *Sacerdotes del Opus Dei*, Eunsa, Pamplona 1994, pp. 35-39.

[36] «En el verano de 1942, contaba su hermana Mercedes, fue a Noja unos días para hablarle a su madre de que estaba estudiando y en preparación para ordenarse sacerdote. Le pidió que no hablara de ello con la familia, que lo mantuviera en secreto, porque a lo mejor tenían que pasar varios años antes de poder ordenarse». Testimonio de María y Teresa Temes Hernández, AGP, JHG, T-00060, p. 3. «Nos hacía ver de diversas formas, y con

Los tres ordenandos, Álvaro del Portillo, José María Hernández Garnica y José Luis Múzquiz[37], hicieron compatibles los estudios eclesiásticos con sus trabajos. Al principio realizaron los exámenes en el seminario de Madrid. Después, con un tribunal de profesores que se designó al efecto[38]. Comenta Francisco Ponz: «Su dedicación al estudio fue grande e intensa, aprovechando el tiempo al máximo, aunque sin descuidar sus restantes responsabilidades. Tanto él como sus compañeros de ordenación Álvaro del Portillo y José Luis Múzquiz eran muy conscientes de que los ojos de muchas gentes estaban puestos en su preparación sacerdotal, y de los afanes del Fundador por que adquirieran una preparación intelectual, doctrinal y espiritual de la mejor calidad. Sus años de entrega al Señor de acuerdo con su vocación al Opus Dei constituían una excelente base de formación en todos esos aspectos, pero debían obviamente completarla y formalizarla académicamente de acuerdo con las normas canónicas. Con esfuerzo, empeño y con

ejemplos, que a él también le habían costado las cosas. Nos contó un día lo difícil que resultó decirle a su madre –se refería a ella llamándola doña Adela– que pertenecía al Opus Dei y que se iría a vivir a Diego de León. Paseábamos por el campo –nos contó un día– y yo pensaba: cuando lleguemos al cuarto poste de luz se lo digo; pero pasábamos el cuarto y el quinto, y nada. Por fin se lo expliqué, y doña Adela no tuvo nada que objetar». Testimonio de Carmina Zazurca Casbas, AGP, JHG, T-01357, p. 1.

Lógicamente fue dando poco a poco a conocer la noticia a sus familiares cercanos: «Mi tío Chiqui fue invitado por mis padres para ser el padrino de mi bautismo el 25 de octubre de 1943. Ese día les explicó que aceptaba encantado de preocuparse de la parte espiritual, pero no de la material, pues se ordenaría sacerdote, cosa que sucedió en junio de 1944». Testimonio de Rafaela Hernández Font, AGP, JHG, T-00253, p. 1.

[37] Rev. D. José Luis Múzquiz de Miguel (1912-1983). Dr. Ingeniero de Caminos, Doctor en Filosofía y Letras y en Derecho Canónico. Recibió la Ordenación sacerdotal en 1944. Ocupó cargos de dirección en el gobierno central del Opus Dei y en 1948 comenzó el apostolado de la Obra en los Estados Unidos. Falleció en Boston en 1983. El 2 de junio de 2011 se inició el Proceso diocesano en la archidiócesis de Boston. Cfr. J. F. COVERDALE, *Echando raíces*, Rialp, Madrid 2011, 152 pp.

[38] Cfr. Expediente de Órdenes, AGP, JHG, D-00154.

una inteligencia muy superior a la media, se aprestaron a adquirir esa preparación para no defraudar al Padre, para ser buenos y doctos sacerdotes, tal como el Señor sin duda los quería»[39].

Contaron con un profesorado excelente, aprovechando también la presencia en Madrid de grandes especialistas retenidos por la Segunda Guerra Mundial. Así, fueron profesores de los tres primeros sacerdotes del Opus Dei: D. José María Bueno Monreal (Seminario de Madrid); P. Francisco Pérez Muñiz, O.P. (Angelicum); Fray José López Ortiz, O.S.A. (Catedrático de la Universidad Central de Madrid); P. Severino Álvarez Menéndez, O.P. (Angelicum); P. Benito Celada Abad, O.P. (Bíblico de Jerusalén); Fray Justo Pérez de Urbel, O.S.B., etc.[40].

La preparación intelectual fue muy buena, como reflejan las calificaciones que obtuvieron los tres, y que se encuentran incluidas en el expediente de órdenes. Había una simpática excepción: en la asignatura de música. Lo recordaba años después el Fundador de la Obra, al referirse a la primera Misa solemne de D. José María: «¡Qué horror de voz tenían los tres primeros sacerdotes!: Chiqui entonó el *Te Deum* y su padrino, José María Bueno Monreal, comentó que era el primer milagro de san Chiqui»[41].

---

[39] Testimonio de Francisco Ponz Piedrafita, AGP, JHG, T-00044, p. 24.

[40] «En esos mismos años realizó todos los estudios eclesiásticos con profesores que eran sacerdotes diocesanos y religiosos de alto nivel académico y científico, que pudieron acreditar, al juzgar sus exámenes, una excelente preparación filosófica y teológica, en nada inferior a la de los mejores alumnos de las Universidades Pontificias». Testimonio de Francisco Ponz Piedrafita, AGP, JHG, T-00044, p. 23. Respecto a los profesores, cfr. A. VÁZQUEZ DE PRADA, *El Fundador del Opus Dei*, *op. cit.*, vol. II, pp. 604-605 y la nota 97.

[41] Citado en JOSÉ LUIS MÚZQUIZ DE MIGUEL, *Mis recuerdos del Padre*, AGP, RHF, D-04417, p. 174. En la *Tessera Studiorum*, figura *Meritissimus* en todas las asignaturas excepto en Ética, Teodicea y canto litúrgico, en las que obtiene *Benemeritus*. Cfr. AGP, JHG, D-00120.

Para ultimar los exámenes o profundizar en algunas materias, a veces, se iban unos días fuera de Madrid, a Torrelodones o El Escorial, para estar dedicados con exclusividad al estudio.

Mientras tanto, el Fundador de la Obra buscaba la fórmula canónica, dentro del derecho entonces vigente, para esa ordenación. El 14 de febrero de 1943, en el Centro de mujeres del Opus Dei de la calle Jorge Manrique, vio la solución durante la Misa: ese día san Josemaría empezó a hablar de la Sociedad Sacerdotal de la Santa Cruz[42].

Recordaba D. Pedro Casciaro que ese día el Fundador fue a desayunar al Centro de la calle Villanueva donde vivía Pedro, y «encargó a Ricardo Fernández Vallespín que dibujara bien el sello de la Obra (una cruz dentro de un círculo) que había trazado poco antes en su agenda, con compás y tinta china; y al día siguiente fue en coche a un hotelito de la sierra de Guadarrama, donde estaban estudiando los primeros ordenandos: deseaba hablar cuanto antes con Álvaro del Portillo, que era Secretario General del Opus Dei. Con la Sociedad Sacerdotal de la Santa Cruz –a cuyo título se ordenarían los nuevos sacerdotes del Opus Dei– se hacía posible la ordenación sacerdotal de algunos laicos del Opus Dei, que podrían asistir espiritualmente al resto de los miembros y atender las actividades apostólicas promovidas por ellos»[43].

También dedicaron tiempo a la elaboración de la Tesis doctoral, pues san Josemaría quería que los tres tuvieran un doctorado. En aquella época ese grado solo se po-

---

[42] Cfr. A. Vázquez De Prada, *El Fundador del Opus Dei*, *op. cit.*, Vol. II, p. 610.

[43] P. Casciaro, *Soñad y os quedaréis cortos*, *op. cit.*, p. 193. Cfr. José Luis Múzquiz de Miguel, *Mis recuerdos del Padre*, AGP, RHF, D-04417, p. 141.

día obtener en la Universidad Central, tras conseguir la correspondiente licenciatura en alguna Facultad, pero las Ingenierías eran Escuelas especiales[44]. D. José María lo hizo en la Facultad de Ciencias (sección de Ciencias Naturales), D. José Luis Múzquiz y D. Álvaro del Portillo, en la de Filosofía y Letras (sección de Geografía e Historia). También publicaron sus trabajos de investigación. El de D. José Luis trataba sobre «El Conde de Chinchón», D. Álvaro lo preparó sobre los «Descubrimientos en California» y D. José María Hernández Garnica, «Estudio Geológico de las Sierras de Algámitas y Algodonales»[45].

El 25 de enero de 1944, Mons. Leopoldo Eijo y Garay aprobó las Constituciones de la Sociedad Sacerdotal de la Santa Cruz[46]. Los siguientes meses fueron de una gran intensidad para ultimar todos los detalles de la ordenación.

---

44 Años después cambió la legislación y se creó la Universidad Politécnica de Madrid. En ella, en 1971, alcanzaron los tres el grado de doctor Ingeniero. Cfr. José Luis Múzquiz de Miguel, *Mis recuerdos del Padre*, AGP, RHF, D-04417, p. 163.

45 J. M. Hernández Garnica, *La estructura de la Sierra del Tablón (provincia de Sevilla)*, «Notas y Comunicaciones del Instituto Geológico y Minero de España», nº 17, Madrid 1947, pp. 136-152 (extracto de la tesis). Comenzó la tesis con el Prof. Gutiérrez Ríos sobre silicatos; así lo explicaba en una carta: Yo estoy trabajando mi tesis también en el Instituto de Edafología, con Gutiérrez Ríos, sobre síntesis de silicatos. Si alguna vez os enteráis, por las buenas, de bibliografía, me lo dices, pero si os enteráis por casualidad». Carta de José María Hernández Garnica a José María González Barredo, Madrid 21-VIII-1943, AGP, JHG, A-349. Finalmente, cambió de tema y la defendió con el título: «Estudio geológico de las sierras de Algámitas y Algodonales», Tesis doctoral inédita, Madrid 17-01-1946. Universidad Complutense de Madrid, sig. T-10976, 122 pp.

A. Del Portillo, *Descubrimientos en California*, Publicaciones de la Escuela de Estudios Hispano Americanos de la Universidad de Sevilla, CSIC, Madrid 1947, 540 pp.; J. L. Múzquiz, *El Conde de Chinchón, Virrey del Perú*, Publicaciones de la Escuela de Estudios Hispano Americanos de la Universidad de Sevilla, CSIC, Madrid 1945, 334 pp.

46 Cfr. F. Requena y J. Sesé, *Fuentes para la historia del Opus Dei*, Ariel, Madrid 2002, p. 78.

Con el *nihil obstat* de la Santa Sede otorgado al Opus Dei en octubre de 1943, y con la posterior erección diocesana de la Sociedad Sacerdotal de la Santa Cruz, quedó abierto el camino jurídico para que pudieran ordenarse sacerdotes algunos de sus miembros. Entre diciembre de 1943 y junio siguiente, los tres ordenandos ultimaron su preparación tanto espiritual como académica. El Siervo de Dios tuvo que dejar sus trabajos en la Electra Madrileña para concentrarse en la preparación de los exámenes de Teología.

Los tres aceleraron el ritmo de sus estudios eclesiásticos, a la vez que realizaban otras muchas tareas que no se podían dejar, pues la escasez de brazos era grande; de ahí que impresionara a los demás el que mantuvieran la serenidad y la alegría ante el aumento de trabajo[47].

Una prueba del aprovechamiento de esos estudios realizados por Chiqui es el testimonio del profesor José María Casciaro[48]: «Durante los años de mi preparación para el sacerdocio (fui ordenado presbítero el 1-VII-1951), José María fue uno de los profesores que más asignaturas explicó a mi promoción: todos los cursos de Teología Moral y, anteriormente, Metafísica y el Tratado *De Ecclesia Christi*, materias obviamente distantes entre sí (...). De sus clases salíamos ya con unos conocimientos básicos, que nos facilitaban el estudio personal. Al cabo del tiempo aún me sorprende la habilidad y buena pedagogía que mostró en sus explicaciones *De Ecclesia Christi* y de la

---

47 Cfr. Testimonio de Francisco Ponz Piedrafita, AGP, JHG, T-00044, p. 25.

48 Rev. D. José María Casciaro Ramírez (1923-2004). Doctor en Filología semítica por la Universidad Complutense de Madrid. En 1954 realizó estudios en Sagrada Escritura en el Pontificio Instituto Bíblico de Roma y un año después se doctoró en Teología. A partir de 1955 fue profesor de Sagrada Escritura. Pidió la admisión en el Opus Dei en 1940 y trató de cerca a san Josemaría entre 1939 y 1942. Ordenado sacerdote en 1951. Fue profesor y Decano de la Facultad de Teología de la Universidad de Navarra. Cfr. J. M. CASCIARO, *Vale la pena*, Rialp, Madrid 1998, 222 pp.

Metafísica: no era especialista en estas materias, pero nos las explicó con competencia y claridad: recuerdo con asombro cómo tenía en la memoria los textos del Nuevo Testamento referentes al tratado sobre la Iglesia. De modo parecido recuerdo la precisión con que explicaba las nociones y los conceptos metafísicos y el vocabulario correspondiente. Aquí se notaba con evidencia su mentalidad matemática de ingeniero, predominante sobre la del filósofo. Pero esta circunstancia tenía sus ventajas. En todas sus explicaciones se esforzaba, se desvivía, por hacernos entender los temas, dentro siempre de un exquisito cuidado por hacernos agradables las clases»[49].

Es interesante constatar que aquella formación teológica asentada sobre santo Tomás, tal y como habían impulsado los pontífices León XIII y san Pío X, produjo en la formación de aquellos tres ordenandos una solidez y madurez que les permitió trabajar con gran fecundidad a lo largo de sus vidas. Por ejemplo, D. Álvaro del Portillo fue Consultor de la Congregación para la Doctrina de la Fe en la Santa Sede; D. José María extendió el Opus Dei por España y muchos países de Europa en las décadas de los sesenta y setenta, y D. José Luis Múzquiz, por Estados Unidos, Canadá, Suiza y España. La solidez de los principios teológicos que estudiaron les hizo aptos para afrontar los retos de la sociedad y dar respuestas adecuadas.

En una zona del Monasterio de El Escorial, san Josemaría les dirigió los días de retiro previstos en el derecho canónico antes de la ordenación, del 13 al 20 de mayo de 1944[50]. Todavía hoy recuerdan los agustinos

---

[49] Testimonio de José María Casciaro Ramírez, AGP, JHG, T-00012, p. 3.

[50] «El 12 de mayo me parece que, mientras los tres estaban de Ejercicios Espirituales con el Fundador, de nuevo en El Escorial, en la Iglesia Parroquial de la Concepción, se leyeron las *Publicata* que anunciaban la próxima ordenación. Y a su regreso, el día 20, pudimos ver a los tres ya con sotana, que salían para recibir la tonsura que les iba a convertir en clérigos». Testimonio de Francisco Ponz Piedrafita, AGP, JHG, T-00044, p. 25.

aquella estancia: san Josemaría vivía en la habitación llamada del obispo y los tres ordenandos, en las contiguas. La del obispo tiene una pequeña capilla, donde pasaron muchas horas de oración, y en ella san Josemaría les predicó y les enseñó a celebrar la Santa Misa[51].

En los siguientes días se fueron celebrando los diversos ritos. «El 20 tuvo lugar en el Palacio Episcopal de Madrid la Tonsura, según lo establecido en aquella época por las leyes de la Iglesia. Luego, los días 21 y 23, las órdenes menores. El 28 de mayo, Mons. Marcelino Olaechea, Obispo de Pamplona, les confirió el Subdiaconado en el oratorio de Diego de León. El 3 de junio, en la capilla del Seminario de Madrid, recibieron el Diaconado, de manos de Mons. Casimiro Morcillo, Obispo Auxiliar de Madrid-Alcalá. Finalmente, Mons. Leopoldo Eijo y Garay ofició la ordenación de presbíteros el 25 de junio, en la capilla del Palacio Episcopal»[52].

También fueron ejercitando las Órdenes Sagradas que iban recibiendo: «El 5 de junio, tuvo lugar una Misa Solemne que celebró nuestro Fundador y en la que oficiaron D. José María como Diácono, D. José Luis como Subdiácono y D. Álvaro de Maestro de ceremonias. Para ellos, como para nosotros, aquella celebración eucarística tuvo muy singular significación. Aquellos tres hermanos nuestros estaban actuando ya como ministros sagrados junto al Padre y Fundador, asociados ministerialmente en la Liturgia del Santo Sacrificio de la Misa, en una forma nueva de servicio a la Iglesia y al Opus Dei, que venía a dar continuidad al que hasta entonces

---

[51] Cfr. F. CARMONA, OSA, *Apuntes de Ejercicios Espirituales con san Josemaría Escrivá*, EDES, San Lorenzo del Escorial 2004, pp. 47-51.

[52] S. BERNAL, *Recuerdo de Álvaro del Portillo*, *op. cit.*, p. 85. Cfr. Copia autenticada de la Anotación correspondiente en el libro de ordenaciones, Archivo del Arzobispado de Madrid, *Actas de ordenaciones*, en AGP, JHG, D-01353.

habían venido prestando. Era un anticipo muy expresivo de lo que cada uno iba a realizar de por vida a partir de su ordenación como presbíteros tres semanas más tarde»[53].

Era la primera ordenación de fieles del Opus Dei y fue extremadamente cuidada por el Fundador, tanto por la calidad de los profesores escogidos como por la categoría humana y espiritual de los candidatos. Como señalaba el Siervo de Dios en una meditación escrita en 1972: «De nuestra formación apostólica y espiritual, así como de la pastoral, no pudimos tener mejor maestro, porque fue el Padre mismo quien se encargó de esta tarea. Fueron constantes las conversaciones en las que nos iba dando normas, consejos, para nuestra futura labor de sacerdotes. No se me pueden olvidar algunos paseos por las afueras de Madrid, en los que caminando, al atardecer, alguna vez nos hablaba el Padre del mejor medio de servir a la Obra»[54].

Por fin llegó el 25 de junio, fecha de la ordenación sacerdotal. Joan Massiá recordaba que: «Nuestro Fundador no asistió a la ordenación; celebró la Misa en Diego de León, ayudado por D. José María Albareda, y luego se quedaron en el jardín para esperar a los nuevos sacerdotes. El primero en entrar por la puerta lateral del jardín fue D. Álvaro y le siguieron D. José María y D. José Luis. Nuestro Padre, que estaba sentado en un banco del jardín, apenas los vio, se levantó como mo-

[53] Testimonio de Francisco Ponz Piedrafita, AGP, JHG, T-00044, p. 25.

[54] José María Hernández Garnica, *Meditaciones*, 25-VI-1972, AGP, JHG, E-74, pp. 2-3. Del 10 de junio de 1944, escribe Enrique Aristoy: «allí me encontré y conocí a D. Álvaro del Portillo. Estaba con el Padre, acompañado de D. José María Hernández Garnica y D. José Luis Múzquiz, compañeros de los estudios sacerdotales, próximos ya a la ordenación. Estaban viendo, con san Josemaría, unos ornamentos sacerdotales y vasos sagrados; por aquellas fechas ya debían de ser diáconos, si no recuerdo mal». Testimonio de Enrique Aristoy Peris, AGP, APD, T-00870, p. 1.

vido por un resorte y fue a besar las palmas de las manos de D. Álvaro, que, a su vez, cogió la mano de nuestro Padre para besársela primero. Nuestro Fundador no cedió y entonces se produjo un emocionante y afectuoso forcejeo, difícil de olvidar. Como era de esperar, nuestro Padre acabó besándole las palmas de las manos a D. Álvaro y, a continuación, las de los otros dos»[55].

La madre de D. José María, Doña Adela, estaba muy conmovida. Aunque él había avisado años atrás, no se terminaba de creer que Dios le concediera la dicha inmensa de tener un hijo sacerdote. Ella se ocupó, con la colaboración de otros familiares, del cáliz de la primera Misa solemne[56] de su hijo que, posteriormente, se envió a Roma.

Como recordaba una de sus parientes, Pilar Crespo: «Por lo que pude colegir de aquellos años, y después, José María era un modelo para sus hermanos. Le querían y le apreciaban. Al ordenarse sacerdote en 1944, la admiración subió más. Para muchos de la familia era un santo. De su modo de ser recuerdo que era muy equilibrado, sereno e inteligente. Siempre he pensado en él como una persona santa. Lógicamente era el preferido de su madre: el hijo sacerdote que todas queríamos tener»[57].

---

[55] Testimonio de Joan Masià Mas Bagà, AGP, APD, T-00503, p. 2. «La ceremonia de la ordenación fue sencilla. Tanto D. José María como los otros ordenandos tenían una expresión radiante de alegría». Testimonio de Raquel Botella Margarit, AGP, JHG, T-00007, p. 1.

[56] «Era habitual en nuestro Padre llegar (concretamente en días festivos) hasta la Capilla de reliquias y sala de cálices y, en aniversarios de la ordenación de los tres primeros sacerdotes, a la sacristía mayor. A veces me indicaba que le mostrase cálices muy concretos; el de D. José María Hernández Garnica le hacía gracia y le llamábamos "el Cáliz de Doña Adela", porque tiene incrustadas piedras de su collar. El juego de vinajeras las contemplaba con cariño; fue el regalo de sus amigos mineros, con sus firmas, para su ordenación sacerdotal, que se utilizaban en fiestas solemnes». Testimonio de María Rosario Arellano Catalán, AGP, JHG, T-00004, p. 1.

[57] Testimonio de Pilar Crespo Gómez-Acebo, AGP, JHG, T-01271, p. 1. «En la familia se le recuerda como una persona sacrificada, entregada a Dios, que sufrió mucho en su enfermedad y muerte por el cáncer que pade-

La primera Misa tuvo lugar el 27 de junio en la capilla de Colegio de la Asunción, en la calle Santa Isabel nº 46. Acompañaron a José María como padrinos dos de sus profesores, el Vicario Judicial de la diócesis de Madrid, D. José María Bueno Monreal, y fray José López Ortiz, que con el tiempo fueron Cardenal Arzobispo de Sevilla y Arzobispo Castrense, respectivamente.

Asistieron a la ceremonia ingenieros y empleados de la empresa Electra y numerosos amigos y familiares. En la empresa fue una conmoción[58]. Años después le invitaron a predicar a todos los empleados. También fue una alegría para sus compañeros de promoción, como recordaba Manuel Madina: «Recuerdo que le regalamos un cáliz sufragado por todos y asistimos a su ordenación. Luego nos celebró una Misa para nosotros. Estábamos conmovidos»[59].

ció. Hace años se comentó que era un santo». Testimonio de Mariuca Castro Westendorp, AGP, JHG, T-00252, p. 1.

[58] Cfr. A. Vázquez De Prada, *El Fundador del Opus Dei*, *op. cit.*, Vol. II, pp. 640 y ss. «Así lo expresa uno de sus subordinados en una carta: "El más humilde subordinado, ayer como Jefe de trabajo y hoy como director del alma, le ruega acepte estas letras de felicitación grabadas con tinta de sus lágrimas por la emoción intensa que produce su decisión de V. de pasar al camino del sacerdocio, máxime en estos tiempos calamitosos. Mas Dios perdona esta exaltación del espíritu, esta fuerte emoción que embarga mi alma, ya que va mezclada con algo de envidia, por no poder seguir su camino, y ruego a Vd. me tenga presente en sus oraciones y me encomiende al Todo Poderoso para no ser un renegado del mundanal ruido, por el cansancio de subir y bajar la áspera montaña de la vida y que, al margen de la pestilencia mundana, pueda seguir las perdurables aspiraciones del alma, hacia el ideal eterno que no se logra en esta vida y, con esta norma señalada por la Ley Divina, seguir educando a mis hijos hasta el infinito. Yo también le tendré presente en mis oraciones y le aplicaré la misa y la comunión de su día de Vd. para que caiga sobre Vd. de forma excepcional la gracia de Dios y bendición apostólica"». Carta de José Félix Saldaña a José María Hernández Garnica, Madrid 24-VI-1944, AGP, JHG, C-176.

[59] Testimonio de Manuel Madina Azcárate, AGP, JHG, T-01317, p. 1. Precisamente la carta del propio Manuel Madina expresa muy bien los sentimientos de todos sus compañeros en aquellos días: «Acabo de recibir tu invitación a la primera misa que, Dios mediante, tendrá lugar dentro de breves días y siento manifestarte que mis obligaciones me impiden asistir a la ceremonia, a la que me hubiera gustado muchísimo [asistir] por ser este

La ordenación de tres ingenieros fue un impacto para muchos. Por ejemplo, para el eminente profesor Carlos Jiménez Díaz, que lo comentaba con frecuencia. Lo atestiguaba su discípulo el Dr. Ortiz de Landázuri: «Le había hecho mucho efecto la vida ejemplar de D. José María Hernández Garnica, que siendo sobrino de su gran amigo D. Pablo Garnica y, por tanto, con excelentes relaciones sociales y con un brillante porvenir profesional como Ingeniero de Minas, era del Opus Dei y, posteriormente, fue uno de los tres primeros sacerdotes de la Obra»[60]. A él había acudido, en 1947, para ser tratado de un principio de psoriasis en la piel a la altura del mesogastrio. Esta lesión se le irá reproduciendo hasta que fue intervenido en 1962 y en 1964.

Después de la Primera Misa, rodeado de su madre, hermanos y familia, fueron a celebrarlo al domicilio familiar. Al terminar el almuerzo, acudió el Fundador de la Obra con los dos padrinos. Así lo recuerdan sus sobrinas: «Para celebrar la ordenación, su madre quería que fueran a una Sala de banquetes. Él se negó y lo celebraron con una comida en la casa de Conde de Aranda, a la que asistieron, además de su madre, hermanos y algún familiar, el Padre y sus dos padrinos: D. José Bueno Monreal y fray José López Ortiz. Para esa comida su madre sacó una vajilla muy buena, de "Sèvres", que usaban en grandes ocasiones»[61].

---

día imborrable para ti y de verdadera alegría espiritual para todos nosotros que hemos convivido contigo en nuestros estudios. Cuando ofrezcas al Señor tus oraciones, acuérdate de tus compañeros, que en la lucha de esta vida estamos continuamente al borde del abismo y tenemos necesidad de su ayuda». Carta de Manuel Madina Azcárate a José María Hernández Garnica, Bilbao, 20-VI-1944, AGP, JHG, C-185.

[60] EDUARDO ORTIZ DE LANDÁZURI, *Entre la salud y la enfermedad*, AGP, EOL, E-20327, p. 12.

[61] Testimonio de María y Teresa Temes Hernández, AGP, JHG, T-00060, p. 3.

Ahora era para todos D. José María, aunque en su familia le llamaran el Tío Chiqui o el Padre Chiqui, con veneración y respeto. A los pocos días, el 30 de junio, dio la primera Comunión a su sobrina María, el 31 de julio casó a su primo Gabriel y el 9 de agosto bautizó a su sobrino Javier. Como recuerda su sobrina Rafaela: «Mi madre era catalana y sus padres, muy mayores, y ella en verano prefería ir a Barcelona, por lo que apenas fuimos a Noja. Veíamos al tío Chiqui en Madrid, pues venía con frecuencia a comer. Mi primer conocimiento del tío Chiqui fue estando un día jugando con unas amigas en el Paseo de la Castellana. Vimos a un sacerdote alto, entonces fuimos, como era costumbre en la época, a besarle la mano. Él se sonrió y me dijo: "dile a tus padres que mañana iré a almorzar con ellos". Cuando lo comenté en casa se rieron mucho. Mi madre solía decir: "el tío Chiqui es especial, es como un ángel". Siempre, siempre se paraba a pensar lo de "especial" y no encontraba otra palabra que la de "ángel"»[62].

Algún año pasaba dos o tres días con toda la familia en Noja, donde los veía a todos juntos[63]. Solía celebrar la Santa Misa en la Casona de su tío Pablo Garnica. Aprovechaba para charlar largos ratos con el párroco de Noja.

D. José María procuraba involucrar a su madre en la vida del Opus Dei; le sugería rezar por los apostolados o contribuir con ayudas materiales. Amelia Díaz-Guarda-

---

62 Testimonio de Rafaela Hernández Font, AGP, JHG, T-00253, p. 1.

63 «A veces le vi en Noja donde venía, a comienzos de los años 60 o en los 50, a pasar dos o tres días». Testimonio de Javier Temes Hernández, AGP, JHG, T-00260, p. 1. «Desde que se ordenó, casi todos los veranos iba 2 o 3 días a Noja para ver así a toda la familia junta. Se le esperaba siempre con mucha alegría, y todos le consultaban sus problemas y preocupaciones». Testimonio de María y Teresa Temes Hernández, AGP, JHG, T-00060, p. 4.

mino Echeverría[64] le oyó comentar en Londres, años después: «"Doña Adela –siempre se refería así al mencionar a su madre– no está bien. La he convencido de que es muy útil, de que nos hace mucha falta a todos y se ha puesto bien". De nuevo había actuado, además de su cariño, su conocimiento de la psicología femenina. Es verdad que, cuando D. José María vivía en Madrid, hacía colaborar a su madre de tal manera en todo lo nuestro, que debía de echarle mucho de menos. No había invitados en un Centro nuestro en Madrid sin que se contase con la vajilla, la cristalería o cualquier otro objeto de doña Adela; la tenía en jaque continuo, pero esto daba interés a su vida»[65].

A lo largo de su vida se preocupó de visitar a sus familiares y siempre que podía colaboraba en la administración de los Sacramentos[66], aunque eso implicara realizar algunos viajes. Todos sus parientes recuerdan entrañablemente sus esfuerzos por hablar en público: «Muchas veces salía en las conversaciones de familia. Recuerdo que mi madre y mi abuela hablaban muy bien de Chiqui, le consideraban una persona valiosa. También comentaban que no se expresaba muy bien y que habría tenido que esforzarse mucho para aprender ale-

---

[64] Amelia Díaz Guardamino Echeverría (n. 1934). Nació en Guecho, Vizcaya. Pidió la admisión al Opus Dei en 1955. Trabajó en Inglaterra, Roma y Francia.

[65] Testimonio de Amelia Díaz Guardamino Echeverría, AGP, JHG, T-00015, p. 21.

[66] «Siempre guardo el recuerdo de que fue él quien me dio la Primera Comunión el 3 de junio de 1945». Testimonio de José Ignacio Temes Hernández, AGP, JHG, T-00261, p. 1. «Pocos días después de ordenarse, el 30 de junio, recibí la Primera Comunión de sus manos». Testimonio de María Temes Hernández, AGP, JHG, T-00060, p. 3. «También bautizó a Rosario, mi hija mayor, que nació después de once años de matrimonio, con la consiguiente alegría para todos». Testimonio de Rosario Garnica Mansi, AGP, JHG, T-00257, p. 1.

mán, expresarse en esa lengua y poner en marcha labores apostólicas difíciles en toda Europa»[67].

Lógicamente, san Josemaría albergó muchos proyectos de expansión de la labor apostólica con la ordenación de los tres primeros sacerdotes del Opus Dei. Precisamente, años después, el Siervo de Dios recordaba: «Es fácil imaginar al Padre aquellos días, lleno de gozo y de alegría; porque algo cuya necesidad sentía tan a lo vivo, por lo que tanto había rezado y trabajado, se realizaba. Hemos oído decir a nuestro Padre que las ordenaciones de las primeras promociones le habían dado una gran alegría, pero, al mismo tiempo, también pena. Una pena que no era tristeza, sino el dolor de perder para el apostolado de la Obra a unos laicos mayores, que tanta falta hacían. ¡Éramos tan pocos! Hoy día sigue sufriendo por esta pérdida, pero la labor que realizan por todo el mundo esos hermanos nuestros sacerdotes –elementos de unidad y de servicio– compensa con creces la pérdida que supone la ordenación de nuestros hermanos»[68].

Respecto a los planes que pensaba sobre D. José María, recordaba Francisco Ponz: «san Josemaría contaba con gran confianza con él, sabía que estaba absolutamente disponible para lo que fuese. Recuerdo que, aún semanas antes de que comenzasen las ordenaciones,

---

[67] Testimonio de José Francisco González de Castejón Hernández, AGP, JHG, T-00249, p. 1. «Por comentarios de mi madre y mis tías, sé que era callado, muy inteligente y con una mirada excepcional. Recuerdo que mi madre lo pasaba mal cuando tenía que hablar en público, especialmente los primeros años tras su ordenación sacerdotal». Testimonio de José Ignacio Temes Hernández, AGP, JHG, T-00261, p. 1.

[68] José María Hernández Garnica, *Meditaciones*, 25-VI-1972, AGP, JHG, E-74, p. 1. «La primera vez que vi a D. José María fue en un centro de la Obra situado en la calle Jorge Manrique, en Madrid; él aún era diácono y faltaban pocos días para su Ordenación de presbítero. También estaban presentes D. Álvaro del Portillo y D. José Luis Múzquiz; a los tres nos los presentó san Josemaría con un santo orgullo por estos hijos». Testimonio de Sabina Alandes Caldés, AGP, JHG, T-00002, p. 1.

nos hablaba el Fundador de que estaba pensando en enviar a Chiqui, cuando fuera ya sacerdote, quizá incluso a comienzos de 1945, a empezar la expansión de la Obra por Europa, concretamente nos hablaba de enviarle a Friburgo, en Suiza, aunque después cambió de idea»[69].

Bien recordaría aquellos hechos, cuando durante algún tiempo colaboró en la preparación de los fieles del Opus Dei que se ordenaron sacerdotes en los años siguientes. Junto a la formación litúrgica y pastoral, no faltaban recomendaciones prácticas que D. José María había escuchado directamente de labios del Fundador. Como recordaba D. Alfonso Par[70], ordenado en 1951: «Las clases de D. José María eran deliciosas. Iba al grano con profundidad y claridad. Se volcaba en comunicarnos toda su experiencia sacerdotal. Eran fruto de su propia práctica pastoral, vivida con una fidelidad extrema a la moral tradicional. Nos daba consejos que luego me han sido muy útiles, sobre la manera más adecuada de enfocar el camino para solucionar problemas difíciles de la vida, dar los consejos más apropiados, tener pillería santa en la pastoral, etc. Era un psicólogo nato, aparte de su sentido práctico, su inteligencia fuera de lo común y su gran corazón, que le permitía, a veces, ser un poco áspero y ayudar mucho»[71].

Poco tiempo después de su ordenación, san Josemaría le nombró Sacerdote Secretario Central, es decir, su colaborador más inmediato para el gobierno y el impulso de las tareas apostólicas de las mujeres del Opus Dei[72].

---

[69] Testimonio de Francisco Ponz Piedrafita, AGP, JHG, T-00044, p. 26.

[70] Rev. D. Alfonso Par Balcells (1922-2002). Ingeniero Industrial y Doctor en Derecho Canónico. Solicitó la admisión en el Opus Dei en 1945. En 1951 se ordenó sacerdote y empezó la labor apostólica del Opus Dei en Alemania en 1952.

[71] Testimonio de Alfonso Par Balcells, AGP, JHG, T-00043, pp. 3-4. Cfr. Testimonio de Francisco Botella Raduán sobre san Josemaría, AGP, RHF, T-159, p. 27; Testimonio de José Orlandis Rovira, AGP, JHG, T-00041, p. 1.

[72] Cfr. A. VÁZQUEZ DE PRADA, *El Fundador del Opus Dei*, *op. cit.*, Vol. II, p. 653. «Durante muchos años, José María fue el brazo derecho de san Jose-

A esa tarea se añadieron otras muchas, pues el desarrollo del Opus Dei requería brazos, como recordaba Francisco Ponz Piedrafita: «Además, le encomendó la atención espiritual de todas las personas de la Obra y labores apostólicas de una parte de España, especialmente las de Levante, Cataluña y Aragón, por cuyo motivo debía realizar frecuentes viajes a esos lugares. Como para entonces yo me encontraba ya residiendo en Barcelona, pude ser testigo de sus visitas y actividades en esta ciudad. En alguna ocasión acompañó al Padre en sus viajes a Barcelona; por ejemplo, cuando vino en mayo de 1945 para dejar reservado el Santísimo, el día 16, en el sagrario del centro de la calle de Muntaner»[73].

La formación de las almas urgía, de ahí que a las pocas semanas de ordenarse marchó con José Luis Múzquiz a predicar unos días de retiro espiritual a Valencia. En una carta de aquellos días le describía al Fundador del Opus Dei: «Hemos llegado perfectamente; el viaje pesado y con una cantidad insospechada de carbonilla en la cara y en la cabeza. Hemos ido a ver a la Virgen de los Desamparados y encomendar la labor de estos días y del curso que viene en Valencia. Hubo suertecilla y le besamos la mano»[74]. Unos días después, al terminar le expone lo sucedido: «Los ejercicios, creo que han salido, en conjunto, bastante bien, pues si alguna vez no hemos estado elocuentes, siempre con anécdotas y cosas de la Obra, hemos hecho distraídas las charlas. Todos con los

maría en esta labor, ganándose el mayor aprecio y cariño de las mujeres del Opus Dei». Testimonio de Teodoro Ruiz Josué, AGP, JHG, T-00048, p. 2. «Poco después, D. José María, con tono familiar y sincero, nos dijo que nuestro Padre le había encargado la atención espiritual de las mujeres de la Obra». Testimonio de Raquel Botella Margarit, AGP, JHG, T-00007, p. 1.

[73] Testimonio de Francisco Ponz Piedrafita, AGP, JHG, T-00044, p. 5.

[74] Carta de José María Hernández Garnica a san Josemaría Escrivá de Balaguer, Valencia 14-VIII-1944, AGP, JHG, A-363.

que hemos hablado parecen contentos y desde luego han encajado bien lo que se les ha dicho»[75].

En el verano de 1945 tuvo lugar un curso de formación espiritual para las mujeres del Opus Dei en la casa denominada Los Rosales, situada en Villaviciosa de Odón, municipio cercano a Madrid. Duró dos meses. Los tres primeros sacerdotes se turnaban cada semana; el que estaba de turno predicaba a diario un rato de meditación, celebraba la Santa Misa y pasaba la mañana confesando e impartiendo clases de formación hasta el mediodía. De aquellas jóvenes salieron después las que empezaron la labor apostólica en Roma, Inglaterra, Estados Unidos, México, Guatemala, Chile, Colombia, Venezuela… y tantos lugares de España.

También, desde el verano de 1945, vivió D. José María una aventura especial: la casa de retiros de Molinoviejo, una finca cercana a Segovia, que era propiedad de unos parientes. Él logró que la alquilaran por un precio asequible[76].

La historia de la finca la relataba una de sus sobrinas: «También he podido escuchar la narración de cómo comenzó Molinoviejo, como casa de retiros del Opus Dei. La finca pertenecía a mi bisabuela (María Collantes, Sra. de Echeverría), que la utilizaba con sus dos hijas (Concha y Emilia Echeverría Collantes) y la denominábamos "Villa Collantes". En la finca había abundante arbolado, una casa, una fuente de piedra y un puente. Allí podían llegar a vivir hasta 20 personas. Como estaba cerca de Segovia po-

[75] El plural responde a que esos ejercicios los predicaban entre él y D. José Luis Múzquiz, compañero suyo de ordenación sacerdotal. Se habían ordenado menos de dos meses antes y era la primera vez que predicaban ejercicios espirituales. Carta de José María Hernández Garnica a san Josemaría Escrivá de Balaguer, Valencia 19-VIII-1944, AGP, JHG, A-1378.

[76] Cfr. Testimonio de Francisco Botella Raduán sobre san Josemaría, AGP, RHF, T-00159, p. 15.

día ir en coche de caballos. Allí permanecían los meses de junio y octubre, pues julio, agosto y septiembre se trasladaban, con los demás familiares a Noja, Santander, a pasar el verano. Un día, debió de ser hacia 1890, se derrumbó el techo de una caballeriza y cayó encima de Emilia Echeverría. En esos momentos de confusión y susto, mi bisabuelo prometió a la Virgen construir una ermita si la niña salía con vida, como afortunadamente ocurrió. La promesa quedó incumplida hasta que, años después, tuvo lugar la boda de mi abuela Concha Echeverría Collantes con Joaquín Arnaiz. Mi abuelo era un artista y tenía mucho gusto. Él mismo se encargó de diseñar la Ermita y encargó en 1920 a un artista de Medina de Pomar la realización de la imagen de la Virgen que se puso en la Ermita. Ese artista, después de la guerra civil, hizo el Cristo que se conserva en la parroquia de Noja. En 1943 falleció mi bisabuela, María Collantes. Contemporáneamente, a mi abuelo Joaquín Arnaiz se le diagnosticó una dolencia cardíaca por la cual aquel clima de la finca, cerca de la montaña, en Segovia, no le sentaba bien. La casa quedó cerrada y dejó de utilizarse. Además todavía no tenía luz y había quedado deteriorada después de la guerra. En 1945 el tío Chiqui habló con mis padres y se la pidió en alquiler para las actividades apostólicas de la Obra»[77].

Molinoviejo, desde el primer momento, sirvió para el descanso y la formación espiritual y apostólica de los fieles del Opus Dei y de otras personas. Así lo explicaba él mismo en una carta: «Estoy en esta finca que se ha alquilado cerca de La Granja, para que podamos pasar el verano un poco fresco y así poder trabajar el Padre con algunos, que le ayuden y le hagan compañía»[78].

---

[77] Testimonio de María Concepción Collantes Arnaiz, AGP, JHG, T-01391, p. 1.

[78] Carta de José María Hernández Garnica a Francisco Botella, Molinoviejo, Ortigosa del Monte, Segovia, 11-VII-1945, AGP, JHG, A-412. «Como mis compañeras de curso hicieron la Comunión en el Colegio, para que no

Lógicamente, la casa en sus comienzos apenas reunía las condiciones imprescindibles de agua, luz, teléfono y las mínimas comodidades, pero lo más importante era que el Fundador del Opus Dei estaba con ellos y les transmitía con fuerza el espíritu del Opus Dei. Así lo explicaba el Siervo de Dios en una carta: «Por aquí no hay demasiadas novedades. El Padre pasa el día de hoy en Madrid y se vuelve a Ortigosa esta noche». Seguidamente alude a la presencia de Carmen Escrivá, la hermana del Fundador del Opus Dei, que se ocupaba de dirigir la atención material[79].

Después de unas obras elementales, en verano de 1946 comenzaron los cursos de formación en Molinoviejo para los miembros del Opus Dei. Allí el Siervo de Dios, como recordaba D. Alfonso Par, realizó un papel insustituible: «Las condiciones eran muy primitivas. D. José María se ocupaba de la atención sacerdotal (también estuvo D. José Luis Múzquiz) y de multitud de detalles prácticos, arreglos, etc., que dadas las condiciones de la casa eran muy abundantes. Especialmente, sin que se notara, estaba al tanto de las dificultades de orden material que pudieran surgir en la administración, que llevaba Tía Carmen con varias chicas del pueblo. Él daba con la solución práctica inmediatamente»[80].

En septiembre regresó el Fundador del Opus Dei de Roma y tuvieron lugar en Molinoviejo unas memorables jornadas con los más antiguos de la Obra, con el fin de fortalecer su espíritu para los nuevos hori-

---

se retrasara mi Primera Comunión vino el tío Chiqui a dármela a mí sola. Comentó que venía desde Molinoviejo, una finca cercana a Segovia, donde se estaba poniendo en marcha una casa de convivencias y retiros espirituales del Opus Dei. Mi tío se estaba ocupando de eso». Testimonio de Adela Temes Hernández, AGP, JHG, T-00262, p. 1.

[79] Carta de José María Hernández Garnica a Pedro Casciaro Ramírez, Madrid 23-VII-1945, AGP, JHG, A-413.

[80] Testimonio de Alfonso Par Balcells, AGP, JHG, T-00043, p. 3.

zontes que se abrían. El 24 de septiembre, fiesta de Nuestra Señora de la Merced, ante cuya imagen había rezado en junio el Fundador, se reunieron en la ermita de la finca y dejaron toda la labor del Opus Dei en sus manos[81].

La distribución del trabajo sacerdotal de los tres ordenados en 1944 era sencilla pero ambiciosa: D. Álvaro estaría con el Fundador en el gobierno e impulso de la Obra. D. José Luis y D. José María se encargarían de las labores de formación espiritual y apostólica promovidas por los fieles del Opus Dei; en concreto, D. José María dedicó la mayor parte de su tiempo a actividades dirigidas a mujeres. Las ciudades de España se repartían también entre los dos últimos: Andalucía para D. José Luis, y Zaragoza, Barcelona y Valencia para D. José María. Entre los dos atendían la Residencia de universitarios de La Moncloa, que había sustituido a la de Jenner en octubre de 1943, y predicaban retiros espirituales de varios días de duración, repartiéndose las pláticas y meditaciones. También dirigían los retiros mensuales que se organizaban desde los diversos Centros y atendían espiritualmente a los fieles del Opus Dei y a sus amigos, confesando, predicando meditaciones y pláticas, etc. Para facilitarles esta tarea pastoral, san Josemaría les había dejado su fichero de predicación, en el que entraron a fondo[82].

Fueron muchas las horas que dedicó a lo largo de su vida a la dirección espiritual. Alma a alma. Lo importante para D. José María era cada persona con la

---

81 «Es 24 de septiembre, fiesta de Nuestra Señora de la Merced: Chiqui y José Luis están entre los que acompañaron al Fundador en la Ermita de Molinoviejo». Testimonio de Jesús Urteaga Loidi, AGP, JHG, T-00059, p. 2. Cfr. A. VÁZQUEZ DE PRADA, *El Fundador del Opus Dei*, Rialp, Madrid 2003, Vol. III, p. 109.

82 Cfr. Ibíd., Vol. II, p. 643.

que estaba. Lo recordaba D. Alfonso Par: «Me recibió D. José María. Fue una conversación muy sencilla y amable. Los dos éramos ingenieros. Con pocas palabras nos entendimos muy bien. Le conté lo que me pareció más esencial de mi vida de piedad, de mis estudios, de los círculos a que asistía, etc. Al principio yo estaba un poco apurado; pero aquel sacerdote tan natural me inspiró mucha confianza. Noté que se daba cuenta perfectamente de mis disposiciones interiores, que me calaba y, además, que teníamos un modo de pensar muy similar. [...] Me encantó su naturalidad y me cautivó la sencillez, sin ningún género de afectación, con que se traslucía lo sobrenatural que llenaba su corazón. En realidad ahí estaba el secreto»[83].

Además, fue nombrado Profesor de enseñanza religiosa en la Escuela de Minas para el curso 1945/1946. Al término de la guerra civil se determinó que volviera a haber enseñanza religiosa en todos los estamentos educativos: primaria, bachillerato y universidad.

La pequeña remuneración que percibía fue una leve ayuda para la atención de los apostolados de la Obra, pero las clases le permitieron conocer a estudiantes a los que acercó a Dios. El cargo consistía en la explicación de las asignaturas de Apologética, Teología Dogmática, Teología Moral y Teología Moral especial (Deontología), distribuidas a lo largo de los primeros cuatro cursos de la carrera. La tarea no era sencilla, pero la acometió lo mejor posible[84].

---

[83] Testimonio de Alfonso Par Balcells, AGP, JHG, T-00043, p. 1.

[84] El nombramiento se efectúa con fecha 1 de octubre de 1945, cfr. AGP, JHG, D-00202, 16. «Era muy puntual y muy breve, no pasaba lista, pese a lo cual creo recordar que no había apenas ausencias y no de una forma reiterada». Testimonio de Enrique Moreno Truhán, AGP, JHG, T-01409. Las clases fueron decayendo en interés por la buena formación católica de los alumnos. Como se recoge en este testimonio: «Estuve en la Escuela de Minas en Madrid desde octubre de 1952 a junio de 1957. La clase de Religión estaba considerada

Mientras tanto, la expansión del Opus Dei por el mundo entero estaba en marcha. En 1945 comenzó el trabajo apostólico en Portugal; y en pocos años, con el impulso de san Josemaría, varios fieles de la Obra fueron a trabajar profesionalmente a Inglaterra, Francia, Italia, Estados Unidos, México, Irlanda, Chile, etc. En 1946 el Fundador del Opus Dei se trasladó a Roma y, desde la Ciudad Eterna, dirigió el gobierno de la Obra.

Por otra parte, la paz en el mundo seguía gravemente alterada. Había terminado la segunda guerra mundial y comenzó la división en bloques: la guerra fría. Por eso, además de pedir por las intenciones del Fundador del Opus Dei, estaba la petición por la paz. Así lo recordaba en una carta D. José María: «Pedid mucho esta temporada por la paz en el mundo y en España, y por todas las intenciones del Padre, que es un momento muy interesante»[85].

En 1953 se cumplieron los 25 años de la Fundación del Opus Dei. San Josemaría vino a España, y en Molinoviejo se encontró con algunas de las personas que llevaban más tiempo en el Opus Dei y muchos otros, sacerdotes y laicos. El Padre estaba contento y emocionado al ver, por bondad de Dios, los frutos ya tangibles del crecimiento de la Obra en tan pocos años.

Sacerdote cien por cien

Después de la ordenación sacerdotal de aquellos tres primeros sacerdotes, el trabajo que desarrollaron fue tan intenso y generoso, que algunos empezaron a co-

---

como "María"; es decir, una asignatura que se aprobaba prácticamente sin cursarla». Testimonio de Fernando Carbonell de Masy, AGP, JHG, T-01379. El cese, a petición propia, es del 22 de septiembre de 1955, cuando comienza el Siervo de Dios los estudios de doctorado en Roma, cfr. AGP, JHG, D-01244.

85 Carta de José María Hernández Garnica a José Manuel Casas Torres, Madrid 19-II-1946, AGP, JHG, A-442. Cfr. L. SUÁREZ, *Cristianismo y europeidad*, Eunsa, Pamplona 2003, pp. 253-255.

mentar, con cierta ironía, pero con parte de verdad, que les estaba matando a trabajar. La realidad es que practicaban lo que habían visto hacer al Padre: gastarse generosamente por los demás[86].

Así pues, el Siervo de Dios puso su sonrisa y sus grandes dotes intelectuales al servicio de las almas. Recordemos su timidez, que ya hemos mencionado en las primeras líneas de este trabajo. En su humildad, D. José María daba cuentas al Fundador del Opus Dei de cómo marchaba su destreza en la predicación: «Le hablaré fríamente como si hablase de otro señor que no me importase nada. Los chicos han quedado muy contentos; esa es la impresión que me dieron en las charlas. Según mi opinión propia, estoy todavía muy torpe y pobre de lenguaje, no se me ocurren palabras y la expresión (y tono de voz) es todavía muy monótona, aunque mejor que las otras veces. Se ha notado la ayuda que he tenido de todos los lados, porque yo solo hubiera sido peor que la catástrofe del "Machichaco"[87]. Conste que he escrito estas líneas mirando a la imagen de la Virgen que hay encima de la mesa y he procurado ser muy objetivo»[88].

Un par de años después continuaba con sus esfuerzos: «Veremos a ver que tal marchan los ejercicios de

---

[86] Cfr. A. VÁZQUEZ DE PRADA, *El Fundador del Opus Dei*, *op. cit.*, Vol. II, p. 644. «A Chiqui y a José Luis, sobre todo, y menos a mí, nos ha lanzado el Padre (...). Aparte de las muchas horas semanales que resultan de dirección espiritual y de confesiones, llevamos entre los tres, en los diez meses de sacerdocio en los que no hemos dejado el estudio, treinta tandas de ejercicios espirituales y cerca de 90 días de retiro para intelectuales. Del trabajo del Padre no os hablo; ya sabéis vosotros que cuanto os pueda decir es poco. Gracias a Dios está ahora, además, muy bien de salud». Carta del Siervo de Dios Álvaro del Portillo a José Orlandis y Salvador Canals, Madrid, 22 de abril de 1945.

[87] El Vapor Machichaco fue un buque cuya explosión accidental en 1893 por causa de un incendio provocó en el puerto de Santander 590 muertos y cuantiosos heridos, en lo que se ha denominado la mayor catástrofe civil en la España del siglo XIX.

[88] Carta de José María Hernádez Garnica a san Josemaría Escrivá de Balaguer, Valencia 7-XI-1944, AGP, JHG, A-374.

estos días: que el Señor me ayude, porque, si no, vamos aviados. Me da siempre un pánico tremendo»[89].

A pesar de esas dificultades, san Josemaría le encargó de la formación litúrgica y pastoral de la promoción de sacerdotes del Opus Dei que se ordenaron en 1946; así lo expresaba: «A los diáconos, Padre, cada día se les ve hacer progresos en su modo de predicar y ya hablan muchísimo mejor. A mí me da una alegría inmensa porque veo que lo van a hacer muy bien»[90]. Debió de dar buen resultado, pues continuó con esa tarea hasta 1957, cuando se trasladó a vivir a París.

Como ya hemos dicho, viajó a diversas ciudades para impulsar las labores y atender sacerdotalmente a los fieles de la Obra y sus amigos. Escribía Francisco Ponz: «A D. José María le correspondió atender una amplia área geográfica, en la que se encontraba comprendida Barcelona, y pude ser testigo de sus desvelos sacerdotales de aquellos años, en particular entre 1944 y el otoño de 1946. Venía, cuando menos, todos los meses para pasar en la Ciudad Condal unos cuantos días, estar con todos y para atendernos, yendo de un lado para otro, sin parar de trabajo, como un consumado y muy celoso sacerdote que solo vivía para cumplir con su ministerio, para animarnos a todos, para contribuir a nuestra formación espiritual y doctrinal, para dar a conocer también a muchas otras personas, a sacerdotes y a algunos religiosos, la verdadera naturaleza del Opus Dei»[91].

También acompañaba a san Josemaría en algunos viajes. Por ejemplo, a finales de junio, el Fundador del Opus Dei salió rumbo a Barcelona y de ahí a Roma, para

---

[89] Carta de José María Hernández Garnica a san Josemaría Escrivá de Balaguer, Barcelona 27-II-1946, AGP, JHG, A-444.

[90] Carta de José María Hernández Garnica a san Josemaría Escrivá de Balaguer, Barcelona 6-VIII-1946, AGP, JHG, A-470.

[91] Testimonio de Francisco Ponz Piedrafita, AGP, JHG, T-00044, pp. 26-27.

impulsar los trabajos jurídicos de la primera aprobación Pontificia del Opus Dei[92]. El Siervo de Dios le acompañó hasta Barcelona. Anotaba D. Alfonso Par: «Otro recuerdo que tengo de D. José María es de junio de 1946. El 20 de junio de 1946 llegó el Fundador del Opus Dei a Barcelona, acompañado de D. José María, D. José Orlandis y alguno más. Al día siguiente, nuestro fundador se embarcó, rumbo a Génova, en el J.J. Sister con D. José Orlandis. Este mismo día, celebraba su fiesta onomástica Luis Valls, que estaba haciendo el servicio militar en el campamento de Santa Fe del Montseny. Fuimos en el coche de mi madre. Permanecimos allí hasta el anochecer. Durante las horas de paseo de los soldados nos reunimos en un sitio apropiado del bosque todos los de la Obra que estaban en el campamento y algunos chicos que participaban en los medios de formación. Me admiró el ánimo deportivo, alegre y abierto de D. José María. Se le notaba feliz entre gente joven, en el bosque y al aire libre sin importarle las molestias e incomodidades. Sin ningún envaramiento, atendió espiritualmente a aquellos soldados, algunos de la Obra y los otros amigos»[93].

Según se fueron ordenando más sacerdotes del Opus Dei y había más personas formadas según su espíritu, el Siervo de Dios fue delegando asuntos y concentrando más sus tareas.

Desde 1946 el Fundador del Opus Dei vivió establemente en Roma. Por eso, en el epistolario del Siervo de Dios se conservan muchas y expresivas cartas a las que iremos haciendo mención a lo largo de las páginas siguientes. En

[92] Cfr. A. De Fuenmayor, J. L. Illanes, V. Gómez Iglesias, *El Itinerario jurídico del Opus Dei*, Rialp, Madrid 1989, pp. 156 y ss. A. Vázquez De Prada, *El Fundador del Opus Dei, op. cit.*, Vol. III, pp. 29-34.

[93] Testimonio de Alfonso Par Balcells, AGP, JHG, T-00043, p. 2. Cfr. A. Balcells, *Memoria ingenua*, Rialp, Madrid 2009, p. 211.

1947 le decía: «Cuatro letras, antes de poder verle en Madrid; la verdad es que desde el 8 de noviembre ya ha pasado una temporada larga, larguísima, sin verle. Solo me había pasado en la época roja, (...) pero ya sabe que he puesto todo el amor que he podido. Estoy muy contento pensando en que estaré esperándole en Lagasca a que llegue Vd.»[94].

Y, pocos meses después, muestra la hondura de su humildad: «Padre, a Álvaro que claro que me acordé del día 7, doce años en casa. Cuántas cosas buenas en estos años. Yo cumplo dentro de trece días los 12 años. ¡Qué manera tan distinta de ver la vida! Cuántas gracias a Dios y a mi Madre. No entiendo cómo se fijó el Señor en mí para una cosa tan grande. Me dejaré querer, y procuro corresponder como mejor puedo. Padre, quiero ser un hijo muy fiel y útil para la Obra»[95].

Al dedicarse a tareas de gobierno en el Opus Dei tuvo que enfrentarse a las llamadas crisis de crecimiento y, por tanto, ejercitar la prudencia con la generosidad para confiar en la providencia divina. En aquellos años, los primeros fieles del Opus Dei comenzaron a desperdigarse por diversos países para comenzar el trabajo apostólico. Al marcharse, lógicamente, dejaban huecos que había que cubrir con otras personas, especialmente en la dirección e impulso de las tareas apostólicas en España. Los que estaban al frente del Opus Dei debían mantener un equilibrio difícil entre la expansión por el mundo y la necesaria atención a las labores ordinarias.

El Siervo de Dios vivía esas decisiones prudenciales con serena esperanza. Por ejemplo, cuando en 1950 se trasladaron a México y Estados Unidos personas clave por

---

[94] Carta de José María Hernández Garnica a san Josemaría Escrivá de Balaguer, Madrid 28-V-1947, AGP, JHG, A-485.

[95] Carta de José María Hernández Garnica a san Josemaría Escrivá de Balaguer, Madrid 15-VII-1947, AGP, JHG, A-486.

su categoría humana y formación. Así lo expresaba D. José María en una carta a D. Pedro Casciaro, entonces Vicario Regional en México: «Recibí tus cartas de diciembre y de enero. Aunque parezca que no te he hecho caso, me he estado ocupando de preparar el viaje. No sabes bien "la faena" que supone que se vaya Guadalupe[96] a esas tierras; ten en cuenta que también se van inmediatamente José Luis Múzquiz y Nisa[97]; pero, en fin, ya saldremos de todo»[98].

También en aquellos años san Josemaría quiso que el Santo Padre saludara a diversas personas del Opus Dei para que conociera la tarea que se estaba llevando a cabo en el mundo. Así, en 1948, el Siervo de Dios tuvo la alegría de ser recibido en audiencia por el Papa Pío XII. El viaje a Roma se concretó para el 21 octubre de 1948. Fue honda su preparación interior, tanto para la audiencia con el Romano Pontífice como para rezar ante la tumba de San Pedro. En una carta a D. Álvaro le relataba su emoción y también el gozo de haber asistido a la apertura del proceso de canonización del primer fiel del Opus Dei, Isidoro Zorzano: «El día 11 fue la sesión inaugural del proceso informativo para la canonización de Isidoro.

---

96 Guadalupe Ortiz de Landázuri (1916-1975). Pidió la admisión en 1944. Comenzó el trabajo del Opus Dei en Bilbao, Madrid y México. Trabajó en la Asesoría Central en Roma. Debido a una afección cardíaca regresó a Madrid, donde vivió hasta su fallecimiento. La Investigación diocesana sobre su vida y sus virtudes se clausuró en Madrid en el 2005. La *Positio super vita et virtutibus* se entregó en la Congregación de las Causas de los Santos en el 2008. Cfr. M. EGUÍBAR, *Guadalupe Ortiz de Landázuri. Trabajo, amistad y buen humor*, Palabra, Madrid 2001, 292 pp.

97 Narcisa (Nisa) González Guzmán (1908-1998). Conoció al Fundador en León, en 1940. Pidió la admisión en abril de 1941. Participó en la primera expansión apostólica, en España y Estados Unidos. Cfr. F. R. QUIROGA, *Apuntes para una reseña biográfica de Narcisa González Guzmán, una de las primeras mujeres del Opus Dei*, SetD 4 (2010), pp. 339-374.

98 Se refiere a los comienzos en México y Estados Unidos. Carta de José María Hernández Garnica a Pedro Casciaro Ramírez, Madrid 3-II-1950, AGP, JHG, A-587.

Fue mucha gente. Una delicadeza más de la Virgen: sin buscarlo, ¡el día de la Maternidad, la primera sesión! Esta noche me dan el visado de salida, así que, si el Padre no dispone otra cosa, iré seguramente el jueves próximo. Ya comprenderás que tengo una alegría enorme»[99].

Según llegó a Roma, escribió al Fundador del Opus Dei, que estaba ausente de la ciudad eterna: «Le escribo después de cenar, en la ciudad del Papa. Hice un viaje muy bueno (...). Tengo ganas de ver muchas cosas, para hacerme un "charlatán" y contar muchas cosas a la vuelta. Veremos si me quedo en propósitos únicamente. Álvaro pide mañana la audiencia con el Santo Padre. Veremos si no hago el tonto y sé decirle las cosas que sean útiles, bien, clara y brevemente. Pida, Padre, para que no haga el tonto ese día y no esté hecho un pasmarote»[100].

En todas sus tareas, y a lo largo de su vida, D. José María fue plenamente consciente de la confianza que el Fundador había depositado en él: ayudar a las personas a vivir con fidelidad el espíritu de la Obra. Cuando llegó a Roma, se aprestó enseguida para hablar con algunas: «Mañana empezaré a hablar con ellas: me da la impresión, por el rato que he estado arriba, que están bien y contentas. La casa se ve limpia y ordenada. Comprendo lo que le hacemos sufrir por nuestro desorden. Hay veces que le pido a Dios tener mal genio y hasta ser chinche»[101].

No tenemos más datos de esa visita al Santo Padre, que le debió de dejar una devoción muy honda en su alma, tal como iremos mostrando en las sucesivas páginas. En cualquier caso, a su regreso continuó con las tareas ordinarias.

---

[99] Carta de José María Hernández Garnica a Álvaro del Portillo, Madrid 14-X-1948, AGP, JHG, A-543.

[100] Carta de José María Hernández Garnica a san Josemaría Escrivá de Balaguer, Roma 21-X-1948, AGP, JHG, A-544.

[101] *Ibíd.*

A pesar del inmenso trabajo y de que le resultaban costosos los trabajos propios de oficina, se esforzó en hacerlos con primor: «La semana pasada le escribí muy poco por dejarlo para última hora. Hoy, día de la Asunción, he pasado todo el día escribiendo cartas. Los días están muy ocupados y tengo yo que contestar, aunque hablo con ellas de lo que hay que decir, pero tengo que hacer el trabajo material de coger la pluma. Me viene muy bien, porque es la mortificación más grande, porque me cuesta mucho. Lo ofrezco por todos los asuntos económicos que hay pendientes. Ya le decía a Paco[102] que, después de todo, hay que agradecer a Dios que sea esta la mayor dificultad. Padre, la gracia de Dios creo que no nos falta para ayudarle, buena voluntad la procuramos tener y unos deseos enormes de santidad»[103].

Precisamente, el trabajo de gobierno realizado por escrito, resolviendo con orden los expedientes, de modo que se tomaran decisiones bien fundamentadas, era una muestra de la unidad y colegialidad que Dios quería en el trabajo de gobierno del Opus Dei. En esa tarea, el Siervo de Dios veía con claridad un modo concreto de vivir la obediencia y la unión con san Josemaría. En una carta a D. Álvaro del Portillo le decía: «No te olvides de pedir por mí, para que sepa tener "el enlace" y que sepa siempre ayudar al Padre en lo que me encomiende y que esté muy unido aquí a Paco. Cada día veo lo que importa estar muy unido, sobre todo con el cargo que tengo ahora, al que hace cabeza en la Región»[104].

---

[102] D. Francisco Botella Raduán, entonces Consiliario del Opus Dei en España.

[103] Carta de José María Hernández Garnica a san Josemaría Escrivá de Balaguer, Madrid 15-VIII-1949, AGP, JHG, A-565.

[104] Carta de José María Hernández Garnica a Álvaro del Portillo, Madrid 15-II-1950, AGP, JHG, A-589.

D. José María estaba disponible para lo que se necesitara de él. Además de sus trabajos pastorales también hay que mencionar, aunque sea sucintamente, otros quehaceres. Estaba al tanto también de las cosas más materiales, como la marcha de una granja en Molinoviejo o Los Rosales[105]. En una carta de 1948 se ve cómo también sigue cuestiones vitales: «En octubre tendremos, por lo menos, cuatro casas más para las que hay que preparar ornamentos»[106].

En esos años realiza también algunos viajes a Roma para estar con el Fundador, esas estancias romanas eran para D. José María muy consoladoras: «Vine hace unos días a Roma. Los días que he pasado junto al Padre han sido maravillosos. Esa vibración que dan sus palabras y esa claridad de ideas que te inculca, dan cuerda para días. ¡Ojalá dure!»[107].

Aunque ya hemos hecho alguna referencia, en su epistolario aparece con claridad la veneración que sintió toda su vida por D. Álvaro del Portillo. Por ejemplo, esta carta que le escribió en 1954: «Te envío una felicitación con todo el cariño en el día de tus cuarenta de este otro cuarentón. Ya sabes cómo te encomendaré,

[105] En octubre de 1944 se habían iniciado las gestiones para la compra de un inmueble en Villaviciosa de Odón, a pocos kilómetros de Madrid, para dedicarlo a la formación de las mujeres del Opus Dei. El Centro se llamó Los Rosales y el día 23 de noviembre se tomó posesión del inmueble. Cfr. A. VÁZQUEZ DE PRADA, *El Fundador del Opus Dei*, Rialp, vol. II, Madrid 2002, pp. 648-664.

[106] Carta de José María Hernández Garnica a Francisco Ponz Piedrafita, Madrid 10-IV-1948, AGP, JHG, A-519.

[107] Carta de José María Hernández Garnica a Ricardo Fernández Vallespín, Roma 1-IX-1951, AGP, JHG, A-637. De los viajes a Roma vuelve lleno de ilusiones y de afanes: «Hablé y conté todo lo que tenía apuntado en la agenda y lo que me había dicho Vd. que dijese. Después hablé con las Asesoras y les dije lo que tanto me insistió Vd. He repetido yo, y he dicho que repitan la jaculatoria. Yo creo, Padre, que ya estará llegando el clamor continuo al Cielo y que Nuestra Madre se hará oídos, como se ha hecho siempre de nuestras peticiones». Carta de José María Hernández Garnica a san Josemaría Escrivá de Balaguer, Madrid 6-IX-1951, AGP, JHG, A-639.

aunque me acuerdo de ti muchas veces, porque hemos recorrido muchas cosas juntos desde el año 35, y por todo lo que has ayudado al Padre en estos últimos años. Me permitirás que te diga que dejes que te cuiden: yo me quedé preocupado cuando estuve en diciembre de no haber tenido "pesquis" para que te cuidasen en serio y después sé que has tenido varios arrechuchos y no creo que todavía nos podamos permitir el lujo de desaparecer del "escenario". Espero que pueda realizarse el plan del Padre y que venga pronto; supongo que podrás venir, así tú descansarás y tendré la alegría doble por estar con el Padre y por darte un abrazo (...). Te repito mis felicitaciones y que le pediré muy especialmente a la Virgen que te haga santo y santo con mucha salud y recibe todo el cariño de este hermano que te quiere»[108].

Y, en esta otra, muestra su deseo de ser tan buena ayuda para el Padre como D. Álvaro: «Encomiendo mucho la salud de Álvaro, porque nos hace falta que esté bueno[109]. Estoy seguro que la Virgen nos lo pondrá bueno enseguida. Le pido a la Señora que, si hace falta que alguien esté malo para ofrecer, es más práctico que me ponga a mí, por lógica y porque sirvo para menos»[110].

Atención de la labor del Opus Dei con mujeres

Como hemos ido desgranando, D. José María desde el primer momento se dedicó de lleno a las actividades sacerdotales, atendiendo a los fieles de la Obra, y a un gran número de almas. San Josemaría le encargó, pre-

---

108 Carta de José María Hernández Garnica a Álvaro del Portillo, Madrid 7-III-1954, AGP, JHG, A-713.

109 Respecto a la salud del Siervo de Dios Álvaro del Portillo, cfr. A. VÁZQUEZ DE PRADA, *El Fundador del Opus Dei*, *op. cit.*, Vol. III, p. 224, nota 125.

110 Carta de José María Hernández Garnica a san Josemaría Escrivá de Balaguer, Madrid 13-VI-1954, AGP, JHG, A-721.

ferentemente, el impulso de la tarea apostólica con mujeres, trabajo que desarrolló con gran espíritu de sacrificio y dedicación generosa[111]. Para intentar conocer, aunque sea mínimamente, el alcance de esta tarea, utilizaremos algunos de los muchos testimonios que se conservan, de modo que sean las protagonistas quienes nos hablen de cómo llevó a cabo esa misión.

En esas tareas siempre tuvo presentes las recomendaciones de san Josemaría, y prestó siempre la ayuda oportuna. Como atestiguan muchos testimonios, el Siervo de Dios gozaba de la plena confianza del Fundador. «Un día, mientras desayunábamos –contaba Carmen Marco[112]–, pasó el Padre acompañado de D. José María. [...] Nuestro Fundador le tomó la cabeza entre las manos y dijo: "Hijas mías, yo me he podido ir a Roma porque he dejado a Chiqui con vosotras"»[113].

También lo recordaba María Antonieta Gómez[114]: «En marzo o abril de 1946, el Padre dirigió en Zurbarán[115] un Curso de retiro al que asistimos unas quince

---

[111] Para el comienzo y desarrollo de la labor apostólica de las mujeres del Opus Dei en los años cuarenta, cfr. A. VÁZQUEZ DE PRADA, *El Fundador del Opus Dei*, *op. cit.*, Vol. II, pp. 649-664.

[112] Carmen Marco Rodrigo (n. 1925). Nació en Zaragoza donde pidió la admisión en la Obra en 1949.

[113] Testimonio de Carmen Marco Rodrigo, AGP, JHG, T-00032, p. 6. Y añade Gloria Toranzo: «Le oí decir una vez al Padre que D. José María era el que nos estaba formando a nosotras; que él le había confiado ese encargo. En esta ocasión, D. José María estaba de pie, apoyado en el respaldo de la silla en que estaba sentado el Padre, y negaba con la cabeza. El Padre no veía los gestos de D. José María, pero debía de conocerle muy bien porque comentó: "Chiqui, no digas que no, porque es verdad lo que estoy diciendo"». Testimonio de Gloria Toranzo Fernández, AGP, JHG, T-00057, p. 5.

[114] María Antonieta Gómez García-Argüelles (1921-1996). Nació en San Sebastián, España. Pidió la admisión en la Obra en 1946. Desde 1947 colaboró en la formación de las primeras numerarias auxiliares. Colaboró en los inicios de la labor del Opus Dei en Irlanda e Inglaterra.

[115] Respecto a la Residencia de la calle Zurbarán, cfr. M. MONTERO, *Los comienzos de la labor del Opus Dei con universitarias: la Residencia de Zurbarán* (1947-1950), SetD 4 (2010), pp. 15-43.

chicas. Uno de esos días D. José María sustituyó al Padre, no recuerdo exactamente. Lo que sí ocurrió es que, a partir de ese curso, fue D. José María el que ayudó al Padre en la atención de la labor en Zurbarán y daba los Círculos; el Padre en esa temporada hizo muchos viajes»[116].

El Siervo de Dios desarrolló ese encargo confiando en las personas a las que debía ayudar y formar. Según Mariángela Vila Burch[117]: «Sabía querer con obras. Había aprendido del Fundador las virtudes propias de la caridad, quizá por su amor a la Virgen y a su madre, doña Adela, a quien nombraba alguna vez. Confiaba en las virtudes que son propias de la mujer e insistía en que las ejercitásemos, animándonos a vivirlas, porque eran necesarias para la santidad propia y para los demás en la Obra, y porque, siendo familia, debíamos dar a la Obra ese aire peculiar. No solo en lo material, sino en el ambiente fraterno y de servicio»[118].

Es un testimonio unánime que supo entender el alma femenina. Por ejemplo, Rosario Orbegozo[119] recordaba: «En Los Rosales, D. José María era el sacedote que nos atendía: nos celebraba la Santa Misa y nos daba las clases de formación. Algunos días venían a darnos clase otros sacerdotes de la Obra que se acababan de ordenar, pero, realmente, el que llevaba el peso de nuestra formación era D. José María. Fue, sin duda alguna, el gran colaborador de nuestro Padre en la formación de las primeras mujeres de la Obra; estaba pendiente de todo lo que nos ocu-

[116] Testimonio de María Antonieta Gómez García-Argüelles, AGP, JHG, T-00022, p. 1.

[117] Mariángela Vila Burch (n. 1928). Profesora y pintora. Pidió la admisión en el Opus Dei en 1948.

[118] Testimonio de Mariangela Vila Burch, AGP, JHG, T-01304, pp. 3-4.

[119] Rosario de Orbegozo y Goicoechea (1918-2002). Pidió la admisión en la Obra en 1946. Al crearse la Asesoría central (consejo asesor del Prelado para el gobierno de las mujeres del Opus Dei) en el Congreso General de Los Rosales (octubre de 1951), fue nombrada Secretaria de este organismo.

rría, nos organizaba lo que teníamos que hacer y nos enseñaba a llevarlo a cabo. Nos comprendía como nadie; pienso –tengo la seguridad– de que es el sacerdote que mejor ha entendido a las mujeres, y ese conocimiento le llevó a ayudarnos con una delicadeza extraordinaria y a exigirnos cuando era necesario»[120].

De ese modo de hacer recuerda Carmen Marco: «Con un tacto exquisito, hacía que le contáramos nuestras preocupaciones, disgustos y pequeños agobios; para todo encontraba solución, y al hilo de aquellos desahogos nuestros, casi sin que nos diéramos cuenta, iba metiendo en nuestras almas el cariño a la Obra, a nuestro Padre, el sentido de la fidelidad y tantísimos otros puntos capitales de la entrega. Era lo que hoy llamaríamos un gran comunicador; con apenas unas palabras conseguía calmar nuestros nerviosismos»[121].

Otros testimonios añaden: «El papel de D. José María fue clave en una doble vertiente: unirnos al Fundador, a quien amaba entrañablemente con fidelidad eficaz y afectiva, y captar y desentrañar desde su tarea sacerdotal lo que se ha dado en llamar el "genio femenino" e incorporarlo, despojado de accesorios, al patrimonio general común de la Obra: Nunca he oído a nadie que se haya sentido herida por D. José María o que considerase que no "se hacía cargo de lo nuestro": el modo específico de ser, estar y entender la vida de las mujeres

[120] Testimonio de Rosario Orbegozo Goicoechea, AGP, JHG, T-00040, p. 1.

[121] Testimonio de Carmen Mouriz García, AGP, JHG, T-00037, p. 2. «Él nos dio el primer curso de retiro que se organizó en Molinoviejo al que asistimos un grupo de las que llevábamos más tiempo en la Obra. Recuerdo que en una meditación nos habló, con mucha exigencia y fortaleza, de que no podíamos ser "tiquismiquis", y compararnos unas a otras. No recuerdo que nunca nos quedáramos dolidas ni molestas por su exigencia, sino todo lo contrario, ya que veíamos en él al hermano mayor que, con infinita comprensión y cariño, nos ayuda a asimilar cada día mejor el espíritu de la Obra». Testimonio de Rosario Orbegozo Goicoechea, AGP, JHG, T-00040, p. 2.

(...). Indudablemente, desde esta perspectiva, la figura humilde y discreta de D. José María se agranda de forma insospechada, por su fidelidad al Fundador en una etapa crucial para cualquier institución como es la de los comienzos, y se transforma en referente para quienes con el correr de los tiempos deban desempeñar tareas semejantes»[122].

Puso en juego su extraordinaria memoria, tanto para recordar las necesidades y cualidades de las personas, como de las cosas que fueran útiles para la tarea que tenía entre manos. Su memoria proverbial fue objeto de bromas y de orgullo del Fundador de la Obra. Así lo recordaba María Teresa Echeverría: «En otra ocasión, estábamos en el comedor de Los Rosales, que era la habitación que teníamos para todo: era taller, cuarto de estar, donde pasábamos la mayor parte del día. Vino nuestro Padre con D. José María, y se sentaron para estar un rato con nosotras. Era la época en la que estábamos empezando a confeccionar ornamentos, pero realmente teníamos muy poca idea. Nuestro Padre nos preguntó qué tal íbamos y yo le dije que bien, pero que teníamos que comprar unos cartones para hacer las bolsas de corporales y que no sabíamos dónde. D. José María se había sentado un poco detrás de nuestro Padre, en un sofá pequeñito que había, y, como si lo más natural fuera saber ese tipo de cosas, dijo: "En la Costanilla de los Ángeles hay una fábrica y tienen cartones de todos los tamaños que necesitéis". Nuestro queridísimo Fun-

[122] Testimonio de María del Carmen Rodríguez Eyré, AGP, JHG, T-01277, p. 7. «Era muy buen psicólogo y estoy convencida de que adivinaba lo que pasaba en nuestro interior solo con vernos la cara. No era una persona "de remolino", de las que buscan el lucimiento personal, sino más bien al contrario, solía estar siempre en segundo plano, mereciendo estar en el primero; tenía la virtud del saber estar, haciendo como que los demás hacíamos..., sin llamar la atención, ayudando siempre». Testimonio de María Rivero Marín, AGP, JHG, T-00046, p. 1.

dador se volvió hacia él y, sonriéndole, dijo con cariño: "¡Qué asco de cura, que todo lo sabe!". Al día siguiente, yo misma fui al sitio que nos había dicho, cerca de la Puerta del Sol, y, sin más problemas, pude conseguir los cartones que necesitábamos»[123].

El Siervo de Dios comenzó por enseñarles a vivir el espíritu de la Obra, primero en la vida ordinaria, luego en la expansión apostólica por España y después en el mundo entero. Respecto a la Residencia de Zurbarán, recoge Sabina Alandes: «Otra muestra de su esfuerzo por formarnos fue en el terreno apostólico. Nos enseñó a tratar a las residentes y nos hizo ver que no podíamos estar reunidas solo las de la Obra –por ejemplo, a la hora de la merienda–, que siempre debíamos estar con las residentes. Nos decía que en la tarea apostólica no nos podíamos dejar llevar por simpatías y nos advertía la imprudencia que supone para la formación ensalzar a una persona y tenerla en el candelero».

Con respecto al modo de predicar, añade seguidamente: «en los retiros y meditaciones nos hablaba con sencillez y naturalidad de todos los temas referentes a nuestra entrega. Sabía profundizar, entre otros temas, en la importancia de la castidad, y nos enseñaba con muchos detalles prácticos; por ejemplo, nos hablaba de la guarda del corazón en los viajes y en las diversas circunstancias en las que nos podíamos encontrar: éramos jóvenes y teníamos que viajar, muchas veces solas, para dar a conocer el Opus Dei en distintas ciudades. Estos consejos me han servido para siempre»[124].

Y concluye: «Cuando llegó el momento de la expansión fuera de España, estuvo pendiente de todo, desde

---

[123] Testimonio de María Teresa Echeverría Recabeitia, AGP, JHG, T-00019, p. 2.

[124] Testimonio de Sabina Alandes Caldés, AGP, JHG, T-00002, p. 2.

enseñarnos los trámites que debíamos seguir para sacar los pasaportes (en aquella época conseguir un pasaporte para ir a cualquier país era muy difícil), hasta prepararnos bien para llevarlo todo. Yo me fui a Argentina en circunstancias excepcionales, pues negaron la entrada a todas las que me acompañaban menos a mí. Aunque todo estaba preparado para no encontrarme sola, D. José María fue a Roma a hablar con nuestro Fundador y al volver me dijo: de parte del Padre que te vayas tranquila, que, si cumples las Normas y eres sincera con el sacerdote que está allí, no te pasará nada. Me indicó que sería bueno que fuera a Valencia a despedirme de mi padre y el resto de la familia»[125].

Respecto a ese modo familiar de gobernar, recordaba Rosalía López: «Recuerdo que el día 24 de diciembre nos predicó una meditación muy entrañable. Contó que nuestro Padre le había escrito desde Roma y deseaba que, en cuanto se pudiera, fueran sus hijas a la Ciudad Eterna. A Dora[126] y a mí, ya en Molinoviejo, san Josemaría nos había dicho que nos llamaría a Roma pronto: había llegado el momento. D. José María meditaba en voz alta sobre la alegría de nuestro Padre de ver la primera expansión de las mujeres... ¡al mundo entero!; sobre cómo se apoyaba toda la Obra en nuestro trabajo, apostolado de apostolados... Se notaba que el suyo era un mismo sentir con nuestro Fundador. Tres días después, el 27 de diciembre nos vinimos a Roma. D. José María se ocupó de conseguir todo lo que pensaba o

[125] *Ibid.*, p. 3.

[126] Dora del Hoyo Alonso nació el 11 de enero de 1914 en Boca de Huérgano (León, España). Cursó estudios elementales y, muy joven, comenzó a trabajar como empleada del hogar. En 1939, al terminar la guerra civil española, se trasladó a Madrid, en busca de un horizonte para su vida. Allí solicitó la admisión en el Opus Dei en 1946 y ese mismo año se trasladó a Roma, donde murió el 10 de enero de 2004. Cfr. J. MEDINA BAYO, *Una luz encendida. Dora del Hoyo*, Palabra, Madrid 2011.

sabía que hacía falta: desde las maletas y algunos objetos para la casa hasta una mantelería y algo de comida para los primeros momentos romanos»[127].

El Siervo de Dios puso en juego todos sus talentos y virtudes. Así lo subrayaba Sabina: «Pese a que la diferencia de preparación intelectual frente a nosotras era bastante grande y nos superaba con creces en experiencia y conocimiento del espíritu de la Obra –nosotras comenzábamos a vivir nuestra vocación entonces–, demostró siempre una gran paciencia y una constancia heroica en nuestra formación. Era muy exigente en la dirección espiritual, pero al mismo tiempo tenía una gran capacidad de comprender y su sentido positivo y visión optimista de todo, nos impulsaba y entusiasmaba a continuar en nuestra tarea»[128].

Ellas le veían como un hermano mayor, que se esforzaba en dar un tono de familia en la formación que les dirigía; por ejemplo, decía Amparo Martín de Rosales: «Siempre agradecí a Dios el haberle conocido, el haber contado con su ayuda –tan discreta, por otra parte– en aquellos años. D. José María llevaba a lo central: Cristo, el Sagrario, María, la unión con el Padre, la Comunión

127 Testimonio de Rosalía López Martínez, AGP, JHG, T-01314, p. 2.

128 Testimonio de Sabina Alandes Caldés, AGP, JHG, T-00002, p. 1. «Con frecuencia he pensado que el Siervo de Dios hubiera preferido estar siempre cerca de nuestro Padre; no obstante, se metió de lleno en lo que le había encomendado. ¡Y cómo caló en el modo de ser de la mujer y cómo supo conocernos y ayudarnos para hacer el Opus Dei en tantos sitios!». Testimonio de Carmen Mouriz García, AGP, JHG, T-00037, p. 2. «Me acordaré siempre de aquel Vía Crucis que tuvo ocasión de hacer con el Padre, hace algunos años; después de la estación que recoge aquel detalle de cariño con el Señor de una mujer, la Verónica, se volvió hacia los dos sacerdotes que le acompañábamos y nos dijo –se refería a sus hijas–: "Hay que ayudarlas mucho, porque son capaces de cosas muy grandes". Y, bien entendido esto, D. José María puso, por misión, su virtud y su fidelidad al servicio de esa capacidad, para hacerla mucho mayor y para que estuviera siempre en armonía con el conjunto de la labor de toda la Obra». Testimonio de Severino Monzó Romualdo, AGP, JHG, T-00244, p. 4.

de los santos, la voluntad de Dios, la fraternidad... Enseñaba con el ejemplo –mucho más que con la palabras– la unidad y la fraternidad, a ser muy humano, muy cercano a las personas, muy atento a todas las necesidades. Aprendí de él a servir sin hacer ruido, a darse con naturalidad. Vi hecho realidad el espíritu del Opus Dei; fue ese ejemplo que buscas imitar, junto con la fortaleza de un hermano mayor que hace el camino más fácil y te lleva a hacer realidad grandes empresas»[129].

Procuraba adelantarse a las necesidades espirituales y materiales. Lo expresaba así Carmen Marco: «Cuando le conocí, noté que era quien solucionaría los problemas que fueran apareciendo en el día a día. Me sentí con el apoyo del hermano mayor al que podías decir todo, que, si veía que te lo podía dar, te lo daba y, si decía no, es porque no era conveniente y te daba explicaciones que te convencían y te dejaban tranquila [...]. Le movía una gran lealtad. No permitía los "bombos mutuos", pero sabía sacar todo lo positivo de las personas y de las situaciones»[130].

Como recordaba María Jesús Luna: «Tenía un gran sentido sobrenatural, buen humor, humildad. Vivía un espíritu de servicio patente, con una inteligencia rápida, que le hacía ver y estar en todo, y con un gran sentido práctico de las cosas. Afrontaba las dificultades con sentido sobrenatural, fortaleza y optimismo. De manera especial noté que vivía ese gran sentido de fraternidad humano y divino en la atención a las mujeres del Opus Dei; diría que lo hacía con predilección, por el encargo que había recibido de nuestro Fundador»[131].

---

[129] Amparo Martín de Rosales, AGP, JHG, T-00033, pp. 4-5.

[130] Testimonio de Carmen Marco Rodrigo, AGP, JHG, T-00032, p. 7.

[131] Testimonio de María Jesús Luna Hervera, AGP, JHG, T-00029, p. 2.

Rememoraba Rosario Orbegozo que procuró ser instrumento de unidad con el Fundador: «Era humilde, incansable trabajador, muy educado, de trato exquisito. De él aprendimos todo, pero me gustaría resaltar el cariño a nuestro Padre; entendimos que este era uno de los aspectos más importantes de nuestra formación, D. José María nos lo inculcó yendo él por delante: ¡cuánto quería y admiraba al Padre!»[132].

La labor con las mujeres se desarrolló mucho durante aquellos años. D. José María colaboró en la instalación y puesta en marcha de los primeros centros de Madrid, Bilbao y Barcelona y, después, en el resto de España y Europa.

En 1945 se iniciaron dos centros en Madrid: Los Rosales –a pocos kilómetros de la capital– y Zurbarán. Se cerró el de la calle Jorge Manrique, que había sido el primero (aunque se recuperaría años después). Desde el comienzo, D. José María dedicó muchas horas a la Residencia Zurbarán para universitarias, en el nº 26 de la calle de ese nombre. Allí realizó una importante y paciente tarea de dirección espiritual en el confesonario, de la que salieron, con la gracia de Dios, muchas universitarias que después llevaron el espíritu del Opus Dei por el mundo, ejerciendo su profesión. Evocaba D. Alfonso Par: «El secreto de D. José María era, así me parece a mí, que amaba a nuestro Fundador y a la Obra con locura. Estaba siempre dispuesto a sacrificar cualquier cosa, o aspecto personal, para ser útil a la Obra de la forma que fuera [...]. D. José María lo expresaba con la fórmula: "Cuando uno se decide a no ser nada de nada, entonces se es eficaz". ¡Él estaba feliz negándose a sí mismo!»[133].

---

[132] Testimonio de Rosario Orbegozo Goicoechea, AGP, JHG, T-00040, p. 1.

[133] Testimonio de Alfonso Par Balcells, AGP, JHG, T-00043, p. 6.

San Josemaría inculcó a los sacerdotes del Opus Dei que atendían los apostolados de las mujeres, que estuvieran en sus Centros solo el tiempo indispensable para su trabajo: administración de sacramentos, celebración de la Santa Misa y actos litúrgicos, y para las actividades de formación, como meditaciones y clases. Siguiendo este criterio, el Siervo de Dios se ocupó de esas labores de manera generosa. Como recordaba Adelaida Sánchez Revilla: «En realidad él estuvo en nuestros Centros también el tiempo indispensable para las funciones que debía realizar, que en aquel tiempo eran muy precisas y necesarias. Así pues, lo excepcional son las funciones que tenía encomendadas y que desempeñó de manera eficiente y yo diría que, a mi entender, de manera santa. Porque debió de santificarse aunque no fuera más que por la enorme paciencia, desvelo y cariño –que es la mejor forma sobrenatural y humana de caridad– que manifestó en sus actuaciones»[134].

Mantenía las medidas de prudencia necesarias, y eso no lo han olvidado las personas a las que atendió espiritualmente; por ejemplo, Sabina Alandes: «Recuerdo a D. José María volcado siempre en nuestra formación: como sacerdote encargado de atender la residencia era muy abnegado; su dedicación fue total [...]. Nos trató siempre con una delicadeza extraordinaria y supo tener mil detalles pequeños para ayudarnos: estaba pendiente de lo que necesitábamos para sacar adelante la casa o para la atención apostólica»[135].

---

134 Testimonio de Adelaida Sánchez Revilla, AGP, JHG, T-00051, p. 1.

135 Testimonio de Sabina Alandes Caldés, AGP, JHG, T-00002, p. 2. «El recuerdo que conservo de él es el de la persona que se desvive hasta las últimas consecuencias por cumplir su encargo, sin poner la menor traba. Para nosotras, D. José María era la solución para todo». Testimonio de María Cruz Tabernero Palacios, AGP, JHG, T-00055, p. 1.

Su predicación dilataba las ansias de apostolado. Les auguraba que llegarían lejos, llevando al Señor hasta el último rincón de la tierra y a todas las esferas de la sociedad, como recordaba Dora Calvo: «El amor a Dios de D. José María le llevaba a un afán apostólico extraordinario. Constantemente nos hablaba de que teníamos que acercar a Dios a las almas del mundo entero. Esta universalidad en el apostolado nos la inculcaba con tanta fuerza que, me atrevería a decir, por este motivo veíamos tan natural el irnos a otros países a empezar la labor, como ya estábamos haciendo en esos años»[136].

Como había aprendido del Fundador, daba siempre preferencia a la formación personal, por eso ayudaba a que se pensaran bien las cosas. Decía María Teresa Echeverría: «En Los Rosales, en aquella época, yo era la Directora y D. José María puso mucho empeño en enseñarme a funcionar. Cuando alguna vez le preguntaba algo, me contestaba: "A ver, ¿tú cómo lo harías?". Y, cuando le daba mi opinión, me la reforzaba o me daba algunas razones que aconsejaban lo contrario. En cualquier caso, siempre me enseñaba a discurrir, a no acudir al remedio fácil y cómodo de preguntarlo todo; a acostumbrarme a poner la cabeza»[137].

Procuraba que la formación fuera muy práctica, según las circunstancias. Como un buen maestro, sabía hacer y desaparecer, y así lo afirmaba Dora Calvo: «D. José María aparecía en el momento en el que le necesitábamos, el resto del tiempo desaparecía por completo, nunca se hizo el imprescindible. Tenía el don de la opor-

[136] Testimonio de Dorotea Calvo Serrador, AGP, JHG, T-00010, p. 10.
[137] Testimonio de María Teresa Echeverría Recabeitia, AGP, JHG, T-00019, p. 3.

tunidad para llegar de improviso, justamente cuando no sabíamos por dónde tirar»[138].

Especialmente había aprendido del Fundador a tener los trabajos de la administración material –el cuidado del hogar– de los Centros del Opus Dei muy dentro del corazón, como el apostolado de los apostolados[139].

Escribía Adelaida que: «A mi juicio, D. José María llevó a cabo para nosotras dos misiones fundamentales. Una, ayudarnos en la armonización y coordinación de las necesidades y prestación de servicios de la Administración y su relación con los centros administrados (...), santificándonos en esa tarea. Y otra, de mayor amplitud, la de transmitirnos el aire de familia, tan importante para nuestra propia vida interior como para nuestra actividad apostólica y profesional en todos los campos»[140].

Su espíritu de servicio fue una constante en su vida, sabía no dejarse servir y daba las gracias por todo. Una anécdota significativa la relataba Gloria Toranzo. Des-

---

138 Testimonio de Dorotea Calvo Serrador, AGP, JHG, T-00010, p. 10. «Nos enseñaba a aprovechar el tiempo con intensidad, y algo que recuerdo que nos repetía con mucha frecuencia era que teníamos que ejercitar la cabeza y discurrir, no pretender que nos lo dieran ya todo pensado. Nos insistía en que desterráramos la pereza mental». Testimonio de María Cruz Tabernero Palacios, AGP, JHG, T-00055, p. 3.

139 San Josemaría utilizaba esa expresión para subrayar la eficacia apostólica del trabajo escondido de las personas que se dedican a la administración doméstica de los centros del Opus Dei.

140 Testimonio de Adelaida Sánchez Revilla, AGP, JHG, T-00051, p. 2. «Nos enseñó con obras, por ejemplo, la atención a nuestras hermanas. Recuerdo que en el año 1946 una numeraria, Dorotea Calvo, sufrió una operación quirúrgica de cierta importancia. Todas estábamos pendientes. La acompañaba otra persona del Opus Dei, médico, que pasó la noche con ella en la clínica; las que estábamos en casa no podíamos llamar a la clínica no recuerdo el motivo sino que nos tenían que llamar desde allí y en toda la noche no lo hizo. Cuando D. José María vino a celebrar la Santa Misa por la mañana, al decirle que aún no teníamos noticias, nos respondió: "¿Es que la que está con ella cree que no tenemos corazón? A estas horas ya tendría que haber llamado para decirnos cómo ha pasado la noche"». Testimonio de Sabina Alandes Caldés, AGP, JHG, T-00002, p. 2.

pués de muchos años de trabajo en España, el Siervo de Dios marchó a Francia. Un tiempo después vino a Madrid y fue a Zurbarán a un encargo concreto. «La persona que le abrió la puerta no le conocía y le dejó sentado en un banco de madera que había al pie de la escalera. Él conocía mejor que nadie la residencia y podía haber subido al salón o al oratorio, pero esperó al lado mismo de la puerta de entrada. Cuando salí y le vi allí sentado en el banco de proveedores, me disculpé. Él quitó importancia a la situación y dijo que allí estaba muy cómodo»[141].

En 1950 el Fundador del Opus Dei constituyó la Asesoría Central. De esa época recuerda Cruz Tabernero: «En Los Rosales nos consiguió un mueble-cómoda para dirección, que resultó ser la pieza clave para el trabajo de Rosario Orbegozo, que era la que entonces tenía que relacionarse con las Numerarias que hacían cabeza en los países donde ya vivíamos (Méjico, Chicago, Italia, Irlanda, y no sé si alguno más). Cuando lo trajo, nos contó que nuestro Padre solía decir que "por algo se empieza: primero es un armario, luego una habitación, después un piso y, al final, la casa"»[142].

Un momento conmovedor fue el año 1951. Un año después de la Aprobación Pontificia tuvo lugar el primer Congreso General de las mujeres del Opus Dei[143].

---

141 Testimonio de Gloria Toranzo Fernández, AGP, JHG, T-00057, p. 5.

142 Testimonio de María Cruz Tabernero Palacios, AGP, JHG, T-00055, p. 3. «Cuando ya se constituyó la Asesoría regional órgano de gobierno de las mujeres de la Obra, D. José María estuvo muy pendiente de enseñarnos a funcionar. Teníamos una confianza ilimitada en él, y le preguntábamos todo lo que no sabíamos resolver». Testimonio de Rosario Orbegozo Goicoechea, AGP, JHG, T-00040, pp. 2-3.

143 Los Congresos tienen como objetivo analizar la labor apostólica desarrollada durante el período anterior y proponer directrices generales al Prelado del Opus Dei para su futura actividad pastoral. El Prelado, que cuenta con un consejo para hombres (Consejo General) y otro para las mujeres (Asesoría Central), procede a la renovación de esos consejos. Cfr. ESTATUTOS DE LA PRELATURA, art. 33.

Llegaron a Madrid desde todos los países donde se trabajaba. Para ayudar al Fundador en los trabajos de esos días estaba el Siervo de Dios[144]. Como narraba Lourdes Toranzo: «El día 1 de octubre de 1951 llegó a Madrid, para asistir al Congreso General, Guadalupe Ortiz de Landázuri, que llevaba en México un año y medio. La esperaban en el aeropuerto Rosario y Nisa, que había llegado ya de Chicago. En viaje aparte llegó D. José María enviado por el Padre por si se presentaba alguna dificultad. El día 4 llegó a España el Padre que, antes de reunir a sus hijos, hizo viajes a Santuarios de Nuestra Señora: el Pilar, Lourdes, Fátima. Al día siguiente de finalizar el Congreso, el Padre reunió en Lagasca a las Numerarias que iban a formar parte de la Asesoría Central. Con el Padre estaba D. José María Hernández Garnica»[145].

A partir de 1950, con la aprobación definitiva del Opus Dei por la Santa Sede –el 16 de junio de 1950–, tuvo lugar un crecimiento de la labor apostólica con personas casadas, y pidieron la admisión un buen grupo de Supernumerarias[146]. Lo escribía en una carta: «Hoy hemos tenido el segundo retiro de señoras: ha estado lleno el oratorio de Zurbarán y, a 13 de enero, tendrán la primera tanda de ejercicios espirituales de este curso. Ya se han recibido peticiones en Madrid de señoras que se venían tratando, y se podrá tener la primera semana de

[144] Cfr. M. Eguíbar, *Guadalupe Ortiz de Landázuri. Trabajo, amistad y buen humor*, *op. cit.*, pp. 133-138.

[145] Testimonio de Lourdes Toranzo Fernández, AGP, JHG, T-00058, p. 8.

[146] En el Opus Dei no hay diversas categorías de miembros, aunque su situación sea diversa. Dentro de esa vocación única, los supernumerarios son también fieles laicos, solteros o casados, que se entregan plenamente a Dios en su propio estado. Participan en las labores apostólicas del Opus Dei con la disponibilidad que sus obligaciones les permiten. Y transforman en medio de santificación y de apostolado su vida y su profesión, su propio hogar y sus ocupaciones familiares. Cfr. D. Le Tourneau, *El Opus Dei*, *op. cit.*, pp. 91-93.

convivencia al principio del mes de mayo. También se empieza a mover en Barcelona y Valencia»[147].

Ya en 1948, san Josemaría empezó a preparar alguien que ayudara a D. José María; la persona designada fue D. José López Navarro[148]: «Ya sabrás que el Padre piensa mandar a Bilbao a Juan Antonio González Lobato para que esté unos pocos días por allí contigo y tú puedas venirte pronto a Madrid, para trabajar conmigo en lo de las mujeres»[149].

Efectivamente, el 26 de noviembre de 1950, el Consejo General de la Obra quedó constituido como organismo distinto de la Comisión Regional de España[150]. D. José María Hernández Garnica continuó como Sacerdote Secretario del Consejo General. Como Sacerdote Secretario en España fue nombrado D. José López Navarro. Así lo comenta en una carta: «Padre, no le he dicho en otras cartas, aunque con Paco sí lo he hablado, que estoy muy contento con José López Navarro: estamos muy unidos, me ayuda mucho y es muy humilde y obediente. Para mí es una tranquilidad muy grande el

147 Carta de José María Hernández Garnica a san Josemaría Escrivá de Balaguer, Madrid 21-XI-1951, AGP, JHG, A-640.

148 Rvdo. D. José López Navarro (1922-1982), Doctor en Teología y en Medicina. Pidió la admisión en la Obra en 1942. Se ordenó sacerdote en 1946. En 1950 comenzó a colaborar en el gobierno de los apostolados de las mujeres del Opus Dei en España. Posteriormente se trasladó a Irlanda, donde fue Vicario Regional hasta 1970, fecha en que regresó a España.

149 Carta de José María Hernández Garnica a José López Navarro, Madrid 21-IV-1948, AGP, JHG, A-523. «Es muy posible que venga pronto D. José a Madrid para ayudarnos en la labor con mujeres». Carta de José María Hernández Garnica a Encarnación Ortega Pardo, Madrid 21-IV-1948, AGP, JHG, A-524.

150 El gobierno de toda la Prelatura corresponde al Prelado, como Ordinario. En las diversas regiones del Opus Dei existe un Vicario Regional asistido por sus Consejos; Comisión Regional para los hombres y Asesoría Regional para las mujeres. Estos órganos de colaboración ya existían antes de la erección del Opus Dei en Prelatura Personal en 1982.

que me haya puesto Vd. para ayudarme a una persona tan buena y que me ayuda tanto»[151].

Algunos viajes

Una vez que D. José María contaba con una persona que le ayudaba en sus trabajos ordinarios, el Fundador del Opus Dei se apoyó en él para realizar algunos viajes con el fin de impulsar el crecimiento y la consolidación de los apostolados del Opus Dei en diversos lugares del mundo. Por ejemplo, le encargó visitar Londres: «La primera vez que vino a Londres –al menos estando yo allí– la tengo recogida en el viejo *Diary*. El 4 de abril de 1950, un martes, escribo: *"carta de Odón que viene Chiqui"* (sic). Y el miércoles 5 de abril, otra nota dice: *"Misa. Chiqui"*. Está claro que llegaría en avión el día 4 y que no se alojó en Rutland Court porque no teníamos más camas o por lo que fuese»[152].

Pocos meses después viajó a América. También aprovechó ese viaje para recabar fondos con los que financiar las obras de la construcción de la sede central del Opus Dei y del Colegio Romano de la Santa Cruz[153] en

[151] Carta de José María Hernández Garnica a san Josemaría Escrivá de Balaguer, Madrid 1-III-1950, AGP, JHG, A-593. «Desde finales de 1949 hasta 1952 en que D. José María viajó a Irlanda, había comenzado D. José López Navarro a ayudar a D. José María en la formación de las muchas mujeres que llegaban a la Obra». Testimonio de Lourdes Toranzo Fernández, AGP, JHG, T-00058, p. 6.

[152] José Luis González Simancas, *Memoria personal de Londres* (1949-1951), AGP, RHF, D-13700, p. 27. «Llegué perfectamente a las 7 de la tarde. Llevamos una hora de retraso con España. Para no variar y seguir la costumbre conseguí salir el primero y no había nadie esperando. Llegué a casa y me crucé con Juan Antonio Galarraga. Espero salir esta tarde para Dublín». Carta de José María Hernández Garnica a Francisco Botella Raduán, Londres 4-IV-1950, A-598.

[153] Centro de formación al que acuden algunos jóvenes profesionales del Opus Dei del mundo entero con el objetivo de estudiar las ciencias sagradas, profundizar en el conocimiento del espíritu de la Obra y en su amor

Roma. Finalmente, se detuvo en Cuba para comprobar *in situ* las posibilidades de comenzar la labor en ese país. Recorrió Estados Unidos, Cuba, México, Guatemala, Venezuela, Colombia, Ecuador, Perú, Chile y Argentina, del 23 de noviembre de 1954 al 3 de mayo de 1955[154].

El itinerario y motivos lo expresa el Siervo de Dios en una carta de esos días: «Te voy a dar una buena noticia. El Padre me envía a América para que haga la campaña pro Colegio Romano. Ya sabes las necesidades que hay allí. Pienso salir de España el 28 próximo en Iberia (...). No sé si podré hacer algo, aunque convendría mucho hacer gestiones. Desde allí nos iremos a Cuba, donde tenemos bastantes cartas y medios para remover. Esperamos que saldrá mucho fruto de este viaje»[155].

Poco antes de salir, escribe san Josemaría: «Salimos dentro de un rato para América. Padre, ya sé que no es necesario, pero pida por nosotros para que nuestra labor en esas tierras dé el fruto que Vd. espera. Recibí el nombramiento de Visitador para América; procuraré cumplir lo mejor que sepa el encargo para responder a la confianza que pone en mí. Tomaré las notas para in-

---

por la Iglesia universal. De entre los alumnos del Colegio Romano de la Santa Cruz procederían los futuros sacerdotes del Opus Dei.

[154] Testimonio de Lourdes Toranzo Fernández, AGP, JHG, T-00058, p. 2. «En estos días esperamos a D. José María, que viene representándole a Vd. Él nos dirá muchas cosas y verá todo, para que diga lo que le parece, y nos oriente en muchas cosas, que, al estarlas viviendo, no nos damos cuenta de que debían ser de otra manera». Carta de Guadalupe Ortiz de Landázuri a san Josemaría Escrivá de Balaguer, México 1-II-1954, AGP, GOL, A-498. «Con la expansión del Opus Dei por el continente americano, entre 1954 y 1955 realizó por encargo del Fundador una extensa Comisión de servicio en los Estados Unidos, México, Guatemala, Venezuela, Colombia, Ecuador, Perú, Chile y Argentina. Hacia el otoño de 1955, estuvo en Gran Bretaña e Irlanda con un encargo del mismo tipo. Testimonio de Francisco Ponz Piedrafita, AGP, JHG, T-00044, p. 6.

[155] Carta de José María Hernández Garnica a José Luis Múzquiz de Miguel, Madrid 30-X-1954, AGP, JHG, A-729.

formarle con detalle de todo lo que vea. Llevo muchas cartas de presentación para La Habana»[156].

Llegaron a la capital de Cuba el 20 de diciembre. El día de Navidad escribió a san Josemaría: «Hoy le he recordado mucho en las Misas de Navidad. Vamos tomando contacto con algunas personas de aquí. Parece que, en general, entienden bien la Obra y hay personas dispuestas a relacionarnos con otras personas interesantes. Espero que puedan entender la relación entre el Colegio Romano de la Santa Cruz y toda nuestra labor. Fuimos a ver al Cardenal de La Habana»[157].

Pocas semanas después regresó a España, después de estar en Roma: «Hice muy bien el viaje, aunque un poco largo por la vuelta por África (...). Sigo encomendando –y lo he dicho a los demás– para que se solucione el problema que tiene Álvaro entre manos. Padre, le agradezco todas las amabilidades que ha tenido conmigo y, especialmente, durante estos días de Roma»[158].

A su regreso, fue enviado por san Josemaría para realizar la misma tarea en Inglaterra e Irlanda. Salió de Madrid el 17 de octubre y, después de visitar Londres y Dublín, llegó a Roma el 29 de octubre[159]. En aquel viaje conoció a las primeras mujeres del Opus Dei de Irlanda. Narraba un testigo lo siguiente: «Recuerdo alguna anécdota de esta última visita. Ya estaban viviendo en el *flat*. D. José María fue a nuestra casa a verlas, dirigir la meditación y celebrar la Santa Misa. No tenían todavía al Señor en el Sagrario. Se

---

156 Carta de José María Hernández Garnica a san Josemaría Escrivá de Balaguer, Roma 28-XI-1954, AGP, JHG, A-735.

157 Carta de José María Hernández Garnica a san Josemaría Escrivá de Balaguer, La Habana, Cuba, 25-XII-1954, AGP, JHG, A-742.

158 Carta de José María Hernández Garnica a san Josemaría Escrivá de Balaguer, Madrid, 20-V-1955, AGP, JHG, A-780.

159 Cfr. Carta de José María Hernández Garnica a José Luis Masot, Londres 25-X-1955, AGP, JHG, A-800.

reunieron las cinco en una especie de sala de estar pobrísima, de un piso corrientucho. Sobre el aparador se preparó todo para la Santa Misa y allí la celebró. En la meditación D. José María les dijo que había ido a Irlanda en barco y todas se reían muchísimo, y es que en inglés barco y oveja son dos palabras muy parecidas, y decía que había ido montado en una oveja, y se reían también por alguna otra expresión no demasiado académica. Un poco más adelante les comentó que él también se reía mucho, por dentro, cuando al volverse para decir "Dominus vobiscum" veía a las cinco arrodilladas con sus pamelas. Lo hicieron para estar más elegantes, porque la gente para la misa temprana se ponía pañuelo o boina»[160].

La Tesis Doctoral en Teología

San Josemaría albergaba la ilusión de que los sacerdotes de la Obra alcanzaran el grado de doctor en alguna ciencia eclesiástica. Por eso, cuando ya había suficientes sacerdotes para atender las labores apostólicas y otras labores al servicio de las diócesis, llegó el momento de llamar a algunos de ellos a Roma para que realizasen el doctorado eclesiástico y, posteriormente, los que tuviesen condiciones para ello dedicarse a tareas intelectuales y de docencia en las ciencias eclesiásticas. Una vez más, confió en el Siervo de Dios para que abriese camino en estas tareas y le pidió que comenzara los estudios de doctorado en Teología en Roma. Una vez más, D. José María respondió con generosidad.

Enseguida se incorporó a las clases de la Universidad Pontificia del Laterano. Allí realizó los estudios de licenciatura y doctorado: «Mi asunto de licencia va muy bien,

[160] Testimonio de María Antonieta Gómez García-Argüelles, AGP, JHG, T-00022, pp. 5-6.

ya me empecé a examinar y terminaré, creo, el día 15 del mes próximo. Voy trabajando en la tesis al mismo tiempo que estudio. Como sabrás, el tema es sobre las leyes penales (no es eso exactamente, pero tiene mucha relación). Por lo que dijo el Padre, iremos a Madrid enseguida que él vuelva a Roma y regresaremos hacia fines del mes de enero. Ignacio[161] y yo vamos a las mismas clases al Laterano y damos aquí clases de italiano y de perfeccionamiento del latín»[162].

D. Severino Monzó[163], que entonces vivía en Roma, relató: «Cuando llegó a Roma, había traído un volumen publicado, titulado "Perfección y laicado"; había ejercido la docencia en el *Studium Generale* del Opus Dei y había sido también profesor de la Escuela Superior de Ingenieros de Minas de Madrid. Además, había llevado a cabo, desde 1944, año de su ordenación sacerdotal, una intensa labor pastoral, con las mujeres del Opus Dei de muchos países y culturas. Su teología estaba al día, fresca; y se notaba que había explicado los principales tratados»[164].

---

161 Mons. Ignacio María de Orbegozo y Goicoechea (1922-1998). Doctor en Medicina y Cirugía y en Sagrada Teología. Pidió la admisión en el Opus Dei en 1942. Ordenado sacerdote en 1954. Nombrado Prelado de Yauyos, Perú, en 1957; obispo titular de Ariasso en 1963 y trasladado en 1968 a la diócesis de Chiclayo, donde permaneció hasta su muerte.

162 Carta de José María Hernández Garnica a Amadeo de Fuenmayor y Champín, Roma 25-XI-1955, AGP, JHG, A-802.

163 Rev. D. Severino Monzó Romualdo (1928). Licenciado en Ciencias Económicas y Doctor en Derecho Canónico. Solicitó la admisión en el Opus Dei en 1946. Ordenado sacerdote en 1954. En 1956 fue nombrado Vicario Secretario del Consejo General. Permaneció luego en Roma hasta 1967.

164 Testimonio de Severino Monzó Romualdo, AGP, JHG, T-00244, p. 1. En realidad, el libro se publicó a finales del año 1956. Así lo atestigua el propio Siervo de Dios en una carta al Fundador: «Le envío el libro que ha publicado Patmos». Carta de José María Hernández Garnica a san Josemaría Escrivá de Balaguer, Madrid 26-XII-1956, AGP, JHG, A-819. La tesis central del libro la resume el Siervo de Dios: «La Teología de las realidades terrenas indicará cuál es el íntimo significado de los valores que los hombres encuentran durante el día, enseñándoles de esta suerte a mirar el

Para los más jóvenes de la Obra que realizaban esos estudios, era muy ejemplar ver al Siervo de Dios esforzarse en esos estudios: «Se acomodó con espíritu joven y disciplinado al régimen de asistencia a clases, y de estudio y de trabajo propios de otros alumnos que acudían también a la Universidad Lateranense, a hora más bien temprana. Si el día era bueno, regresaba a pie charlando con otros sacerdotes de la Obra que hacían con él los estudios de Licenciatura o de Doctorado; si llovía, tomaban el autobús; pero, en uno y otro caso, como pude recoger de los otros alumnos, abundaban los comentarios divertidos de D. José María, que hacían la vida agradable a aquellos sacerdotes. Como también me la hacía a mí cuando, a él y a D. Ignacio de Orbegozo, aprovechando los temas y textos que manejaban en las clases de la Universidad, se ejercitaban diariamente, con mi discreta ayuda, en el dominio de la lengua italiana»[165].

Ese comentario de su edad lo hacían algunos jóvenes con los que coincidieron, Lo recordaba D. Florencio Sánchez Bella[166]: «En 1956 coincidimos con Chiqui, en la Universidad Lateranense, Jesús Urteaga, Benito Badrinas, Diego Fontán y yo en los descansos entre clase y clase. Con frecuencia nos orientaba, con sus bromas y buen humor, para que superásemos el cansancio que conllevaban aquellos estudios. Bastaba verle, terminando su doctorado en Teología a sus cuarenta años, con su madurez humana, sobrenatural y hombre de gobierno, manejarse con naturalidad, como un alumno

mundo con los ojos de la fe, a semejanza de Dios, y a crecer en la vida teologal, gracias a las obligaciones de estado». J. M. HERNÁNDEZ GARNICA, *Perfección y laicado*, Rialp, Madrid 1956, p. 77.

165 Testimonio de Severino Monzó Romualdo, AGP, JHG, T-00244, pp. 1-2.

166 Rev. D. Florencio Sánchez Bella (1924-2008). Doctor en Ciencias Químicas y en Teología. Pidió la admisión en el Opus Dei en 1940 y se ordenó sacerdote en 1951. Fue Vicario Regional de España –entonces se llamaba Consiliario– desde 1958 hasta 1984. Después estuvo en Roma y en México. Falleció en Granada.

más para sentirse estimulado a realizar otro tanto. Chiqui era inteligente, con muy buena memoria y, además, un buen trabajador. Unidas unas y otras cualidades realizó sus estudios con gran brillantez, aunque él procurase que pasaran lo más inadvertidos posible»[167].

En cualquier caso, los resultados fueron excelentes: «En esos años obtuvo, con brillantes calificaciones, la Licenciatura y el Doctorado en Teología. Recuerdo haber oído contar que, en el examen de Licenciatura, le preguntaron por los textos del Evangelio de san Mateo sobre la Iglesia. Respondió con velocidad y precisión en latín. El profesor le contestó si los sabía en griego, él los recitó en esa lengua. Ya riéndose, el profesor le volvió a preguntar si los sabía en hebreo, y Chiqui, con una sonrisa, repuso que no. Me sorprendía, con admiración, que con más de cuarenta años se dispusiera a estudiar con la misma ilusión que cuando realizó sus estudios de Ingeniería de Minas y de Ciencias Naturales, en su juventud»[168].

Una vez concluido el período lectivo, y mientras realizaba la memoria de investigación, pasaba temporadas en Madrid, tal como expresaba en una carta: «Ayer también me acordé de Vd. De esto no me atrevo a decirle más. Ya sabe Vd. lo que pienso. Al llegar estuve unos días malucho. Venía de Roma con una especie de anginas y gripe. He buscado más bibliografía y aprovecho los ratos libres en mi tesis. Ayudo aquí en lo que me ha dicho Amadeo[169]. Sigo haciendo de capellán familiar.

---

167 Testimonio de Florencio Sánchez Bella, AGP, JHG, T-00049, pp. 1-2.

168 Testimonio de Severino Monzó Romualdo, AGP, JHG, T-00244, p. 1.

169 Rev. D. Amadeo de Fuenmayor Champín (1915-2005). Doctor en Derecho Civil y Canónico. Catedrático de Derecho Civil en las Universidades de Santiago de Compostela (1943) y Complutense de Madrid. Decano de la Facultad de Derecho Canónico de la Universidad de Navarra. Miembro de la Real Academia de Jurisprudencia y Legislación. Pidió la admisión en el Opus Dei en 1939. Ordenado sacerdote en 1949, fue nombrado Consiliario y, más adelante, Dele-

Esta tarde tengo bautizo –una niña de mi hermano– y el otro día pude dar la Extremaunción a mi tío Ángel»[170].

Pocas semanas después regresó a Roma: «Ignacio está trabajando en su tesis a marchas forzadas. Yo no he tenido tiempo porque estuve dedicado a la prédica, con bastante intensidad. Tenemos billete en la TWA del día 26 de este mes»[171].

A finales de marzo regresan a España; desde allí escriben al Fundador: «Al llegar he dado dos tandas de ejercicios seguidas. En los ratos libres he trabajado en los últimos toques de la tesis. En estos días estoy dedicado al "último sprint" para entregarla para copiar a principios de la semana próxima. Ignacio está dando una tanda en Molinoviejo estos días y me parece que su trabajo también está dando las boqueadas. Padre, aquí muy contento, aunque cuando se viene del Colegio Romano se echa de menos todo aquel ambiente, tan cerca de Dios y tan de familia que hay allí. Hemos hablado Ignacio y yo de nuestra vuelta a Roma. No parece que podamos volver hasta pasado el día 20, para tener acabados nuestros trabajos aquí»[172].

Efectivamente, regresaron a Roma y allí continuaron los estudios de licenciatura. El 17 de mayo escribía a España para dar noticias de la marcha de los trabajos: «estaremos aquí hasta primeros de junio y así iremos a España, probablemente el 7 de junio, con la tesis leída, y no tendremos que volver más a Roma por razón de estu-

---

gado del Opus Dei en España. Colaboró en el desarrollo jurídico del Opus Dei hasta alcanzar su configuración definitiva como Prelatura personal.

170 Carta de José María Hernández Garnica a san Josemaría Escrivá de Balaguer, Madrid 21-XII-1955, AGP, JHG, A-803.

171 Carta de José María Hernández Garnica a José Luis Masot, Madrid 21-I-1956, AGP, JHG, A-805.

172 Carta de José María Hernández Garnica a san Josemaría Escrivá de Balaguer, Madrid 4-IV-1956, AGP, JHG, A-806.

dios. Tengo ganas de ir por ahí, para ayudaros y trabajar donde digáis. Esto de aquí, que tiene compensaciones, aparte de la presencia del Padre –que baja mucho estos días–, tiene también sus pejigueras. Ya tenemos los huesos un poco duros para examinarnos»[173].

En esas estancias en Roma, comentaba Severino Monzó, san Josemaría, consciente de la edad que tenían y del esfuerzo que les estaba pidiendo, procuraba volcarse: «El Fundador del Opus Dei, durante aquel tiempo de su estancia en Roma, tuvo muchos detalles con él. Le trataba con una gran confianza y cariño. Recuerdo que a D. Ignacio Orbegozo y a él, por expreso deseo del Fundador, se les habilitaron unas habitaciones en la zona correspondiente al Consejo General. Procuraban no disturbar el clima de trabajo, pero a la vez estaban cerca para ser requeridos por san Josemaría siempre que fuera necesario. Pienso que comían con frecuencia con él y estaban de tertulia. Recuerdo que debían de tener incomodidades, pero que llevaron con mucha alegría. D. José María era feliz al lado de nuestro Padre»[174].

Finalmente, logró redactar la tesis doctoral en Teología Moral, que defendió en la Universidad Lateranense en 1956 con la máxima calificación. Llevaba por título «La moral en los sistemas de intervención económica», y el director fue el famoso teólogo Pietro Palazzini[175].

En esos meses también colaboró en la preparación del Congreso General que se celebraría en Einsiedeln

---

[173] Carta de José María Hernández Garnica a Amadeo de Fuenmayor Champín, Roma 17-V-1956, AGP, JHG, A-808.

[174] Testimonio de Severino Monzó Romualdo, AGP, JHG, T-00244, p. 2.

[175] J. M. Hernández Garnica, *La moral en los sistemas de intervención económica*, Roma 1956, director Pietro Palazzini. XVIII + 340 pp. (orig., Archivo de la Facultad de Teología de la Pontificia Universidad Lateranense, Roma; fotocopia autenticada de la portada, índice y conclusiones, en AGP, JHG, E-1250).

En 1928

1934.

Foto de familia, Jose María Hernández Delas, Jose María, María, Fernando, abajo Mercedes y Adela Garnica.

11 de Mayo de 1944, con San Josemaría, Jose Luis Múzquiz y Álvaro del Portillo.

25 de Junio de 1944, Ordenación sacerdotal.

11 de Agosto de 1946.

18 de Agosto de 1948.

Molinoviejo, 2 de Octubre de 1953.

20 de Febrero de 1955.

12 de Octubre de 1955.

En Paris el 4 de Enero de 1959.

20 de Agosto de 1960.

En Schloss Karlslutst, Retz-Austria, durante un curso anual. De izquierda a derecha: Robert Bek, Dr. Werner Litzka, JMHG, Bernardo Cremades y Xavier Selles

Roma, 1969.

Julio de 1970, con Werner Schdmit en el número 6 de Orme Court, Londres, con el que fue desde Alemania para asistir a un curso anual en Wickenden Manor.

(Suiza). El Siervo de Dios, en una carta de esos días, manifiesta con sencillez su disponibilidad para lo que el Fundador requiera: «Me encargó estudiar las diversas posibilidades. El autobús sale más caro y el viaje dura más. Se puede hacer por tren y se llega a esa ciudad. O bien, haciendo noche en pueblo suizo, directamente. Para solucionar esto espero unos papeles el sábado próximo. Se puede hacer en coche y reservar en una agencia los hoteles. Padre, todo el trabajo que espero me encargue el curso próximo lo espero con mucha ilusión. No solo voy contento, sino encantado. Muchas ganas de verle»[176].

Los sacerdotes diocesanos

El Congreso General del Opus Dei en Einsiedeln (Suiza) fue, como los anteriores, conmovedor. Eran los primeros años del Opus Dei y se palpaba la abundante gracia de Dios. Se conservan algunos detalles del viaje narrados por Andrés Rueda[177]: «Fuimos desde Madrid hasta Einsiedeln en un pequeño coche Fiat 600 que conducía siempre D. José María. Pasamos por Pamplona, donde se incorporaron los que vinieron con nosotros. Con D. José María íbamos Juan Jiménez Vargas, José Javier López Jacoiste y yo. Cumplíamos el plan de vida (Santa Misa, Oración, Santo Rosario, Lectura del Evangelio, etc.), sin omitir nada. D. José María se preocupaba de adelantar esos actos de piedad lo más posible. El viaje fue alegre y sin perder tiempo. "No hemos venido a ha-

[176] Carta de José María Hernández Garnica a san Josemaría Escrivá de Balaguer, Madrid 18-VII-1956, AGP, JHG, A-812.

[177] Andrés Rueda Salaberry (n. 1922). Químico y Empresario. Nació en Madrid. Pidió la admisión en el Opus Dei en 1944. De 1961 a 1966 trabajó en París. Más tarde se trasladó a Roma, donde desempeñó trabajos al servicio del Consejo General. En 1994 regresó a Madrid, donde colabora en la Fundación Moncloa 2000.

cer turismo", dijo cuando se le insinuó hacer una parada que permitiera rezar en una iglesia. "Desde el coche podemos rezar", nos explicaba. Para ahorrar gastos, D. José María había metido en el maletero del coche una buena cantidad de alimentos en conserva. Era un aspecto de su carácter previsor que nos llenaba de admiración. Recuerdo su cara de satisfacción cuando conseguimos alojarnos en un caserón, en el sur de Francia, para pasar una noche. Aunque se ocupó de conducir el coche en todo el viaje, no acusó ningún tipo de fatiga. Iba siempre contento»[178].

En el Congreso General se decidió que el Consejo General del Opus Dei trasladara su sede a Roma. De ese modo, D. José María cesó en su cargo de Sacerdote Secretario Central con la misma sencillez con que lo había ejercido. Al regresar a España cambió de trabajos pastorales y dejó de colaborar en las tareas de gobierno de las mujeres del Opus Dei. Como recuerda Lourdes Toranzo, al cesar en su cargo se lo hizo saber «con frases muy expresivas: "D. José María se ha muerto... Yo me llamo Blas"»[179].

Le sustituyó D. Severino Monzó, quien, años después, escribió en su testimonio sobre el Siervo de Dios: «Con gran espíritu de servicio, puso a mi disposición sus conocimientos y su experiencia; sus comentarios llenos del gran sentido común, que tenía, y de su mucho amor a la Obra me ayudaron a conocer mejor y más rápidamente esas realidades apostólicas, que él conocía bien, y me llevaron a confiar en Dios y en la gracia para seguir impulsando, con la misma docilidad suya, al Fundador de la Obra, su crecimiento»[180].

---

178 Testimonio de Andrés Rueda Salaberry, AGP, JHG, T-01232, p. 1.
179 Testimonio de Lourdes Toranzo Fernández, AGP, JHG, T-00058, p. 5.
180 Testimonio de Severino Monzó Romualdo, AGP, JHG, T-00244, p. 1.

D. José María pasó a colaborar con el Consiliario del Opus Dei en España como Director espiritual. Su misión sería, no tanto de gobierno, como de ayuda en la tarea de atención espiritual y orientación doctrinal de los fieles del Opus Dei, con especial dedicación al impulso de los medios de formación que la Obra ofrece a los sacerdotes diocesanos[181].

Una vez más, se empleó a fondo en transmitir a aquellos primeros sacerdotes diocesanos el espíritu del Opus Dei, tal y como él lo había recibido del Fundador. Les fue visitando, conversando y conviviendo con ellos, derrochando amor a Dios y a las almas. De su tarea con esos sacerdotes, recuerda D. Florencio Sánchez Bella: «En 1957 acompañé a Chiqui a Molinoviejo a una convivencia con sacerdotes. Era él entonces Director Espiritual de la Región. Allí pude comprobar el cariño que puso en tratar a los sacerdotes que estaban en aquella convivencia. Ponía su gran corazón, procurando que sus conversaciones tuvieran un tono sobrenatural, sin sensiblerías ni frases hechas. Su cordialidad, aparentemente distante, la compensaba con sus bromas que llenaban de alegría las tertulias»[182].

Parte importante de la labor de la Sociedad Sacerdotal de la Santa Cruz consistió en fomentar la unidad con el obispo dentro del presbiterio de cada diócesis, de ahí que pusiera en marcha un plan de viajes para informar a los Ordinarios, antes de comenzar ese trabajo con los sacerdotes de las diócesis. Así lo deja reflejado en una carta al Fundador: «Los días 7 y 8 de marzo tendremos una convivencia con los que llevan la labor de la Sociedad Sacerdotal de la Santa Cruz para dar un impulso a esta labor. Espero que de esos días salga un buen fruto.

---

181 Cfr. F. LUCAS MATEO-SECO, R. RODRÍGUEZ OCAÑA, *Sacerdotes en el Opus Dei*, *op. cit.*, pp. 175-200.

182 Testimonio de Florencio Sánchez Bella, AGP, JIIG, T-00049, p. 2.

Estuve con Amadeo en León y el obispo quedó conforme con la labor de la Sociedad Sacerdotal de la Santa Cruz en su diócesis; es un paso. Mañana iremos a Sigüenza donde también hay buenas perspectivas. También hemos empezado en Madrid y antes de terminar el curso ya habrá resultados en la labor de proselitismo; es donde estaba bastante retrasado. La casa sigue con buen ambiente y dentro de pocos días tendremos terminado el oratorio y ya volveremos a dejar al Señor de una manera definitiva»[183].

Respecto a la organización de los sacerdotes del Opus Dei que atendían a los sacerdotes diocesanos de la Sociedad Sacerdotal de la Santa Cruz, dio orientaciones de gran sentido común: «Lo que hemos de evitar es que los sacerdotes numerarios estén en la carretera todos los días, llenos de agobio y desatendiendo la labor de la ciudad (apostólica y profesional). Creo que con estas líneas queda clara la labor que podéis hacer este año y que estoy seguro que será muy fecunda. Estoy leyendo tu libro estos días. Me gusta mucho»[184].

En sus cartas al Fundador aparece ya su ilusión en la nueva tarea: «Estuve ayudando a Amadeo unos días en la última convivencia de sacerdotes diocesanos. Da alegría ver qué bien responden a la formación de la Obra».

D. José María Casciaro, una de las personas que le ayudaba, decía: «Recuerdo la laboriosidad que imprimía al trabajo y la discreción con que lo llevaba y nos lo hacía llevar, dada la materia de que se trataba. En esa y en las otras ocasiones que he mencionado, era un ejemplo de piedad y unción sacerdotal, de buen espíritu y de

[183] Carta de José María Hernández Garnica a san Josemaría Escrivá de Balaguer, Madrid 24-II-1957, AGP, JHG, A-824.

[184] Carta de José María Hernández Garnica a Federico Suárez Verdeguer, Madrid 31-X-1956, AGP, JHG, A-815.

claridad mental. Al ayudarle en estos trabajos pude comprobar que se sabía de memoria las fiestas fijas y el santoral completo del año y muchos textos de san Josemaría»[185].

En sus cartas a san Josemaría de aquellos meses, le daba cuenta de los pormenores de su vida: «he estado en estos días poniendo un poco al día el trabajo de la Dirección espiritual. Como todavía no tenemos la casa terminada, hay pintores, etc., y no tengo lista la oficina, no puedo arreglar todavía las cosas como quisiera»[186].

A los pocos días realizó un viaje de exploración a Torreciudad, donde actualmente se levanta un Santuario mariano. En 1904 la madre de san Josemaría llevó allí a su hijo cuando apenas tenía dos años de edad. Aunque había nacido sano, sufrió una enfermedad infecciosa muy grave cuando tenía alrededor de año y medio. El médico de cabecera, Ignacio Camps Valdovinos, que era amigo de su padre, José Escrivá, llegó a decirle que de esa noche no pasaría. Los padres de san Josemaría reaccionaron como buenos cristianos y, después de rezar abandonándose en la Voluntad de Dios, prometieron que, si el niño sanaba, lo llevarían en peregrinación a la ermita de Torreciudad. A la mañana siguiente el doctor Camps fue a visitar la casa de los Escrivá y preguntó a qué hora había muerto el niño. José Escrivá le respondió que se había curado, lo que pudo comprobar el propio médico. Tiempo después, cumplieron la promesa y peregrinaron en acción de gracias a Torreciudad.

En los planes de san Josemaría para Torreciudad colaboró D. José María Hernández Garnica. Así lo recor-

---

185 Testimonio de José María Casciaro Ramírez, AGP, JHG, T-00012, pp. 3-4.

186 Carta de José María Hernández Garnica a san Josemaría Escrivá de Balaguer, Madrid 12-XI-1956, AGP, JHG, A-816.

daba D. Florencio Sánchez Bella: «En octubre de 1956 fue Chiqui con algunos más a localizar y conocer la ermita dedicada a Nuestra Señora de Torreciudad, cerca de Barbastro. Tuvieron que ir caminando desde Bolturina hasta el santuario por un terreno muy abrupto, por el que no podían circular vehículos. Cuando se iniciaron los trabajos de construcción del nuevo santuario, Chiqui se llevó una gran alegría. Entendió perfectamente la magnitud de la obra que se emprendía gracias al amor a la Virgen que tenía el Padre. En las distintas ocasiones en que nos encontramos a lo largo de aquellos años, se interesó por la marcha de las obras y nos animaba a vencer todos los obstáculos que se presentaban. Decía que daríamos una alegría muy grande al Padre y que cuando se concluyesen sería un lugar espléndido para fomentar peregrinaciones de todos los sitios para honrar a la Santísima Virgen, logrando conversiones y el fomento de la piedad mariana»[187].

También en aquellos días rezó intensamente por la enfermedad que padecía D. Álvaro del Portillo[188]: «He leído las últimas noticias suyas. Ya empecé el mismo día que leí la nota suya a celebrar las 30 misas por sus intenciones. Ya comprende lo que estoy encomendando a Álvaro para que Dios le ponga bueno y pueda seguir trabajando como hasta ahora. Me da mucha pena esta enfermedad por él y por Vd. Estoy seguro de que el Señor nos lo pondrá bueno enseguida. Trabajo en la Dirección Espiritual, pero no puedo rendir lo que desearía,

---

[187] Testimonio de Florencio Sánchez Bella, AGP, JHG, T-00049, p. 2. «El día 21 de octubre de 1956, con D. Juan Domingo Celaya y José Manuel Casas Torres, acompañé a D. José María a "explorar" la ermita de Torreciudad, pues él había llegado de Madrid la víspera trayendo una estampa de la Virgen de Torreciudad, que nuestro Padre había enviado desde Roma». Testimonio de José Orlandis Rovira, AGP, JHG, T-00041, p. 1.

[188] Cfr. A. VÁZQUEZ DE PRADA, *El Fundador del Opus Dei*, *op. cit.*, Vol. III, p. 130, nota 130.

porque no está todavía listo el sitio, aunque espero que pronto lo terminarán de arreglar; y también por las ausencias que he tenido de Madrid»[189].

D. José María, en plan de broma, resaltaba la aridez que encontraba en los trabajos de oficina: «Uno de estos días es probable que vayamos Amadeo y yo a León para ver si se resuelven favorablemente los asuntos de la Sociedad Sacerdotal de la Santa Cruz en esa ciudad; creo que sí. Voy viendo algunas cosas para hacer un proyecto para la colección que Vd. me dijo. Ya se lo escribiré; estos asuntos, yo que soy "rural", siempre me cuestan»[190].

A continuación se detiene con la muerte de tía Carmen, la hermana del Fundador de la Obra a quien había conocido y tratado desde 1937. Dejando su propio dolor, se concentra en apoyar a san Josemaría: «Esta última temporada le he encomendado más especialmente, pues ha tenido que ser para Vd. muy duro que el Señor se nos haya llevado a Carmen. Cuando se adquiere vida interior y aunque estemos unidos a Dios y amemos su voluntad, se siente con más fuerza la desaparición de los seres queridos. Más con Carmen, que tanto se ha hecho querer de todos por su bondad y las pruebas constantes de espíritu sobrenatural y de servicio que de ella hemos recibido. Estoy seguro que habrá recibido un premio en el cielo y estará bendiciéndonos a todos, y será una ayuda poderosa que tenemos en el cielo. Me da alegría que se arregle todo lo que tenga entre manos para que pueda descansar una temporada. Tendríamos que pedírselo más a menudo». Termina con referencias a su trabajo: «Cuando termine esta convivencia en Molinoviejo haré el informe y se lo enviaré enseguida. Aunque no

189 Carta de José María Hernández Garnica a san Josemaría Escrivá de Balaguer, Madrid 1-XII-1956, AGP, JHG, A-817.

190 Carta de José María Hernández Garnica a san Josemaría Escrivá de Balaguer, Madrid 11-I-1957, AGP, JHG, A-820.

tengo seguridad de hacerlo en la forma debida. Ya sabe, Padre, que no tengo demasiadas dotes –por no decir ninguna– para escribir (...). Padre, espero que me encomiende el día 28 de julio que empieza mi año 23 en la Obra. Cuántas gracias tengo que dar a Dios y a Vd. que me han hecho conocer este camino de felicidad –no me cambiaría por nadie– y de servicio a Dios»[191].

Finalmente, colaboró con el comienzo de la labor de la Prelatura de Yauyos encomendada al Opus Dei por la Santa Sede, buscando algunos sacerdotes que, con el permiso de sus obispos respectivos, estuvieran dispuestos a trabajar pastoralmente en aquellas tierras[192].

Una vez reunidos un pequeño grupo de ellos, sucedió un imprevisto. El barco que iba a salir de Santander canceló la travesía y los pasajeros quedaron en tierra. D. José María acudió a su madre, que estaba veraneando en Noja, a unos kilómetros de la capital de Cantabria. Así lo recordaba una de sus sobrinas: «En agosto de 1957 fue a Noja con tres o cuatro sacerdotes Agregados que se iban a trabajar a Yauyos (Perú): todavía se recuerdan los nombres de Mosén Pèlach, de un D. Frutos, que venía de Segovia, y de otro, que era de un pueblo de Navarra llamado Pitillas. La nave en la que embarcarían en Santander había tenido una avería y retrasó su salida, sin previo aviso, por 4 o 5 días. Chiqui, que les acompañaba, se los llevó a Noja a casa de su madre, y le dijo que esos sacerdotes se iban al Perú y que tenían que tratarlos como su familia»[193].

---

191 Carta de José María Hernández Garnica a san Josemaría Escrivá de Balaguer, Ortigosa del Monte, Segovia, 18-VII-1957, AGP, JHG, A-832.

192 Cfr. F. Requena y J. Sesé, *Fuentes para la historia del Opus Dei, op. cit.*, pp. 111-114. Cfr. S. Valero, *Yauyos. Una aventura en los Andes*, Rialp, Madrid 1990, pp. 15-89. E. Pèlach, *Abancay. Un obispo en los Andes peruanos*, Rialp, Madrid 2005, pp. 11-43.

193 Testimonio de María y Teresa Temes Hernández, AGP, JHG, T-00060, p. 4.

D. José María actuó con rapidez y logró situarlos en otro barco para no retrasar demasiado la marcha. Así lo resumía en una carta al Fundador de la Obra: «Me fui enseguida a Santander y allí se confirmó que, por avería del barco Reina del Pacífico, se había suspendido el viaje. Como en la compañía no daban soluciones y veía que el problema se agravaría si nos dormíamos, me fui al Director del Banesto, que siempre está muy amable con todos los de la familia, dispuesto a hacer todos los servicios que se le pidan. Inmediatamente me localizó que la única solución, económica, era el barco Marco Polo que salía de Barcelona el 2 de septiembre. Nos acompañó a ver al representante y conseguimos el día siguiente las plazas»[194].

[194] Carta de José María Hernández Garnica a san Josemaría Escrivá de Balaguer, Madrid 7-IX-1957, AGP, JHG, A-836.

Capítulo III
LA EXPANSIÓN POR EUROPA

En 1957 comenzó el Siervo de Dios su andadura europea. En ese año, san Josemaría le encargó la dirección de los apostolados del Opus Dei en Francia. Desde entonces hasta su muerte en 1972, vivió fuera de España, pasando de un país a otro. Saboreó el gozo y el sufrimiento de los comienzos en diversos países: roturar el camino, abordar problemas nuevos, adaptarse a culturas e idiomas distintos, trabajo apostólico con personas provenientes de otras religiones, etc. Y la tarea más importante: formar a aquellas primeras generaciones de fieles del Opus Dei como san Josemaría le había formado a él.

Los que trabajaron con él recuerdan su fe inquebrantable en Dios y la seguridad de que, con la oración, el sacrificio y el trabajo constante, llegarían los frutos, aunque tardaran en verse.

Durante esa época, desempeñó diversos cargos de gobierno en los países donde trabajaba pero no se daba ninguna importancia. Su preocupación era pasar inadvertido y servir a todos. No imponía su criterio, sino que procuraba y en todo hacer las cosas como las habría hecho san Josemaría.

En cada país era recibido como uno de los mayores en el Opus Dei, pero evitaba todo protagonismo, como pudieron apreciar quienes convivieron con él. Resumía así D. Luis Carrión[1]: «No hablaba de sí mismo y, cuando le forzábamos a hacerlo con cualquier motivo, por ejemplo, la narración de acontecimientos de la historia de la Obra, contaba los sucesos con sencillez y precisión, pero procurando ponerse a sí mismo modestamente en la sombra»[2]. Si le preguntaban por algún hecho histórico en el que hubiera intervenido, sabía desviar la respuesta hacia el Fundador, expresando la idea de que junto a él era muy natural vivir vida de fe, porque la comunicaba. Ahora bien, entre sus puntos de insistencia, en aquellos años, había uno de particular importancia; recordar a todos la sobrenaturalidad de la vocación y la eficacia de trabajar en el servicio de Dios, de la Iglesia y de las almas.

Sigue diciendo D. Luis Carrión: «Coincidí con él en Oxford, con motivo de una convivencia. D. José María se hizo verdaderamente todo para todos y se volcó en detalles y en cariño. Prácticamente en todas las tertulias nos fue contando cosas de la historia de la Obra desde los primeros tiempos. Se veía que no era un mero narrador que contaba a otras personas cosas que sabía, sino alguien que comunicaba a sus hermanos acontecimientos familiares, unos corrientes y otros extraordinarios, y con frecuencia dramáticos, que él llevaba metidos en el alma y que eran parte de su vida, de su propia historia personal, aunque él apareciera solo en contadas ocasiones.

---

[1] Rev. D. Luis Carrión Sastre (n. 1930). Licenciado en Medicina y Doctor en Teología. Se ordenó sacerdote en 1956. Pasó varios años en Francia, Irlanda y luego en Canadá, donde fue Vicario Regional.

[2] Testimonio de Luis Carrión Sastre, AGP, JHG, T-00011, p. 9.

»Me llamaba la atención –siempre me llamó la atención– la habilidad y elegancia con que sabía ocultarse y desaparecer, omitir cosas que se referían a su persona o contarlas someramente, sin detenerse y sin darles importancia, cuando le preguntábamos. Se creó un ambiente muy de familia, y al mismo tiempo muy sobrenatural. Yo diría que aquellas narraciones nos alcanzaron a todos de lleno, nos hicieron palpar la acción de Dios en el caminar de la Obra y pienso que al final salimos todos de aquel curso con el alma llena de agradecimiento y con renovada ilusión, y con ganas de arrimar el hombro como lo hicieron nuestro Padre y los primeros»[3].

La escasez de medios materiales y de personas nunca le frenó en el desarrollo de la labor apostólica, ni siquiera cuando ya tenía una edad avanzada y aparecieron achaques de salud: su rinitis y la sinusitis crónica que padecía le llevaban a estar frecuentemente acatarrado. Sin embargo, el clima húmedo, las precipitaciones y bajas temperaturas del invierno en Europa central no le impedían hacer vida normal, con buen humor, porque ofrecía a Dios esas molestias. Lo sobrenatural y lo humano se iban enlazando armoniosamente en la vida de D. José María.

Fue Vicario regional de Francia entre 1957 y 1959; Delegado del Fundador para Inglaterra, Francia e Irlanda, desde septiembre de 1959; en 1961 pasó a ser Delegado para Alemania y Austria; en 1966 volvió a Inglaterra como Sacerdote Secretario Regional, y en 1967 regresó a Alemania primero como Delegado y en 1969 como Sacerdote Secretario. En esos más de diez años recibió, además, otros encargos del Fundador, acudió a

[3] *Ibíd.*, p. 6.

Roma en diversas ocasiones, asistió a los Congresos Generales del Opus Dei, etc.

Por otra parte, D. José María vivía intensamente en el mundo que le había tocado vivir; ese era su ámbito de santidad y de ejercicio de las virtudes cristianas. Se avecinaban momentos difíciles para la historia de la Iglesia y, especialmente, en Europa.

La llegada al papado del Beato Juan XXIII, que contaba con 77 años, produjo una oleada de optimismo en toda la Iglesia. En el Consistorio del 25 de enero de 1959, el Santo Padre marcó los tres grandes objetivos de su pontificado: el anuncio de un Sínodo Romano, la reforma del Código de Derecho Canónico y la convocatoria de un Concilio Ecuménico.

Como describía desde Alemania el entonces cardenal Ratzinger, testigo de excepción en esos años: «A principios de los años 60 estaba a punto de entrar en escena la generación de la posguerra; una generación que no había participado directamente en la reconstrucción, que encontraba un mundo ya reconstruido, y buscaba, en consecuencia, otros motivos de compromiso y de renovación. Había una atmósfera general de optimismo, de confianza en el progreso. Además, todos en la Iglesia compartían la esperanza en un sereno desarrollo de su doctrina»[4].

Así pues, los años sesenta de la Iglesia en Europa se movieron entre dos polos: la preparación y recepción del Concilio Vaticano II, que trajo una doctrina muy rica, de la cual la Iglesia debe seguir extrayendo muchos frutos, y el otro polo: la aparición de un fenómeno de contestación dentro de la Iglesia que amenazó con hacer sucumbir la autoridad del Magisterio de la Igle-

[4] J. Ratzinger, *Informe sobre la fe*, BAC, Madrid 1985, p. 131.

sia[5]. El hecho fue que, junto a grandes frutos, también se produjeron situaciones de desorientación en muchos fieles y sacerdotes. Finalmente, el desarrollo económico amenazó con secularizar muchos ambientes.

D. José María llegó a Francia en 1957. Allí trabajaban, desde comienzos de los años cincuenta, algunas personas del Opus Dei. En esos años tuvieron que explicar una y otra vez que el Opus Dei no era español, sino de entraña y raíz universal y, a la vez, contrarrestar algunas de las calumnias que llegaban de España. Se trataba del mismo problema con el que se enfrentaron otros miembros en tantos países. Como afirmaba D. José Luis Múzquiz, refiriéndose a Estados Unidos: «España no estaba bien considerada en muchos ambientes internacionales y, en aquellos tiempos, la expansión por otros países solo se podía hacer a base de españoles»[6].

En Francia

Las disposiciones del Siervo de Dios al llegar a Francia las resume en una carta al Fundador del Opus Dei: «Después de una ausencia bastante larga de Madrid, he vuelto para estar unos días que me servirán para arreglar los papeles antes de irme a París. Encomiendo la labor de Francia con ilusión, aunque veo que es duro comenzar, pero procuraré acometerlo con ilusión para ser una ayuda para Vd. Espero mucho de la

[5] Cfr. J. ORLANDIS, *La Iglesia Católica en la segunda mitad del Siglo XX*, Palabra, Madrid 1998, pp. 96-97. «Determinada "contestación" de ciertos teólogos lleva el sello de las mentalidades típicas de la burguesía opulenta de Occidente. La realidad de la Iglesia concreta, del humilde pueblo de Dios, es bien diferente de cómo se la imaginan en esos laboratorios donde se destila la utopía». J. RATZINGER, *Informe sobre la fe*, *op. cit.*, p. 4.

[6] JOSÉ LUIS MÚZQUIZ DE MIGUEL, *Mis recuerdos del Padre*, AGP, RHF, D-04417, 252.

oración de todos para seguir adelante la labor comenzada en ese país. Veo que la única solución es ser santo y me veo tan lejos, que por eso me tranquiliza el que pedirán por mí y por el trabajo con esas gentes»[7].

Pocos días después, el 22 de noviembre, se instaló en París, después de ponerse en las manos de la Virgen: «Llegué ayer a París; antes tuve la suerte doble de pasar por Lourdes. Confío en que encomendáis mucho la labor de París y veremos cómo se pone esto en marcha. Soy optimista, aunque la realidad que me encuentro no es todo lo positiva que desearíamos»[8]. Cuando llegó a París en 1957, hacía ya varios años que trabajaban allí personas del Opus Dei.

«Los cargos son cargas», solía repetir san Josemaría, y él lo vivía con naturalidad. Lo corrobora Amelia Díaz-Guardamino Echeverría: «Pensé en esa característica tan marcada de D. José María, que ya había tenido ocasión de comprobar años antes: el servicio a los demás, y muy concretamente a sus hermanas, por las que se desvivía en todos los aspectos. Para él, ser Consiliario de Francia era eso: servir a los de esa Región, si era necesario también materialmente, y los cargos, como nos había explicado tantas veces en las clases sobre el espíritu de la Obra, no comportan un honor, sino el deber de desvivirse por los demás»[9].

Desde luego, el panorama que se encontró no era muy alentador. «Seguimos contentos y con ilusión el trabajo en este país. Hemos rememorado en la fiesta de la Inmaculada toda la labor, para que nos guíe y sepa-

---

[7] Carta de José María Hernández Garnica a san Josemaría Escrivá de Balaguer, Madrid 7-IX-1957, AGP, JHG, A-836.

[8] Carta de José María Hernández Garnica a Severino Monzó Romualdo, París 23-XI-1957, AGP, JHG, A-841.

[9] Testimonio de Amelia Díaz Guardamino Echeverría, AGP, JHG, T-00015, p. 8.

mos hacer lo que Vd. quiere. Ayer tuvimos un retiro y quedamos contentos porque se hizo buena labor. Acudió una persona. En el fin de semana próximo estamos organizando una tarde de ejercicios. Veremos si se consiguen 3 o 4»[10].

Además de las tareas ordinarias de formación y gobierno, de la atención espiritual de quienes se acercaban a la labor apostólica y del trato frecuente con los obispos y autoridades eclesiásticas, D. José María se propuso dos objetivos concretos: la búsqueda de una casa adecuada donde pudiera instalarse una residencia de estudiantes universitarias. El segundo objetivo era más básico: sostenerse económicamente. Los que vivían entonces en París eran casi todos estudiantes, con poco poder adquisitivo para mantener la casa: «Nos da alegría ocupar tiempo en buscar solución a la casa de las mujeres, porque siempre ha sido así como se han encontrado nuestras casas y nos da ocasión para rezar y mortificarnos. Aunque me doy cuenta de que es algo provisional y que cuanto más provisional sea mejor, empezaré a trabajar unas horas por las mañanas. De momento hace falta para la economía doméstica y me permitirá tratar a algunos señores»[11].

En el final de este párrafo se alude con sencillez al plan que se había trazado para buscar dinero con pequeños trabajos remunerados, que fueran compatibles con la dirección de la labor y la atención pastoral de muchas almas. Esos trabajos consistieron sobre todo en realizar traducciones para empresas de ingeniería, como recordaba l'Abbé Romero: «Todos participábamos en esas traducciones pero, en su calidad de Inge-

[10] Carta de José María Hernández Garnica a san Josemaría Escrivá de Balaguer, París 9-XII-1957, AGP, JHG, A-843.

[11] Carta de José María Hernández Garnica a san Josemaría Escrivá de Balaguer, París 16-XII-1957, AGP, JHG, A-845.

niero, D. José María era el coordinador. Durante años, él trabajó en esas traducciones»[12].

También los testimonios de esa época hacen referencia a los trabajos manuales que llevaron a cabo, como el de D. José Miralles[13], que convivió con el Siervo de Dios en París: «La situación económica del Centro no era brillante y, en lugar de comprar algunos muebles que necesitábamos, D. José María decidió que podíamos fabricarlos nosotros mismos. Con la colaboración de todos los de la casa, se compraba la madera y todo el material necesario, y nos dedicábamos, después de nuestras actividades profesionales, a estos trabajos de carpintería. D. José María se quitaba la sotana y, con la sierra o el martillo en la mano, atacaba los proyectos que él mismo había imaginado»[14].

Asimismo, D. José María abordó el problema de la alimentación. Les hizo ver que era mucho más barato y más saludable cocinar que comer alimentos prefabricados, por lo que les enseñó a cocinar, y en poco tiempo comprobaron el ahorro que suponía.

En todas esas tareas el Siervo de Dios actuó con un planteamiento sobrenatural. Lo expresaba en una carta a san Josemaría: «Recibimos con la alegría consiguiente las letras que nos puso para felicitarnos las Navidades y el Año Nuevo. Hemos celebrado las Navidades estupendamente, con gran alegría y muy unidos a todas las Regiones y, más especialmente, con Roma y, claro, con Vd. Hemos rezado junto al Belén y le hemos pedido al Niño-Dios para que nos regale muchas vocaciones en este año, aquí en Francia. Al día siguiente de

12 Testimonio de Agustín Romero González, AGP, JHG, T-01301, pp. 3-4.

13 Rev. D. José Miralles Sintes (1929-1998). Licenciado en Medicina. Pidió la admisión en el Opus Dei en 1950. Ordenado sacerdote en 1966, fue Vicario Regional de Francia hasta 1971, que regresó a España.

14 Testimonio de José Miralles Sintes, AGP, JHG, T-00035, p. 1.

Navidad hemos tenido ejercicios. Yo los he dirigido y todos los de la casa los han hecho. Creo que los han hecho muy bien. He quedado muy contento porque he podido comprobar lo buenos que son todos los que están aquí. Lo único que hace falta es que yo los sepa llevar»[15].

D. José Miralles resumía así la vida de D. José María: «Era un hombre muy fiel al Padre, que se apoyaba muchas veces en él para ir resolviendo situaciones o problemas que se planteaban a la Obra en distintos lugares. De ahí sus distintas misiones a las que respondía con una disponibilidad total. Era muy sobrenatural, con gran inteligencia, rápido, expeditivo, claro. De gran simpatía, con don de gentes; era muy fácil quererle. Su manera de hablar francés no era perfecta pero sí lo suficientemente buena para que no representara un obstáculo para su trato con la gente, su predicación y su apostolado. Su comportamiento siempre fue ejemplar. Nos animaba mucho a ser muy fieles al espíritu de la Obra y al Padre. Cuando alguna vez tenía que corregirnos, lo hacía con claridad y energía pero, a la vez, con corazón. Se caracterizaba por un gran realismo, no era un soñador y a la vez tenía un gran sentido sobrenatural. Iba a lo concreto y nos enseñaba a ser así. Su lenguaje era de frases cortas, claras. Cumplía el plan de vida con gran naturalidad. Siempre fue para nosotros un gran ejemplo en todo»[16].

En estos años realizó un esfuerzo para adecuar su predicación. Aunque el espíritu del Opus Dei era el mismo para todo el mundo y todas las personas, las circunstancias y las coordenadas culturales variaron en cada país en el que vivió. Exponía la doctrina de la Igle-

---

15 Carta de José María Hernández Garnica a san Josemaría Escrivá de Balaguer, París 1-I-1958, AGP, JHG, A-847.

16 Testimonio de José Miralles Sintes, AGP, JHG, T-00035, p. 1.

sia y el espíritu del Opus Dei siempre de un modo nuevo y atractivo. Así lo decía él mismo en una meditación: «no se puede olvidar que hemos de poner en nuestro trato apostólico una personal simpatía, que es manifestación de hacer las cosas con ilusión y cariño, y no como un mandado; de este modo contribuiremos para que las cosas de nuestra fe y de nuestra vida interior dejen de tener un aspecto árido y aburrido»[17].

Como había aprendido del Fundador, en la predicación y en la tarea de gobierno recalcaba la importancia de la libertad. Lo expresaba con fuerza: «Me siento libre al aceptar toda esa doctrina que la Obra nos proporciona. La valoro, la aprecio, y me veo feliz al recibirla y al contemplar todas las posibilidades que esa doctrina contiene»[18]. Años después, recuerda una persona la formación que impartía D. José María: «imprimió en mí, para siempre, algo fundamental del espíritu del Opus Dei que hasta ese momento no me había planteado en su necesaria radicalidad: la libertad individual del hombre y su responsabilidad en todo acto. No recuerdo haber sentido nunca "el peso" de tener que ser santa y de hacer apostolado, sino la "ilusión" de contagiar el amor de Dios al mundo entero»[19].

Esto exigía del Siervo de Dios una esmerada preparación de las pláticas y meditaciones para que fueran atractivas. Testimoniaba D. Alfonso Par: «Le recuerdo preparando las meditaciones, yendo y viniendo por el pasillo delante de su cuarto. No solía escribirlas ni llevar notas escritas. Las llevaba metidas en la cabeza. Eran meditaciones muy vivas, amenas, prácticas, salpicadas con anécdotas sacadas de la vida y que venían al

[17] José María Hernández Garnica, *Meditaciones*, 9-VI-1972, AGP, JHG, E-72, p. 3.

[18] *Ibíd.*, p. 2.

[19] Testimonio de Carmen Mouriz García, AGP, JHG, T-00037, p. 2.

pelo para ejemplificar la doctrina e ilustrar el tema de la meditación. Con mucha frecuencia, al predicar hacía referencia a la doctrina, a sucesos de la vida de nuestro Fundador. Además, cuando los asistentes eran solo miembros de la Obra, procuraba hacernos calar a fondo la mente de nuestro Fundador. Eran meditaciones que no solo ayudaban a la vida interior, sino que formaban en la doctrina y el espíritu de la Obra. D. José María era un gran observador, es decir, que, para exponer el tema de la meditación, era muy parco en el uso de explicaciones abstractas, prefería sacar punta a los sucesos actuales de la vida corriente de los que se hablaba en la prensa, en la televisión, etc., y que eran un ejemplo agradable y ameno al punto de doctrina que quería tratar»[20].

En aquellos años, D. José María se enfrentó al problema del desaliento ante la escasez de frutos apostólicos: una característica en las obras de Dios, que requieren la roturación de la oración y el sacrificio hasta que Él envía los primeros frutos. De hecho, en París, donde llevaban trabajando varios años sin muchos frutos tangibles, notaban esa paciente espera. El Siervo de Dios lo expresaba en una carta: «Todos en casa contentos, solamente, Padre, necesitan inyecciones de optimismo. Lo comprendo porque tienen encima todo el trabajo de estos años pasados. Mañana tenemos retiro y parece que vendrán algunos muchachos. Nos da alegría que vayan respondiendo, aunque, si no viniese nadie, también nos alegraría porque sabemos que todo el trabajo es útil y fructífero»[21].

Es llamativo el realismo y el sentido sobrenatural con el que se desenvolvía, y que se hacen patentes en sus

---

[20] Testimonio de Alfonso Par, AGP, JHG, T-00043, p. 12.

[21] Carta de José María Hernández Garnica a san Josemaría Escrivá de Balaguer, París 22-II-1958, AGP, JHG, A-856.

cartas: «Mañana tenemos un retiro. Hemos preferido hacerlo el sábado por la tarde; parece que es más fácil encontrar gente para esas horas. Después del retiro daremos una cena fría (claro es, que pagando) y así podemos organizar luego una tertulia. Hay nueve ya comprometidos, cosa para aquí insólita. Estoy seguro de que, si somos fieles, el año que viene serán 900 en los retiros de estudiantes jóvenes que organicemos en Francia»[22].

San Josemaría, desde Roma, impulsaba la expansión del Opus Dei en el mundo y, siempre que podía, les acompañaba con rápidos viajes, para alentarles. Por ejemplo, en 1958, unos meses después de su llegada a París, recibieron una visita del Fundador, y así lo expresaba D. José María en una carta: «Todavía con el buen sabor de boca de la estancia suya en París. Verdaderamente aquí estamos de suerte. Todos están encantados y admirados de todo el tiempo que nos ha dedicado. ¡Nosotros, que somos tan poco, en toda la labor de la Obra!»[23].

El proyecto de instalar dos residencias de estudiantes en París fue una gran ilusión de san Josemaría en la que el Siervo de Dios puso todo su empeño. Como recordaba D. José Miralles: «Siguiendo las indicaciones que nos daba nuestro Padre, seguíamos buscando con empeño un inmueble donde poder instalar una Residencia para estudiantes. Aunque estas gestiones ya se habían iniciado desde la llegada de los primeros a París, no terminábamos de encontrar la solución. D. José María, al llegar, asumió este proyecto. Seguíamos los anuncios que se publicaban en los periódicos. Teníamos contacto con muchas agencias inmobiliarias y vi-

---

22 Carta de José María Hernández Garnica a san Josemaría Escrivá de Balaguer, París 14-III-1958, AGP, JHG, A-861.

23 Carta de José María Hernández Garnica a san Josemaría Escrivá de Balaguer, París 1-II-1958, AGP, JHG, A-852.

sitábamos todo lo que nos proponían. A pesar de todos nuestros esfuerzos, no conseguimos encontrar lo que hubiera podido ser la primera Residencia de estudiantes de París, que tanto ilusionaba a nuestro Padre»[24].

En cambio, continúa D. José Miralles, la residencia femenina sí fue posible lograrla: «Para preparar la venida de nuestras hermanas a París, íbamos buscando también un inmueble que pudiera ser residencia para universitarias y donde pudieran alojarse de momento las Numerarias que iban a llegar. Así se encontró el 122 Boulevard Bineau, en Neuilly-sur-Seine. D. José María se encargó inmediatamente del proyecto y de la fabricación del altar y retablo del oratorio de esa casa. En el centro del retablo pusimos un crucifijo grande de bronce comprado a buen precio en una fábrica de objetos de culto que estaba en liquidación. Alrededor del crucifijo, una serie de escenas de la vida de Jesús y de María que procedían de una publicación grande editada por la Unesco con imágenes bizantinas. Estas reproducciones se sacaban del libro y se pegaban en el lugar adecuado. D. José María les daba una pátina para "envejecerlas". Y, entre todos, fuimos dorando con panes de oro el retablo y el altar»[25].

De todas formas, quedaba un problema por resolver: lograr el dinero necesario para hacer frente a la compra del edificio. Por esas fechas, Chiqui pidió dinero a su madre. Doña Adela lo contaba luego así: «vino a verme y casi sin preámbulos me dijo: "vengo como el hijo pródigo, a pedirte la parte de la herencia que me corresponde". Hablamos de otras cosas y, cuando vi que hacía ademán de irse, le pregunté: "ya sé que no te lo vas a gastar en meretrices y gente así, pero

24 Testimonio de José Miralles Sintes, AGP, JHG, T-00035, p. 2.
25 *Ibídem*.

sí que me gustaría saber dónde va mi dinero". Me habló de la casa de París, que se llamaría Rouvray... Le dije: "Curioso. El dinero lo hizo tu abuelo, que era marino, luchando con los franceses, y ahora vuelve a Francia"»[26].

Efectivamente, las primeras mujeres del Opus Dei llegaron a París el 14 de junio. Ninguna de ellas supo cómo se había conseguido la casa hasta años después. Amelia Díaz-Guardamino narraba lo que le transmitió san Josemaría en una conversación, antes de marcharse a París: «Me contó lo difícil que había sido dar ese primer paso. D. José María, después de hacer muchas gestiones infructuosas, le pidió permiso para "hacer de hijo pródigo" para pedir a su madre que le diera en vida la parte de la herencia que le correspondía, y poder cubrir los gastos con ese dinero. Aunque la solución no era usual, se lo concedió, con el fin de que no se retrasara más el traslado de las mujeres de la Obra a Francia. Poco después de mi llegada a París, un día, en una tertulia, hablando de D. José María, conté lo que me había dicho nuestro Padre, y vi cómo se emocionaban, especialmente algunas que estaban en Francia desde el inicio de la labor. "Cuando llegamos aquí solo sabíamos que alguien había dado una cantidad de dinero muy fuerte, que había hecho posible la compra del inmueble, sin que tuviéramos que soportar intereses y devoluciones de créditos, con los que no hubiéramos podido cargar, por lo escasos que eran nuestros ingresos. D. José María nunca nos dijo de dónde había venido ese dinero, pero yo siempre he rezado por ese o esos bienhechores anónimos", comentaba la responsable de los asuntos económicos»[27].

---

[26] Testimonio de María y Teresa Temes Hernández, AGP, JHG, T-00060, pp. 4-5.

[27] Testimonio de Amelia Díaz-Guardamino Echeverría, AGP, JHG, T-00015, p. 26.

Aquel primer oratorio contó también con una contribución directa de san Josemaría. El 25 de junio de 1959, D. José María Hernández Garnica fue llamado a Roma para celebrar, junto a D. Álvaro y D. José Luis Múzquiz, el 15º aniversario de su ordenación sacerdotal. Antes de volver a París, san Josemaría le preguntó qué quería llevarse y D. José María contestó que todo lo necesario para que se pudiera celebrar la Misa en Rouvray. Como recordaba Lena Serpa: «Nuestro Padre le dijo que le parecía mucho peso para el viaje, pero D. José María aseguró que no importaba. Así que llegó a París cargadísimo, con un sagrario, todos los vasos sagrados, bandejas, vinajeras, misales y sacras de altar, campanilla, ornamentos de todos los colores litúrgicos, lienzos de altar… Y se puso a fabricar un altar y ¡el retablo! Cuando Ana María y yo llegamos de Roma el 11 de julio, ya se había celebrado la Santa Misa el 9 de julio y el Señor se había quedado en el sagrario»[28].

Al poco tiempo de regresar de Roma dio la noticia de la instalación de la ansiada residencia: «Esta mañana hemos podido dejar al Señor en la casa de las mujeres. Hemos fabricado y ornamentado un altar que queda digno, aunque sea provisional. La habitación de encima queda cerrada y sin uso y nos evitamos el poner un doble techo. He tenido gran alegría en poder dejarles el Santísimo»[29].

Por aquellos años, María, hermana del Siervo de Dios, fue en una ocasión con su marido a visitarle a París. D. José María les enseñó la Residencia Rouvray. Vieron también el oratorio donde él había trabajado mucho en el retablo, la carpintería del altar y el policromado. Su hermana, al verlo, le comentó que eso era un milagro de la Obra.

[28] Testimonio de Lena de Serpa, AGP, JHG, T-01294, p. 1.

[29] Carta de José María Hernández Garnica a san Josemaría Escrivá de Balaguer, París 9-VII-1958, AGP, JHG, A-885.

«Porque de pequeño "eras un manazas, deshacías un reloj y, al armarlo de nuevo, siempre te sobraban piezas". Él contestó: "la gracia de Dios actúa cuando se la necesita"»[30].

Aunque viviera en Madrid o en París, procuraba estar unido a la persona e intenciones del Fundador. Era consciente del inmenso trabajo que recaía sobre sus hombros. Por eso deseaba sostenerle con su oración y sus sacrificios, y con la responsabilidad de realizar enseguida los encargos que le daba. Pero también discurría en cómo ayudarle para el necesario descanso. En esas fechas propuso a san Josemaría que pasara parte del verano en Londres: un lugar fresco y tranquilo, fuera del calor agobiante de Roma.

Testigo de aquellos hechos fue Mary Rivero: «En el año 1958, un día nuestro Padre nos llamó a Encarnita y a mí, porque nos quería leer una carta de D. José María. A modo de preámbulo tengo que decir que, muchas veces, le habíamos sugerido a nuestro Padre la posibilidad de que en sus salidas de Roma pudiera alojarse, para trabajar y descansar, en una casa en la que nosotras lleváramos la Administración. La carta de D. José María brindaba la posibilidad tan esperada: una casa en Londres, en un lugar independiente y tranquilo; era la última casa de una calle privada, y tenía un pequeño jardín. Los dueños la alquilaban amueblada. Así era D. José María. Aunque estuviera viviendo a kilómetros de nuestro Padre, se preocupaba, efectivamente, por su descanso y encontraba soluciones viables»[31].

San Josemaría agradeció los desvelos de sus hijos y accedió. Hay que decir que también D. José María y los que vivían con él en París salieron beneficiados porque,

---

[30] Testimonio de María y Teresa Temes Hernández, AGP, JHG, T-00060, p. 5. Testimonio de José Miralles Sintes, AGP, JHG, T-00035, p. 1.

[31] Testimonio de María Rivero Marín, AGP, JHG, T-00046, pp. 6-7.

a primeros de agosto, pasó por París camino de Londres. Así lo narraba el Siervo de Dios en una carta: «ha estado aquí el Padre dos veces: el jueves y el sábado. Ya te harás cargo de la alegría, aunque esperada, que hemos tenido (...). Nada más, sino deciros que al Padre y Álvaro se les notaba ya el poco tiempo que estaban fuera de Roma. Nos han prometido que vendrán a su vuelta otra vez por París. ¡Tenemos una suerte!»[32].

Esa visita se complementó con otra de vuelta a Roma, al terminar el verano. Una de las asistentes a esas reuniones, Amelia Díaz-Guardamino Echeverría, comentaba cuál era el comportamiento de D. José María cuando estaba con el Fundador: «En las dos tertulias que tuvimos –una antes y otra después de comer–, me conmovió ver a D. José María junto a nuestro Padre –era la primera vez que tenía ocasión de hacerlo–, y su actitud se me quedó muy grabada: no le quitaba la vista de encima, escuchaba sus palabras con verdadera veneración y estaba atento a sus más mínimas insinuaciones; desaparecía al lado del Padre. Era la imagen de ese hijo fidelísimo que siempre demostró ser. Nuestro Padre se interesó por cada una –si descansábamos, si lo pasábamos bien–, y conmigo, concretamente, se volcó: me encontraba con mejor aspecto y me animaba a tratar de subir un poco más de peso, porque seguía estando demasiado delgada. Me di cuenta de que eran las mismas atenciones que D. José María vivía habitualmente con nosotras y que había aprendido de él, pero lo había asimilado tanto, que formaba parte de su modo de ser, tal era su identificación con el Fundador y con el espíritu de la Obra»[33].

---

[32] Carta de José María Hernández Garnica a Severino Monzó Romualdo, París 5-VIII-1958, AGP, JHG, A-889.

[33] Testimonio de Amelia Díaz-Guardamino Echeverría, AGP, JHG, T-00015, p. 8.

También en aquella época empezó a buscar una casa en el campo francés que sirviera de lugar para retiros espirituales y cursos de formación: «Estamos buscando una casa donde poder organizar algunas tandas de ejercicios durante este curso. Sería una gran ayuda para las labores de jóvenes y mayores, de hombres y mujeres. Al mismo tiempo se prepara el terreno para que la casa de ejercicios no tarde demasiado»[34]. Finalmente se encontró Couvrelles, cerca de Soissons.

En aquella época su amor a la Iglesia y al Papa se manifestó con mayor hondura ante el fallecimiento de Pío XII y la elección del futuro beato Juan XXIII: «Dijimos los sufragios por el Papa y todos le hemos encomendado en nuestras oraciones y sacrificios. Rezamos para que el Espíritu Santo ayude a la persona que sea designada para suceder al Papa Pío XII. Ya hemos tenido el primer retiro para gente joven. Vinieron unos diez muchachos. Lo hicimos igual que el año pasado, el sábado por la tarde. Después se cena en frío y así tenemos una tertulia al terminar la cena. Todos pagan los gastos y el ambiente fue, como siempre, agradable. Todos esperamos frutos de toda esta labor. Uno de los chicos que se conocieron en los primeros tiempos ha entrado estos días en el Seminario de París. Nos ha dado alegría –no parecía tener las condiciones para ser del Opus Dei–, y cuando nos lo ha venido a decir ha agradecido todo lo que le había ayudado la Obra en esa decisión»[35].

En otra carta posterior, manifiesta gozoso el comienzo del Pontificado de Juan XXIII: «Nos ha dado

---

[34] Carta de José María Hernández Garnica a san Josemaría Escrivá de Balaguer, París 23-IX-1958, AGP, JHG, A-898.

[35] Carta de José María Hernández Garnica a san Josemaría Escrivá de Balaguer, París 14-X-1958, AGP, JHG, A-899.

mucha alegría el que ya tengamos Papa y pedimos por su persona y todas sus intenciones»[36].

Llegó el mes de enero de 1959 y, con él, las primeras vocaciones francesas. D. José María, que escribía periódicamente a Roma, aprovechó que tenía un viaje para pasarle la pluma a otro y que fuera él quien transmitiera a Roma esas buenas noticias. Se trata de una muestra de la humildad del Siervo de Dios[37].

Es significativo su constante impulso, que no se detiene ni ante los obstáculos ni ante los frutos. La siguiente carta muestra sus ansias de expansión de la labor en Francia, fruto de su confianza en Dios: «Quiero repetirle mi agradecimiento por todo lo que han hecho Vd. y la Obra por mí y tanto como me han aguantado. Cuando mañana renueve de corazón y de hecho la fidelidad, pediré a Dios estar muy unido al Padre y le pediré al Señor la fidelidad de todos –especialmente de Francia– y la mía. Esperemos que este año, yo así lo creo, sea el de la expansión de la Obra y que no nos faltarán los medios materiales y las personas para realizarlo. Mi ilusión es que pronto tengamos una residencia en París y 2 o 3 casas pequeñas para la labor con jóvenes en provincias: Estrasburgo, Lyón y Lille»[38].

Unos días después san Josemaría le llamó a Roma para estar unos días. A su regreso le manifiesta sus sentimientos: «Todavía estoy, espero que sea por mucho tiempo, con el buen sabor de boca de mi estancia en Roma durante quince días. Me ha venido tan bien por la parte afectiva, que no es pequeña, y porque todo se

---

[36] Carta de José María Hernández Garnica a Laureano López Rodó, París 4-XI-1958, AGP, JHG, A-901.

[37] Carta de José María Hernández Garnica a san Josemaría Escrivá de Balaguer, París 7-II-1959, AGP, JHG, A-915.

[38] Carta de José María Hernández Garnica a san Josemaría Escrivá de Balaguer, París 18-III-1959, AGP, JHG, A-922.

ve más claro, cuando se está allí: propósitos de unidad para que seamos capaces aquí de realizar una labor floreciente que sea fortalecer toda la Obra, y una verdadera ayuda para toda la Obra. Le agradezco todas las innumerables muestras de afecto y cariño que ha tenido conmigo, y que claro es que no las merezco»[39].

En D. José María la entrega a Dios tenía aire de normalidad. A los pocos meses de llegar los frutos apostólicos, es requerido por el Fundador para nuevas tareas. A la vista de la buena experiencia de su estancia en París, san Josemaría pensó en él para realizar la misma función en otros lugares de Europa. Es decir, impulsar el crecimiento de las labores y llevar el espíritu del Opus Dei a otros países.

Tal era la confianza que san Josemaría depositaba en él, que le encomendó realizar las gestiones para preparar a su sucesor en París. Lo escribía en esta carta en la que narra el viaje realizado a España para preparar el nombramiento de la persona que le sustituirá: «Salí de París el 28 al mediodía y esa mañana recibí unas letras de Álvaro de su parte. Llegué a Madrid el sábado por la noche, y hoy por la mañana ha venido Álvaro Calleja (de Valencia)[40]. Le he planteado el asunto que me traía y está totalmente de acuerdo y en muy buenas disposiciones para ir a trabajar. Comprende bien el papel que tiene que desempeñar. Se vuelve enseguida a Valencia y pondrá en contacto a quien le sustituye. Estará en París el 15 más o menos de este mes. Padre,

---

[39] Carta de José María Hernández Garnica a san Josemaría Escrivá de Balaguer, París 25-IV-1959, AGP, JHG, A-927.

[40] Rev. D. Álvaro Calleja Goicoechea (1926-1968). Licenciado en Geografía e Historia y Doctor en Teología. Pidió la admisión en el Opus Dei en 1944. Recibió la ordenación sacerdotal en 1951. Fue nombrado Consiliario del Opus Dei en Francia en 1959.

pida por mí para que sea buen hijo y le sirva a Vd. y a Dios donde me ponga»[41].

Efectivamente, el 15 de septiembre se produjo el relevo en Francia y queda a la espera de lo que el Fundador le diga. En una carta cuenta la llegada del nuevo Consiliario: «Álvaro Calleja llegó el día 15 como había anunciado. Se defiende bastante bien en francés y en menos de un mes ya estará en condiciones de funcionar con normalidad»[42].

Unos días después le escribió de nuevo: «Ya se ha incorporado Álvaro Calleja a sus funciones. Tengo muy buena impresión y creo, fundamentalmente, que todo funcionará mejor que antes. Se le ve piadoso y con mucho afán apostólico. Hasta ahora, y así será siempre, muy unidos, y todo lo que propone con sentido común. Como es lógico, él tiene mi antiguo cuarto y yo me he instalado en la *lingerie*. Ya puede figurarse, Padre, que mañana pediremos mucho al Señor por Vd. en una fecha que nos lleva a dar tantas gracias a Dios y para que consiga hacer de todos sus hijos de estas tierras instrumentos dóciles y eficaces»[43].

El hecho de dejar su habitación al nuevo Consiliario es un detalle que refleja en su carta sin darle ninguna importancia, pero que muestra su entrega generosa, pues pasó a dormir en un pequeño cuarto donde se guardaban los instrumentos para arreglos domésticos. Guy Léonardon fue testigo: «Le veo también instalado en una pequeña habitación (en realidad, una es-

[41] Carta de José María Hernández Garnica a san Josemaría Escrivá de Balaguer, Madrid 1-IX-1959, AGP, JHG, A-941.

[42] Carta de José María Hernández Garnica a san Josemaría Escrivá de Balaguer, París 22-IX-1959, AGP, JHG, A-944.

[43] Carta de José María Hernández Garnica a san Josemaría Escrivá de Balaguer, París 1-X-1959, AGP, JHG, A-945.

trecha habitación de ropa blanca) del boulevard Saint Germain, con una cama abatible de un armario, muy incómodo: leía, creo, un libro de electricidad general, que yo había adquirido para mis estudios»[44].

Su generosa entrega, en ese detalle y en otros muchos, no pasó inadvertida, como subrayaba Amelia Díaz-Guardamino: «Su ejemplo era tan elocuente que sus palabras cobraban una fuerza arrolladora. Así se comprende que las pocas que vivían en Francia, en ese Centro de las afueras de París, en Neully-sur-Seine, que se había puesto en marcha un año antes, estuvieran desoladas ante la marcha de D. José María, que, aunque seguiría siendo Delegado de Francia, trasladaba su domicilio a Londres. Les había ayudado enormemente durante ese primer año de trabajo no solo en lo material, sino sobre todo con sus orientaciones, con el espíritu sobrenatural que les había infundido, con la vibración apostólica y el optimismo que les transmitía y con el toque de constante buen humor que ponía en la vida en familia»[45].

Trabajo en Inglaterra, Irlanda y Francia

En el Opus Dei, la figura de Delegado, creada por san Josemaría, busca ser puente de unión entre los gobiernos de las diversas circunscripciones y el gobierno central, con el Padre a la cabeza, en Roma. El Delegado, al formar parte tanto del Consejo General como de la Comisión regional del país correspondiente, resulta un instrumento de unidad en el gobierno[46]. Además, estos encargos le permitían viajar periódicamente

---

[44] Testimonio de Guy Léonardon, AGP, JHG, T-01308, p. 1.

[45] Testimonio de Amelia Díaz-Guardamino Echeverría, AGP, JHG, T-00015, p. 7.

[46] Cfr. D. LE TOURNEAU, *El Opus Dei*, *op. cit.*, pp. 88-89. P. BERGLAR, *Opus Dei*, Rialp, Madrid 1987, pp. 260-261.

a Roma y convivir con el Padre, llenándose de su espíritu y fuerza interior.

Es indudable que el motor de la disponibilidad del Siervo de Dios radicaba en su amor a Dios y a las almas. Así resumía en una meditación la entrega generosa a los demás: «Uno de los secretos de la vida cristiana es que, cuanto más se da, más se tiene»[47].

Comentaba Amelia Díaz-Guardamino Echeverría que vivía en Inglaterra: «Pensó que D. José María, entonces Consiliario de Francia, podría ayudarnos. Al año siguiente, lo nombró Delegado de Inglaterra, Francia e Irlanda, para que se ocupara muy especialmente de nosotras y, efectivamente, en el verano de 1959, nuestro Padre, de nuevo en Londres, nos dio la noticia. Supuso una gran alegría para todas saber que D. José María llegaría a las pocas semanas»[48].

El testimonio de D. José María Casciaro complementa lo anterior: «era un hombre tan entregado y humilde, tan santo, que no recusaba trabajo alguno, era útil para todo lo que se le encargaba y se daba con todo entusiasmo y dedicación, aplicando su extraordinaria inteligencia y su capacidad de sacrificio. Yo sentía el buen ejemplo de aquel que, en las ocasiones que había tenido de estar cerca, siempre había sido un hermano mayor para mí, un referente claro de cómo "hacer el Opus Dei, siendo uno mismo Opus Dei", en palabras de nuestro amadísimo Padre»[49].

De todas formas, para trabajar en países tan distintos, D. José María tenía que superar su falta de buen

---

[47] José María Hernández Garnica, *Meditaciones*, 21-IV-1972, AGP, JHG, E-66, p. 3.

[48] Testimonio de Amelia Díaz-Guardamino Echeverría, AGP, JHG, T-00015, p. 6.

[49] Testimonio de José María Casciaro Ramírez, AGP, JHG, T-00012, p. 4.

oído para el aprendizaje de idiomas; sobre todo manifestar su buen humor y sus bromas, con las que buscaba alegrar a los demás. Pero, como relatan testigos de esos años, su entusiasmo y entrega removían más que sus palabras. Cuando viajaba a los diversos países ayudaba en todo lo que fuera necesario, material o espiritualmente. Servía sin aspavientos, pero también aceptando sus limitaciones. Decía Amparo Martín de Rosales, entonces directora de la residencia de Lovaina: «No tenía mucho contacto con las residentes y, sin embargo, le conocían y le querían mucho. Le veían cuando venía a la residencia Steenberg para celebrar la Santa Misa. Más de una me pidió ser atendida espiritualmente por él o para hablar de algún problema en el confesonario: "Este sacerdote me lleva a Dios y te trata con mucha comprensión, como si te conociera por dentro y te estimara mucho", era el comentario que hacían»[50].

En los primeros meses, y mientras perfeccionaba el lenguaje, inventaron un sistema casero de traducción simultánea. Lo recordaba Amelia Díaz-Guardamino Echeverría: «Cada una de las que no entendía se ponía al lado de alguna experta en los dos idiomas, que le iba repitiendo, en voz baja y en inglés, lo que D. José María decía en castellano. Había un murmullo continuo de fondo, pero no impedía hacer oración, porque sus palabras estaban llenas de fuerza espiritual; nos infundía una gran fe y esperanza: Dios quería que la Obra se realizara, y lo haría a través de esos pobres instrumentos que éramos, si correspondíamos a la gracia»[51].

Viajaba periódicamente a Roma para informar al Padre y al Consejo General del desarrollo de las labores

50 Testimonio de Amparo Martín de Velasco, AGP, JHG, T-01307, p. 3.

51 Testimonio de Amelia Díaz-Guardamino Echeverría, AGP, JHG, T-00015, p. 15.

en los países donde trabajaba. Siempre volvía con muchas noticias de Roma: «Nuestra estancia aquí está tocando a su fin. Un abrazo para todos y ya veréis, si sois hábiles, cómo os contaré muchas cosas buenas de aquí»[52].

También llevaba a Roma recuerdos y detalles de familia que conmovían al Fundador. Sigue diciendo Amelia: «Compartíamos mucho los viajes que hacía a Roma. Primero nos daba ideas para que buscáramos algún pequeño detalle que llevar al Padre, y ponía una ilusión enorme. Parecía que nos íbamos todas a Roma y disfrutábamos; al mismo tiempo, nos enseñaba a vivir lo que se hace en las familias normales que, aunque sean pobres, no llegan con las manos vacías cuando van a ver a los suyos. A la vuelta, también nos traía algún pequeño recuerdo, que el Padre le había dado para nosotras y que conservábamos con particular cariño. Su regreso se prestaba siempre a ratos especialmente entrañables en los que nos contaba todo, empezando por darnos noticias de nuestro Fundador. Luego pasaba, desde las de interés más general sobre los planes de expansión de la Obra hasta lo que había hecho personalmente esos días, y las atenciones que el Padre había tenido con él»[53].

De esos viajes romanos traía orientaciones del Fundador que procuraba poner por obra enseguida. Esa confianza en Dios y en el Padre se convertía en camino de obediencia, esencial en la vida apostólica: «Aceptemos lo que dicen los Directores –exponía en una meditación– y luego los hechos vendrán a confirmarnos que aquello era razonable y dirigido a nuestro bien. Ha de

52 Carta de José María Hernández Garnica a Álvaro Calleja Goicoechea, Roma 30-XI-1959, AGP, JHG, A-953.

53 Testimonio de Amelia Díaz-Guardamino Echeverría, AGP, JHG, T-00015, p. 14.

ser, por tanto, una aceptación gozosa, no a regañadientes o como quien hace un favor extraordinario. De esta forma, nuestra vida será paz para nosotros y los encargados de decidir podrán sopesar sus decisiones mejor y más aprisa y con una mayor eficacia»[54].

También agradecía las correcciones que se le hacían y más si venían del Fundador. En una ocasión comentó: «Si nuestro Padre nos hace una advertencia, tenemos que agradecerle mucho la confianza que demuestra corrigiéndonos y recibir la corrección con naturalidad; porque, si somos flojos, nuestro Padre no podrá corregirnos»[55].

Al ser personas jóvenes, llenas de entusiasmo pero con poca experiencia, D. José María muchas veces tenía que corregir cuando detectaba que no se vivía bien el espíritu de la Obra. Amelia Díaz-Guardamino recordaba la siguiente anécdota: «En marzo de 1960, la casa de Manchester ya estaba terminada, pero como no era el momento oportuno para recibir estudiantes –para ese curso, naturalmente, ya tenían resuelto su alojamiento–, decidimos aprovecharla para hacer ahí los Cursos de formación de Numerarias, hasta que, en verano, se pudiera tener el primer curso internacional con residentes de otros países. D. José María había hecho otros viajes a Manchester, entre otras cosas, para dirigir la instalación del oratorio, que no realizó él mismo como lo había hecho en París, pero nos enseñó a Esther y a mí. Supervisaba nuestro trabajo, corrigiendo lo que fuera necesario, que debía ser bastante, porque, cuando salía mal, él mismo lo arreglaba y nos decía: "Sois las reinas de la chapuza"»[56]. Esa tarea de

---

54 José María Hernández Garnica, *Meditaciones*, 8-V-1972, AGP, JHG, E-70, p. 2.

55 Testimonio de María Cruz Tabernero, AGP, JHG, T-00055, p. 7.

56 Testimonio de Amelia Díaz-Guardamino Echeverría, AGP, JHG, T-00015, p. 15.

formación y orientación le proporcionaba satisfacciones al ver cómo las nuevas generaciones asimilaban el espíritu del Opus Dei, así como disgustos, cuando observaba deficiencias[57].

Llegados a este punto, y en la época de madurez del Siervo de Dios, podemos detenernos, aunque sea brevemente, en su carácter. En Alemania convivió muchos años con Fernando Inciarte[58], Catedrático de Filosofía y agudo observador, que nos ha dejado una descripción profunda del Siervo de Dios: «Era fuerte, fogoso, vivía con intensidad, alegre, con chispa, aunque más callado que el Fundador de la Obra. No tenía la capacidad de expresión, quizá porque los pensamientos iban más rápidos que la expresión verbal. Se esforzaba por buscar ejemplos que hicieran más accesible lo que deseaba expresar». Otro aspecto fundamental que señala el Prof. Inciarte era el realismo: «le venía sin duda de un espíritu perfectamente alerta a todo lo de su alrededor, también de una inteligencia clarividente y, no en último lugar, de una intensa experiencia de la vida y del sufrimiento humano». Y añade poco después: «Si yo tuviera que decir lo que más me llamaba la atención de D. José María después de los muchos años que pasé con él, diría, sin duda, una extraordinaria mezcla de realismo y de espíritu sobrenatural. "Mezcla" no es aquí una palabra muy apropiada. La impresión que tenía, y tengo de él, es que ambos ingredientes –el espíritu sobrenatural y el realismo o, mejor, naturalismo– hacían cada uno de por sí ya el cien por cien de su actitud ante la vida. Esto le permitía analizar los acontecimientos y sus protagonistas (a la vez) con una agu-

[57] Cfr. Carta de José María Hernández Garnica a san Josemaría Escrivá de Balaguer, Londres 14-XII-1960, AGP, JHG, A-1011.

[58] Fernando Inciarte Armiñán (1929-2000). Pidió la admisión en el Opus Dei en 1948. Catedrático de Filosofía de la Universidad de Münster (Alemania) hasta su fallecimiento.

deza y falta de paliativos total, y, a la vez, con un espíritu de comprensión específicamente cristianos»[59].

Por otra parte, en su inteligencia había dos factores determinantes: velocidad de pensamiento y memoria prodigiosa: «Lo primero, comentaba Inciarte, le llevaba posiblemente a expresarse con frecuencia con medias palabras, y a impacientarse si no se le seguía su ritmo. En general, le costaba mucho soportar ciertos tipos de, llamémosle así, obtusidad mental, como, por ejemplo, la estrechez de miras. También en esto me recordaba a nuestro Padre»[60].

En las cartas de esos años al Fundador, manifiesta con sencillez la lucha que sostenía por dominar su carácter. Es decir, el equilibrio entre formar con paciencia y el vencer la comodidad de «dejar estar» las cosas. Resulta conmovedor ver sus esfuerzos a lo largo de la vida: «César estuvo con nosotros hasta el día 26 de diciembre. He agradecido mucho su estancia y me ha ayudado a ver algunas cosas claras. Veo que me he dejado llevar por mi carácter fuerte y no he tenido bastante paciencia. Se sufre al ver que no hacemos el trabajo como Dios quiere y, al cabo de una temporada, he dicho las cosas de modo poco delicado y, en resumen, por tanto, poco eficaz. Tengo la impresión de haber sido una inutilidad, aunque conservo un optimismo de trabajar, empujar y alentar. Tengo que reconocer que buena voluntad he puesto. Lo que no comprendo es su dosis de paciencia conmigo y darme ahora esta nueva prueba de confianza con el encargo de ir por Cataluña. Estoy seguro de que, aunque será trabajo duro, me servirá de descanso y tendré muchas alegrías al ver tanta cosa buena allí»[61].

---

[59] Testimonio de Fernando Inciarte Armiñán, AGP, JHG, T-00026, p. 2.

[60] *Ibíd.*, p. 4.

[61] Carta de José María Hernández Garnica a san Josemaría Escrivá de Balaguer, Colonia 4-I-1966, AGP, JHG, A-1153.

Quizá porque había aprendido de san Josemaría y por su carácter fuerte, tendía a exigir con fortaleza. Después, recogía a la persona para que no quedara herida, como también había aprendido de él. D. Alfonso Par recuerda su trato con él en Alemania: «Don José María nos echaba bastantes broncas. Siempre había un fallo claro por nuestra parte. La mayoría de las veces era falta de criterio o torpeza humana. Es posible que las reacciones, explosiones de D. José María, se debieran a su viveza, a no poder contenerse, impaciencia, etc., y también, quizá en los últimos meses, se sumaban las molestias de la enfermedad, por las dificultades en tragar, etc. Pero nos vinieron muy bien. Aprendí mucho, y yo, por mi parte, le estoy muy agradecido. "La letra con sangre entra", decimos en mi tierra. Así se me ha quedado grabado con mucha nitidez. Además, después de las broncas nos tendía una mano, nos recuperaba con cariño y con comprensión de hermano mayor, y restañaba las heridas que hubiera podido ocasionar. Si he recibido broncas –casi siempre merecidas– es mucho mayor el cariño y, desde luego, la ayuda que, en forma de broncas, he recibido de él»[62].

Un día –rememoraba Amelia Díaz-Guardamino– le comentó su esfuerzo por corregir a los demás con delicadeza: «El Fundador del Opus Dei le había preguntado si, aparte de los asuntos de gobierno que había tratado, tenía alguna preocupación personal de la que quisiera hablar. D. José María le comentó: "sí, Padre, hay algo personal que me preocupa: que tengo mal genio y me enfado cuando se hacen las cosas mal". Nuestro Padre le tranquilizó, le dijo que siguiera luchando, que rezase, que rectificase para que nadie se quedara intranquilo y que era bueno que tuviera un carácter

[62] Testimonio de Alfonso Par Balcells, AGP, JHG, T-00043, p. 9.

fuerte, aunque esto le supusiera tener que luchar más, porque solo así se podía sacar adelante la labor: "no se apalanca con un churro", le comentó»[63].

Es claro que el Siervo de Dios tenía un sexto sentido para detectar lo que fuera una desviación del espíritu del Opus Dei. Además, era muy consciente de la sobrenaturalidad de la Obra y, por tanto, de la necesidad de ser fieles. Escribía Carmen Mouriz[64]: «Era una persona de soluciones rápidas siempre que estaba en juego algo que rozara el espíritu de la Obra; detectaba lo importante y lo abordaba; no dejaba pasar nada que, a la larga, pudiera ser una falta de fidelidad. Las cosas –y menos las personas– no le pasaban inadvertidas». Y, respecto a la formación de las personas, añadía: «tenía sentido positivo para todo, pero era lo más opuesto a la ingenuidad (...). Disculpaba siempre a los demás en sus equivocaciones o defectos y, al mismo tiempo, sin contemplaciones, tiraba de cada persona hacia Dios»[65].

En una carta a D. Álvaro del Portillo resumía su lucha: «Le pido al Señor que te haga buen instrumento para ayudar al Padre cada día mejor y para que sigas siendo alegre y eficaz. No te olvides de pedir por este compañero de fatigas. Puedo decirte que estoy muy contento y que incluso he de reconocer que mi vida interior tiene un cauce sereno y lleno de paz. Únicamente tengo a veces temor de no saber hacerlo bien, aunque procuro poner todo lo que tengo. El buen humor no me

---

[63] Testimonio de Amelia Díaz-Guardamino Echeverría, AGP, JHG, T-00015, p. 15.

[64] Carmen Mouriz García. Nació en Madrid en 1925. Pidió la admisión en el Opus Dei en 1948. Estuvo en Roma (1955-1956) y Alemania (1957-1968). Formó parte de la Asesoría Central de 1969 a 1973.

[65] Testimonio de Carmen Mouriz García, AGP, JHG, T-00037, p. 5.

falta y el genio lo tengo esta temporada dominado, ¡será la gracia de Dios!»[66].

Por otra parte, debía formar a personas con distintas culturas y mentalidades en el espíritu del Opus Dei. Amelia Díaz-Guardamino narra un hecho sucedido a comienzos de los años 60 en Londres: «Impartía un curso de doctrina cristiana. En un momento dado, no sé por qué, salió el tema de las apariciones de Lourdes, por las que hay una gran devoción en Inglaterra, y les dijo con desenfado: "Eso no es de fe, se puede creer o no; yo no lo creo". Las cuatro se asombraron y escandalizaron, con grandes aspavientos, y D. José María aprovechó magistralmente la ocasión para ayudarles a distinguir lo que es esencial, a lo que tenemos que adherirnos, porque la Iglesia lo propone como un tema de fe, y lo que no lo es. En cualquier caso, todo terminó con una buena carcajada, porque se veía claramente que no solo creía, sino que tenía mucha devoción a ese lugar de culto mariano»[67].

Pasaba el tiempo y, según se iban formando las personas, D. José María podía ir a otro lugar donde se le necesitase. A finales de 1960, dejó Irlanda y centró su trabajo en Francia, Inglaterra y Alemania: «Hoy he recibido carta de Severino, en la que me comunica que Vd. ha decidido que Enrique Cavanna sea el nuevo delegado en Irlanda. Me ha dado una gran alegría y estoy seguro de que será muy eficaz su ayuda para la labor de ese país. Espero, Padre, que ahora podré ser más eficaz en mi trabajo aquí y en Francia. Veremos si es verdad»[68].

---

[66] Carta de José María Hernández Garnica a Álvaro del Portillo, Londres 7-VII-1966, AGP, JHG, A-1164.

[67] Testimonio de Amelia Díaz-Guardamino Echeverría, AGP, JHG, T-00015, pp. 24-25.

[68] Carta de José María Hernández Garnica a san Josemaría Escrivá de Balaguer, Londres 19-XII-1960, AGP, JHG, A-1012.

En una carta, después de unos días en Roma, le comentaba al Fundador: «Lo primero, Padre, que quiero decirle es que me acuerdo de Vd. mucho y rezo para que acabe pronto la convalecencia. También le agradezco todas las amabilidades que ha tenido conmigo y la confianza que ha puesto en mí. Ya procuraré portarme cada día mejor. Aquí en París, pocas novedades, demasiado pocas. Ya he ido hablando con casi todos los de la casa para ver si la "máquina" se pone en marcha. Tal vez sea falta de decisión, porque todos son buenos y no hay ningún problema»[69].

En aquellos años tuvo que llevar con paciencia la falta de comprensión de algunos parientes. Aunque le querían mucho y hablaban muy bien de él, algunos no acababan de entender su vocación. No se quejaba ni hablaba de ello, les quería a todos por igual. Su hermana Mercedes, que vivía en Viena y sabía de los pasos de su hermano por Europa, muchas veces comentó algo que, en el fondo, muestra la heroicidad del Siervo de Dios. Lo recuerda así uno de sus parientes: «Pasado el tiempo, Chiqui se marchó por Europa, a París y otros sitios. Recuerdo que Mercedes Hernández Garnica decía que vivía con pocos medios, de modo heroico, mientras se abría camino el Opus Dei por tantos países. Sabía alemán y vivió muchos años en Alemania, y desde allí visitaba otros países. A la familia siempre nos pesó esa vida tan dura, nos parecía que él se merecía, por su categoría humana y sus talentos, una vida más tranquila»[70].

[69] Carta de José María Hernández Garnica a san Josemaría Escrivá de Balaguer, París 9-II-1961, AGP, JHG, A-1015.

[70] Testimonio de Rosario Garnica Mansi, AGP, JHG, T-00257, p. 1. Y su prima recordaba: «Me casé en 1943 y, como mi marido trabajaba en la RENFE, viajábamos mucho por Europa, donde veíamos con frecuencia al primo Chiqui, especialmente en Alemania. También le recuerdo de los veranos en Noja, aunque muy vagamente, pues nosotros estábamos más en So-

La lógica preocupación de su familia se acentuaba por los problemas de salud, que ya aparecían periódicamente. En una carta a san Josemaría quedan reflejados: «Como le dije, me vine a Londres para seguir el asunto de la residencia de aquí. Retrasé el viaje un par de días porque estuve fastidiado en París con la piel de mi tripa y me dolía al moverme. De todas formas, me servía para acordarme de los dolores residuales suyos y encomendarle»[71].

Centroeuropa

En 1961 se traslada nuevamente: esta vez vivirá en Alemania para impulsar desde allí las incipientes labores en Centroeuropa. Como recordaba María Luisa Alcaraz: «Uno de los aspectos que más resalta en su vida era la absoluta disponibilidad para hacer el Opus Dei. Se palpaba que para él era lo mismo estar en Suiza, que en Irlanda o Gran Bretaña, en Alemania, Bélgica u Holanda. Estaba –y ahí se daba al cien por cien– donde nuestro Padre le pedía. Indudablemente, trasladarse con frecuencia de un país a otro, con tanta naturalidad y alegría, deja ver su heroicidad»[72].

De algunos de esos cambios se conservan testimonios directos, de otros, no, pero no importa pues, sencillamente, para D. José María eran manifestaciones de la providencia ordinaria de Dios. Es interesante al respecto la narración de D. Alfonso Par, entonces Consiliario en Alemania: «Cuando nuestro Fundador estuvo

lares. A propósito de esto, sí recuerdo que tuvo el detalle de venir un verano desde Alemania, donde vivía, a Solares, para darle la Primera Comunión a mi hijo Francisco Javier». Testimonio de Ana María Collantes Garnica, AGP, JHG, T-00256, p. 1.

[71] Carta de José María Hernández Garnica a san Josemaría Escrivá de Balaguer, Londres 17-II-1961, AGP, JHG, A-1018.

[72] Testimonio de María Luisa Alcaraz, AGP, JHG, T-00003, p. 2.

en septiembre de 1959 en Alemania, me indicó que mandaría a D. José María. Esta fue la medida que tomó nuestro Fundador, y hay que tener en cuenta que D. José María hacía también mucha falta en otros sitios. ¡Y qué medida más maravillosa y eficaz! Los que estábamos entonces en Alemania y los que han venido después a la Obra nunca estaremos suficientemente agradecidos a nuestro Fundador por habernos mandado a D. José María, y a este por todo lo que se sacrificó y todo lo que hizo con su autoridad, su seguro criterio y firmeza. En realidad es el que empezó a echar los cimientos verdaderos de la labor estable»[73].

En Inglaterra notaron su marcha, pues seguía personalmente a las personas y las labores como lo hubiese hecho san Josemaría, levantando el sentido sobrenatural y con sentido común. Veamos otras palabras de Amelia: «No nos imaginábamos que ese verano sería el último de nuestro Padre en la Región. Pero D. José María ya nos había dejado, poco antes, para trasladarse a Alemania. Cuando protestábamos por su marcha, trataba de hacernos ver los beneficios que aportaría una Delegada mujer, que pudiera hacer la vida en familia con nosotras y meterse más en todo lo nuestro. Como él, residiría en Londres. Pero sabíamos que nadie podría seguirnos de cerca, a cada una, y a toda la labor, como lo había hecho él, y que gracias a su ayuda habíamos dado ese gran paso de crecimiento que nuestro Padre pudo constatar en ese verano de 1962: la Región ya no era la misma»[74].

Todo lo narrado puede parecer muy normal, pero debió de exigirle a D. José María mucho sacrificio, y así lo corroboraba D. Alfonso Par: «En primer lugar, su

---

[73] Testimonio de Alfonso Par Balcells, AGP, JHG, T-00043, pp. 4-5.

[74] Testimonio de Amelia Díaz-Guardamino Echeverría, AGP, JHG, T-00015, p. 18.

edad; entonces estaba por encima de los cincuenta. A esa edad uno ya no está para aventuras, incomodidades materiales, con mucha frecuencia teníamos que cocinar nosotros, los viajes, los desplazamientos; y, sobre todo, tener que habérselas con una mentalidad tan distinta, etc. [...] ¡Cómo supo prescindir de sus gustos personales y entregarse con ilusión a la labor que nuestro Fundador le encomendó! ¡Y cómo se interesaba por su nuevo país! ¡Y cómo conocía y quería a los alemanes!»[75].

Así pues, en los siguientes años, Alemania sería objeto de su trabajo e interés. Seguimos con D. Alfonso Par: «Mi contacto más íntimo y intenso con D. José María fue de 1962 a 1971, en Alemania. Durante estos años estuvo durante dos períodos largos trabajando con nosotros para sacar la Obra adelante. Murió, como es sabido, en Barcelona el 7 de diciembre de 1972 exprimido como un limón, y la verdad es que en Alemania le exprimimos de verdad. ¡Aquí dejó buena parte de su pellejo!»[76].

En una carta al Fundador reflejaba el problema de los idiomas: «Pida, Padre, a Dios para que sepa dar a los de casa el empuje de vida interior y apostólico que hace falta. Dios quiere que sepamos darle muchos consuelos en la "zona germana". Voy con ilusión de ayudar a mis hermanos. Todos los días saco un rato para estudiar alemán. Espero que antes de seis meses me defenderé con ellos en su idioma, aunque sea algo chapucero; entre tanto, no hay problema con el francés o el inglés»[77].

---

[75] Testimonio de Alfonso Par Balcells, AGP, JHG, T-00043, p. 7.

[76] *Ibíd.*, p. 4.

[77] Carta de José María Hernández Garnica a san Josemaría Escrivá de Balaguer, Madrid 13-X-1961, AGP, JHG, A-1040. «Predicaba mucho, también en alemán a pesar de que no lo dominaba (cuando llegó a Alemania ya era demasiado mayor para aprender bien un idioma no fácil). Otras veces predicaba en castellano y alguno lo traducía, pero siempre lo hacía de una

D. José María era consciente de que las labores apostólicas, como tareas divinas, requerían el fundamento de la oración y el sacrificio de muchas almas. Además, es una característica del espíritu del Opus Dei hacerlas con visión universal. De ahí que buscase la oración y la penitencia de muchas almas para sostener e impulsar las tareas que con la gracia de Dios se estaban impulsando. En definitiva, se trata de una aplicación de la Comunión de los Santos. Como decía san Josemaría: «*Comunión de los Santos. –¿Cómo te lo diría? –¿Ves lo que son las transfusiones de sangre para el cuerpo? Pues así viene a ser la Comunión de los Santos para el alma*»[78].

Un ejemplo que plasma esta realidad fue el curso de retiro que predicó en Madrid durante una breve estancia en España para visitar a su madre. D. José María aprovechó la oportunidad para pedir oraciones a las asistentes para las labores apostólicas de Europa. Al retiro, celebrado en Molinoviejo, acudieron bastantes de las mujeres con más años en el Opus Dei en España. A todas las había conocido años atrás, así que, en la primera meditación, recordaba Mariángela Vila, les dijo en broma: «Estáis todas más mayores, os lo digo por si vosotras también lo pensáis de mí»[79]. En aquel retiro, les habló con hondura de perseverancia, de fidelidad, y les hizo corresponsables del trabajo apostólico en Europa.

Parte importante de la Comunión de los Santos es la unión con la jerarquía eclesiástica. D. José María se empeñaba con fidelidad en vivir todo lo dispuesto por

manera vibrante y encendida, llevándonos "suaviter et fortiter" hacia el amor al espíritu de nuestro Padre y, por consiguiente, al amor de Dios». Testimonio de Alejandro Digón Guzmán, AGP, JHG, T-00016, p. 5.

[78] J. Escrivá De Balaguer, *Camino*, n. 544.

[79] Testimonio de Mariángela Vila Burch, AGP, JHG, T-01304, p. 4.

el Fundador del Opus Dei acerca del trato con las autoridades eclesiásticas. Entre otras cosas, les visitaba con frecuencia para tenerles informados de la labor, atendía las orientaciones y sugerencias de las autoridades eclesiásticas y colaboraba en todo lo que le pedían. Así lo comentaba D. Alfonso Par, de Alemania: «D. José María tenía como un carisma para el trato con las personalidades eclesiásticas y, especialmente, las de la Curia diocesana. Nos iba indicando lo que debíamos hacer, los puntos concretos para tratar, la información constante de la labor que hacíamos, detalles de deferencia que debíamos cuidar, tanto con el Cardenal Frings como con el Dr. Teusch y los demás miembros de la Curia de Colonia, etc.»[80].

Finalmente, la Comunión de los Santos comenzaba por los de su propio Centro. Su cariño y delicadeza con los demás eran constantes. Sabía estar en los detalles, como lo ponen de manifiesto las atenciones que prodigó a José Gabriel de la Rica, recién llegado a Alemania: «Al día siguiente de llegar, sin duda por el frío –hacía una temperatura de -17° y unos días después llegó a -21°–, me puse enfermo y D. José María estuvo continuamente pendiente de mí, aunque en la casa no había causado más que trastornos. Se ocupó de si tenía frío, si comía, si iba aprendiendo alemán. Ya la primera impresión que me hizo fue la de tener una constante preocupación por la gente de la Obra»[81].

[80] Testimonio de Alfonso Par Balcells, AGP, JHG, T-00043, p. 9.

[81] Testimonio de José Gabriel de la Rica Olave, AGP, JHG, T-00045, p. 3. «Con una gran naturalidad trataba D. José María de hacernos entender lo necesario de querer también con un cariño humano, no solamente sobrenatural. "En lo humano, nos decía (no es textual), haremos la labor de la Obra en Alemania siendo muy cordiales. Esto es una cosa que en este país hace mucha impresión. En ciencias o técnica no podemos ponernos como ejemplo en Alemania. Hombres de corazón grande sí que podemos ser". Al mismo tiempo, rehusó a toda sensiblería, afectación o modos postizos». Testimonio de Alejandro Digón Guzmán, AGP, JHG, T-00016, p. 9.

Una de las características del gobierno en el Opus Dei, ejercicio de auténtica caridad y prudencia, es saber descubrir el sitio donde cada persona puede rendir. A esta tarea D. José María dedicó a lo largo de su vida especial oración. Vuelve a recordar Fernando Inciarte: «Supongo que su preocupación le venía de ser consciente de que no todos son capaces, ni, por tanto, aptos, para tantas cosas diversas como él tuvo que hacer durante su vida. Su papel lo veía en procurar o ayudar a mantener el sentido sobrenatural de cada uno, y ayudarle a rendir lo más posible en la vida o, digamos, en la sociedad, en la vida civil. Por lo que respecta a la formación y trabajo de los sacerdotes, sé que era también una gran preocupación u ocupación suya, pero no tengo detalles concretos que contar. Labor, función, eficacia de todos los miembros de la Obra, todo eso le estaba dando vueltas en su cabeza de forma constante, consciente de su responsabilidad»[82].

Una vez instalado en Alemania como base de operaciones, empezó con su nuevo trabajo en ese país y en otros cercanos. Por ejemplo, ayudó mucho en los inicios de Holanda. Se trataba de un país de honda raigambre cristiana, que en aquellos años atravesaba una crisis intensa. Resaltaba Dr. Steinkamp que «D. José María Hernández Garnica estuvo con cierta frecuencia en Holanda entre 1961 y 1969. El año 1961 Holanda era Delegación dependiente de la Comisión Regional de Alemania. En ese año, D. José María fue nombrado Delegado y, por ese motivo, viajó en varias ocasiones desde Colonia, para pasar con nosotros algunos días en Amsterdam. La primera vez que vino llevábamos solo unos meses viviendo en la Residencia universitaria Leidenhoven. Me parece que debió de ser a mediados de

[82] Testimonio de Fernando Inciarte Armiñán, AGP, JHG, T-00026, p. 9.

octubre de 1961. Habíamos tenido algunas obras de adaptación y se había trabajado mucho en la instalación eléctrica, fontanería y pintura. Gran parte estaba ya hecha, pero faltaban todavía muchas cosas. Entre otras cosas, estábamos terminando la instalación del oratorio. Nos estuvo ayudando, pero no pudo quedarse hasta el final y pudiéramos dejar al Señor reservado en el Sagrario. Al despedirse, nos insistió en que, en cuanto estuviera el Señor en casa, le escribiéramos una carta al Padre comunicándole esta noticia»[83].

Enseguida escribió a Alemania dando la información de su estancia en Holanda: «Llegué aquí el viernes, espero salir el jueves en tren hacia Colonia. No tengo la lista de trenes, por tanto no te puedo anunciar en cuál llegaré. Aquí marcha todo bien, aunque despacio. Todavía no han terminado el oratorio y no tenemos al Señor con nosotros. Tengo esperanzas de que lo podamos dejar el mismo jueves. Ya hablaremos de todo lo de aquí cuando estemos juntos en Colonia. De todas formas, en principio pienso que, mientras estén solo tres, habría que pensar en venir por lo menos cada quince días»[84].

También Francesco D'Agostino rememoraba las visitas a Holanda de aquella época: «Era muy sencillo. Venía, ayudaba en la casa y apenas tenía relaciones sociales en Amsterdam. Estaba con nosotros. Gozaba de un gran prestigio pero nunca abusaba de ello. No buscaba privilegios ni imponerse»[85].

Con la fe, su esperanza fue creciendo a lo largo de su vida. Convencido de estar embarcado en un querer

[83] Testimonio de Hermann J. Steinkamp, AGP, JHG, T-00054, p. 1.

[84] Carta de José María Hernández Garnica a Alfonso Par Balcells, Amsterdam, 23-X-1961, AGP, JHG, A-1043.

[85] Testimonio de Francesco D'Agostino, AGP, JHG, T-00001, p. 1.

de Dios, ponía en juego sus talentos y todo lo confiaba a la oración. D. Alejandro Digón relataba: «No dejaba de emprender tarea alguna de apostolado, aunque fuera difícil, porque sabía que el Señor pondría el incremento»[86].

Lo confirmaba el Dr. Steinkamp respecto a Holanda: «Tenía una gran fe en Dios. Era tónica constante en sus conversaciones con nosotros que tuviésemos fe en Dios. Los comienzos de una labor son difíciles, pero nosotros somos lo permanente. Nos hacía considerar que el Fundador había tenido que superar muchos obstáculos, pero que la Obra había ido siempre adelante»[87].

Como se ha ido mostrando, tenía una gran fortaleza con la que procuraba asentar los cimientos de los apostolados y afrontar las dificultades que se presentaban. Guillermo Schnell recordaba esta anécdota: «En una de sus meditaciones nos contó la historia de dos ranas: ambas habían caído en sendos tarros de leche con altos bordes y de los que no podían escapar. A la mañana siguiente se pudo ver el siguiente espectáculo: una rana muerta en un tarro de leche, porque se había ahogado. Desde el otro tarro una rana croaba a pleno pulmón, porque, en vez de abandonar la lucha como su compañera, se había pasado la noche batiendo la leche con sus ancas..., y la leche se había convertido en nata espesa, sobre la que la rana, muy ufana, cantaba ahora victoria. Con esta historia nos quería animar a no cejar en nuestra tarea apostólica y en nuestra vida interior: a ser perseverantes»[88].

También participó en los comienzos del trabajo apostólico en Austria. Lo recordaba María Luisa Dans:

---

86 Testimonio de Alejandro Digón Guzmán, AGP, JHG, T-00016, p. 1.
87 Testimonio de Hermann J. Steinkamp, AGP, JHG, T-00054, p. 1.
88 Testimonio de Guillermo Schnell Jordana, AGP, JHG, T-00052, p. 1.

«De 1961 a 1967 estuve en Austria. El Padre había nombrado a D. José María Delegado de Austria –aunque vivía en Alemania–, y hacía visitas frecuentes a Viena: nos enseñaba de modo práctico a gobernar, a formar a las demás con cariño, fortaleza y reciedumbre. Las que estábamos allí –también los sacerdotes– éramos jóvenes y él, de un plumazo, nos dejaba un panorama amplio de cómo había que actuar»[89].

Y añadía Carmen Mouriz: «Al día siguiente de nuestra llegada a Viena, D. José María nos enseñó la casa que más adelante llegaría a ser la Residencia de estudiantes Währing, nuestra primera obra corporativa en Austria. Es frecuente que, cuando se empieza la labor en un país, los varones vayan por delante y, cuando el terreno está algo allanado, lo hacemos nosotras. Así lo quiso nuestro Padre. En este caso, como en tantos otros, los chicos hicieron las gestiones oportunas para que, al llegar, tuviéramos ya una casa»[90].

En esos años vivió con intensidad la situación de la Iglesia. Su amor al Papa y al Fundador del Opus Dei le mantenía seguro. Como narraba en una carta al Fundador, estuvo pendiente del fallecimiento de Juan XXIII y de la elección de Pablo VI: «Me enteré unas pocas horas después de salir de Londres que el Cónclave había elegido nuevo Papa. Estoy seguro, como Vd. decía, de que será el que más nos conviene y ya rezo por su persona para que haga mucho bien a la Iglesia durante su reinado»[91].

La situación doctrinal religiosa de Europa en los años 60 se fue deteriorando, pero D. José María cono-

---

[89] Testimonio de María Luisa Dans Gárate, AGP, JHG, T-00014, p. 2.

[90] Testimonio de Carmen Mouriz García, AGP, JHG, T-00037, pp. 5-6. Cfr. Testimonio de María Luisa Dans Gárate, AGP, JHG, T-00014, p. 6.

[91] Carta de José María Hernández Garnica a san Josemaría Escrivá de Balaguer, Colonia 23-VI-1963, AGP, JHG, A-1105.

cía muy a fondo los problemas a los que se enfrentaba la sociedad europea envuelta, desde hacía siglos, en una gran crisis intelectual, que el conflicto bélico de la Segunda Guerra Mundial no había aclarado, sino confundido más[92].

Esa preocupación la llevaría hasta el final de su vida, ofreciendo su vida por la Iglesia. Como recordaba D. Florencio Sánchez Bella: «En las conversaciones con Chiqui durante aquellos días, le vimos contento y optimista con la labor apostólica que se realizaba en Alemania, a pesar de que no era nada fácil sacarla adelante. Mostraba una gran esperanza en los resultados del Concilio Vaticano II, que se estaba celebrando. Tenía mucha caridad y sentido sobrenatural ante los escritos o las voces desacompasadas que difundían algunos teólogos alemanes, en abierto contraste con el magisterio eclesiástico. Confiaba en la acción del Espíritu Santo y en las conclusiones conciliares»[93].

A los pocos meses de llegar a Alemania, tuvo ocasión de profundizar en el sentido de la cruz, fundamento de toda labor apostólica. Sufrió una intervención quirúrgica motivada por un cáncer de piel. En una carta decía: «Ya me encuentro en casa desde fines de la semana pasada. Me dieron el alta, aunque la herida no estaba curada del todo, pues me queda un agujerico que irá cerrando poco a poco. Está justo en la unión de las dos cicatrices y tiene poca circulación y por eso cierra mal. Las molestias por esto no existen, porque no tengo sensibilidad todavía en esa zona. El médico dice

---

[92] «La historia de la humanidad lleva unos doscientos años de un intelectualismo exagerado que lleva en sí mismo un egoísmo cerrado que no le deja contemplar y disfrutar todas las riquezas que la naturaleza humana ha recibido de Dios y, por tanto, se limitan las posibilidades que podía sacar de su naturaleza para la vida sobrenatural». José María Hernández Garnica, *Meditaciones*, 21-IV-1972, AGP, JHG, E-66, p. 2.

[93] Testimonio de Florencio Sánchez Bella, AGP, JHG, T-00049, p. 2.

que espera que esto se liquide en un mes, solamente voy dos tardes a la semana. Ya he empezado a trabajar y creo que pronto podré funcionar como antes. Me acuerdo de la intención y rezo por ella y ofrezco las pequeñeces de cada día, sobre todo para no ser cobarde y para decir con delicadeza todo lo que veo»[94].

Gloria Toranzo recordaba que, al saludarle, le preguntó cómo se encontraba; con mucho humor y quitándole importancia, le contestó que los médicos «se divertían cambiándole su piel de sitio»[95]. Como hizo siempre, quitaba importancia a sus cosas personales.

En 1963 tuvo la gran alegría de ver un sueño apostólico: la puesta en marcha de la residencia Müngersdorf para estudiantes universitarias, y Schweidt para universitarios. Así lo expresaba en una carta al Fundador: «Espero que este curso, con la Residencia y los empujones que recibimos, pondremos en marcha la labor de jóvenes con un volumen de más categoría que hasta ahora»[96].

Unos meses después tuvo la suerte de pasar unos días en Roma junto a san Josemaría. Desde allí escribe a los de Alemania unas letras que resumen las ilusiones de su alma y la predicación del Fundador del Opus Dei en esa temporada: «Nuestra estancia en Roma se acaba

---

94 A pesar de esas limitaciones de salud, no perdía la alegría: «En los años 60 le operaron –creo– de cáncer de piel en Alemania; al volver a Inglaterra quitó importancia al asunto: "con esto que tengo se puede vivir hasta 30 años", dijo. Yo creo, por una conversación que tuvimos con él, que –como después fue cierto– él veía venir una enfermedad seria y, sin embargo, los ojos de D. José María eran siempre muy alegres». Testimonio de Esther Toranzo Fernández, AGP, JHG, T-00056, p. 6. «Era edificante la forma con que aceptaba sus enfermedades». Testimonio de Richard A. P. Stork, AGP, JHG, T-01272, p. 7.

95 Testimonio de Gloria Toranzo Fernández, AGP, JHG, T-00057, p. 5.

96 Carta de José María Hernández Garnica a san Josemaría Escrivá de Balaguer, Colonia 8-IX-1963, AGP, JHG, A-1111.

enseguida. Lo bueno siempre sabe a poco, pero os puedo decir que hemos recibido unas luces, una claridad, que antes no habíamos llegado a captar. Espero poderos pronto contar muchas cosas buenas. Probablemente el viernes iré a Viena donde pasaré unos pocos –muy pocos– días, para ir a Colonia cuanto antes; estad seguros de que os contaré muchas cosas. El Padre confía mucho en todos nosotros y espera que sepamos estar *fortes in fide* y darle muchas alegrías con nuestra santidad y fortaleza, y que se manifieste en frutos abundantes»[97].

Fallecimiento de Doña Adela

En los comienzos de la década de los sesenta la salud de su madre empezó a quebrantarse. Durante varios años, mientras impulsaba sus trabajos en Europa, no dejó de rezar por ella y de atenderla hasta su fallecimiento en 1964, viajando varias veces para verla, como veremos seguidamente.

Le explicaba así al Fundador del Opus Dei la situación de su madre: «Llegué a Amsterdam el viernes pasado y espero estar aquí hasta el jueves que saldré en dirección a Colonia. Quedó mi madre muy contenta con mi visita y muy agradecida por su cariño de enviarme a Madrid. Está muy bien de salud para una mujer que ha entrado en los 90. De todas maneras se despidió diciendo que ya nos encontraríamos en el cielo»[98].

El año 1964 fue especialmente intenso por la salud de su madre. El 8 de enero va a Roma y desde allí, a

[97] Carta de José María Hernández Garnica a Alfonso Par Balcells, Roma 30-XI-1963, AGP, JHG, A-1115.

[98] Carta de José María Hernández Garnica a san Josemaría Escrivá de Balaguer, Madrid 23-X-1961, AGP, JHG, A-1044.

Madrid, porque su madre volvió a recaer: «Encontré muy bien a mi madre y he cumplido lo mejor que he sabido su encargo. He sido amable y cariñoso. Ella me mira y se queda ensimismada ante la contemplación de su "tesoro"»[99].

Y en otra carta añade: «De mi madre he recibido noticias y va empeorando lentamente. Como es lógico, nadie se atreve a predecir si durará unos días o un par de meses. El médico les dice: estad preparados para que un día os la encontréis muerta como un pajarito. Visto el asunto y como los de Viena me dicen que necesitan mi presencia, me voy el domingo a Viena y, si no hay novedades, estaré allí una semana poco más o menos. En principio iría desde allí a Madrid. Si la veo viva en la semana que esté allí, le daré esa alegría y luego me vuelvo, a no ser que las circunstancias aconsejen otra cosa. Pero creo que también en estos países tengo ahora a mi madre»[100].

La respuesta del Fundador fue a vuelta de correo: «Querido Chiqui: que Jesús te me guarde. Acaba de llegar tu carta y te pongo estas líneas para decirte que me dará mucha pena si no estás junto a tu madre en estos días, que pueden ser los últimos de su vida mortal. Ve: llévale todo mi afecto y mi bendición. Aunque el Señor os la ha querido dejar en la tierra hasta hacerse tan anciana, yo pido a la Santísima Virgen que, si conviene, os la deje más tiempo»[101].

Pocos días después estaba de vuelta en Alemania: «Mi madre se llevó una alegría muy grande cuando vio

---

99 Carta de José María Hernández Garnica a san Josemaría Escrivá de Balaguer, Madrid 19-I-1964, AGP, JHG, A-1118.

100 Carta de José María Hernández Garnica a san Josemaría Escrivá de Balaguer, Colonia 27-V-1964, AGP, JHG, A-1124.

101 Carta de san Josemaría Escrivá de Balaguer a José María Hernández Garnica, Roma 8-VI-1964, AGP, serie A.3.4, 281-1.

delante de sus ojos a "su tesoro". Agradeció mucho el panetone que le llevé de su parte y dijo: "Tengo que escribir al Padre para darle las gracias". No lo podrá hacer por su estado general. Su situación es peor que la de aquel viejo de 90 años que decía: "me encuentro bien, como cuando tenía 50 años, pero solamente media hora al día". Llegué aquí el domingo por la mañana»[102].

Finalmente, tuvo lugar el fallecimiento de su madre, y san Josemaría volvió a ponerle unas letras: «He esperado a poder enviarte a mano estas letras, para decirte cuánto he encomendado al Señor el alma de doña Adela, aunque estoy cierto de que estará gozando de Dios, después de una vida larga y ejemplar. Te ruego que hagas presente a tus hermanos la parte que tomo en vuestro dolor, y diles que no dejo de hacer sufragios. Doy gracias a Dios, porque te hice ir a Madrid y pudiste pasar junto a tu madre el último día de su santo»[103].

La contestación del Siervo de Dios es ilustrativa: «Aunque intenté llegar a tiempo del entierro de mi madre, no fue posible, porque decidieron mis hermanos llevarla a la provincia de Santander junto a los restos de mi padre. Ella siempre decía: "No hagáis con mis huesos, como hizo Juana la Loca con los de su marido", pero últimamente había dicho una vez, "Ahora todo es más fácil y si queréis no me opongo a que me llevéis junto a la sepultura de papá". Los últimos días de mamá han sido como los de toda su vida, es decir, una mujer tranquila y alegre que procuró no dar guerra y quehacer. No se ha quejado de dolores y sufrimientos ni una sola vez. Aunque molestias sí tuvo que tener,

---

[102] Carta de José María Hernández Garnica a san Josemaría Escrivá de Balaguer, Colonia 21-X-1964, AGP, JHG, A-1130.

[103] Carta de san Josemaría Escrivá de Balaguer a José María Hernández Garnica, Roma 4-XI-1964, AGP, serie A.3.4, 281-3.

por la extensión de su cáncer. Siempre que la he visto estas últimas veces le he pedido que ofreciese sus molestias "por nosotros y por el Padre" y me ha contestado que lo hacía. Todos mis hermanos han quedado profundamente agradecidos por esa muestra de cariño que ha tenido Vd. con ellos, al enviarme estos días aquí. Les enseñé la carta tan sentida y cariñosa que envió. Mis hermanas me la han pedido porque querían guardarla. Se la he dado porque eso hará que estén más unidas a la Obra. Doy gracias a Dios por todo. Primeramente por la vida larga que ha dado a mi madre; por su muerte serena, tranquila y conforme; y por cómo se han arreglado todas las cosas después con paz y a gusto de todos»[104].

Bélgica y Holanda

A finales de 1964 el Siervo de Dios recibió el encargo de san Josemaría de colaborar en el comienzo de la labor de las mujeres en Bélgica y Holanda. Enseguida escribió al Fundador del Opus Dei: «Hoy he recibido la noticia de que conviene empujar la búsqueda de las dos casas de Holanda. De todas formas, con el criterio que me ha dado pienso ir el domingo por la mañana a la casa de Hermann, y estar allí mientras vea que mi presencia es útil y eficaz, para ver si conseguimos que salgamos adelante con estos asuntos»[105].

Unos meses después, el sueño se hizo realidad y encontraron una casa que reunía las condiciones necesarias para instalar la residencia de estudiantes. El Siervo

[104] Carta de José María Hernández Garnica a san Josemaría Escrivá de Balaguer, Madrid 18-XI-1964, AGP, JHG, A-1132. Cfr. Testimonio de Teresa Temes Hernández, AGP, JHG, T-00060, p. 5.

[105] Carta de José María Hernández Garnica a san Josemaría Escrivá de Balaguer, Colonia 20-XI-1964, AGP, JHG, A-1133.

de Dios, en el mes de julio, se desplazó a Amsterdam y en compañía de D. José Antonio Núñez se aprestó a confeccionar el altar y el retablo del nuevo oratorio. En el frontal del altar del Sagrario puso la frase que tanto le gustaba a nuestro Fundador: «Omnes cum Petro ad Iesum per Mariam» (Todos con Pedro –el Papa– a Jesús por María). Recordaba Helga Ohmes: «Sin duda, D. José María pensaba en la situación de la Iglesia en Holanda, en aquellos años en que todo se ponía en tela de juicio, especialmente la unión con el Romano Pontífice y la devoción a la Virgen. Para la decoración del mismo altar eligió unas reproducciones de la vida de Jesucristo. Comentó que nos ayudarían a contemplar la vida de Jesús, haciendo oración»[106].

Tiempo después, al cambiar la moqueta del oratorio, tuvieron que separar el altar del retablo y entonces descubrieron que el Siervo de Dios, al terminar el trabajo, había escrito con grandes trazos la jaculatoria que había repetido tantas veces mientras lo construía: «Iesu, Iesu, esto mihi semper Iesus»: Jesús, Jesús, sé para mí siempre Jesús.

En septiembre de 1965 también se consiguió la casa para la residencia universitaria de mujeres de Lovaina (Bélgica). Decía María Antonia Baratech «En 1965 fui desde París unos días a Colonia para atender una convivencia de chicas jóvenes. Le volví a ver: la Obra iba a empezar la labor en Bélgica, y, cuando supo que estaba en Colonia, quiso explicarme detalles de la casa que acababa de alquilar, en Lovaina, por indicación del Fundador; a lo largo de la conversación, dibujó en un papel a lápiz –a modo de plano rudimentario– la distribución de la planta baja del futuro centro. Han pasado

106 Testimonio de Helga Ohmes, AGP, JHG, T-00039, p. 2. Cfr. Testimonio de Emilia Llamas Fernández, AGP, JHG, T-00030, p. 2.

30 años y aún conservo el plano de la casa de Lovaina que dibujó; lo he ido guardando a través del tiempo como algo que hizo un sacerdote santo. Siempre he pensado que algún día se empezaría su Proceso de Beatificación»[107].

En una carta, el Siervo de Dios narraba esos hechos: «Interrumpí el curso de formación durante nueve días. Fui a Lovaina, donde estuve una semana, y les ayudé para darles algunas ideas para las obras de adaptación, sin gastar demasiado dinero. Saqué la impresión de que no pensaban poner el oratorio enseguida. Después de pensarlo, vi que era posible dejar al Señor en la casa de las chicas. Les hice el altar, ellas ayudaron a la decoración y, entre tanto que les llegue el sagrario que han encargado en Talleres, les hice una caja de madera que puede servir para el Monumento o "locus reservationis" en la Semana Santa. Los arreglé con purpurina y quedaron decentes. A principios de noviembre pienso ir a Holanda para ayudarles a la instalación en su nueva casa»[108].

María Antonia Baratech recuerda así la culminación de esos trabajos: «Cuando hizo el primer altar y sagrario de Bélgica, en septiembre de 1965, en la ciudad de Lovaina, observamos que se exigía una gran disciplina y orden en el trabajo: tenía un croquis con la distribución diaria de su cometido y lo terminó el día que se había propuesto, 24 de septiembre, fiesta de Nuestra Señora de la Merced. Diariamente, al terminar su horario, barría las virutas; dejaba las herramientas ordenadas; amontonaba maderas, etc.; todo quedaba en perfecto orden; se veía que estaba trabajando en la presencia de Dios y que lo hacía con cariño. En una

---

107 Testimonio de María Antonia Baratech Sales, AGP, JHG, T-00005, p. 1.

108 Carta de José María Hernández Garnica a Alfonso Par Balcells, Roma 1-X-1965, AGP, JHG, A-1147.

ocasión, le preparamos el almuerzo y, al regresar, comprobamos que había fregado sus platos, alguna cazuela que dejamos sucia en un rincón, y desde entonces mejoramos en orden»[109].

Todo se terminó en su momento y el día de la Merced, a las cinco de la tarde, el siervo de Dios les dirigió la meditación. En ella les decía: «"Esta mañana había roto ya dos cerraduras al intentar ponerlas en la puerta del Sagrario; empecé a enfadarme conmigo mismo; pensaba: José María, estás viejo, ya no sirves ni para poner una cerradura. En ese momento, cuando te sientas nada, es cuando hay que pararse, rezar, apoyarse en la filiación divina, en el cariño a la Virgen, y a recomenzar; otra vez a hacer lo que hay que hacer. Os aseguro que es cuando mejor sale". Así, con ejemplos muy sencillos nos enseñaba lo que él vivía, de dónde arrancaba su fortaleza. Nos enseñaba lo que a él le había enseñado nuestro Padre»[110].

La recepción del Concilio Vaticano II fue especialmente compleja en Europa, en concreto, en la Universidad de Lovaina. El Siervo de Dios era consciente de la difícil situación por la que atravesaban las personas de la Obra que trabajaban apostólicamente allí. De ahí la particular prudencia y realismo con que procuraba formarlas. Como recordaba Amparo Martín de Rosales[111]: «Nos insistía D. José María en que teníamos que estar muy cerca de ellas, quererlas de verdad, ser amigas, trabajar juntas, hacer deporte juntas, cantar juntas (una de las grandes aficiones de los belgas es la música, las corales); pero también darles doctrina, repasar el

---

109 Testimonio de María Antonia Baratech Sales, AGP, JHG, T-00005, p. 1.

110 Testimonio de Amparo Martín de Rosales Garrido, AGP, JHG, T-00033, pp. 1-2.

111 Amparo Martín de Rosales Garrido nació en Granada en 1938. Licenciada en Geografía e Historia. Comenzó la labor del Opus Dei en Bélgica.

Catecismo poco a poco, que esto era lo que necesitaban. Y así era. Conocía muy bien la situación de la Iglesia y el ambiente de la Universidad de Lovaina. Nunca le oí un comentario negativo, desesperanzado o falto de fe. Siendo realista, hablaba de dar doctrina, la de siempre». Con el paso de los años no olvidarán nunca sus recomendaciones: «hemos venido a aprender; ¡hay tantas cosas buenas en esta tierra!: el amor a la Virgen, el espíritu de trabajo, la solidaridad. Doctrina y cariño por las personas, amistad de verdad»[112].

También procuraba difundir espíritu de familia, de fraternidad, entre aquellos poquitos fieles del Opus Dei que trabajaban en países difíciles. Lo subrayaba María del Carmen Rodríguez Eyré: «Su preocupación principal, que se reflejaba constantemente, era que no nos sintiésemos aisladas: es esa una sensación que pesa mucho cuando se inicia la labor, no se conocen apenas personas, está la dificultad del idioma, etc. Tenía un don especial para crear unidad, vivíamos como propias las cosas de (...) Alemania, Holanda y Francia: una que se había planteado la vocación y que había que encomendar, una convivencia o curso de retiro que se estaba programando, una persona nueva que se conocía, un círculo de estudios que comenzaba, la ordenación de un nuevo sacerdote, todo era nuestro»[113].

Por otra parte, san Josemaría seguía contando con él, y le daba encargos que ayudaran al impulso de la Obra en tantos lugares, a la vez que le servían de descanso. En 1965 le envió unos días a Barcelona, en Comisión de Servicio, para realizar una visita extensa en su nombre e impulsar las labores de Cataluña, Valen-

[112] Testimonio de Amparo Martín de Rosales Garrido, AGP, JHG, T-00033, p. 2.

[113] Testimonio de María del Carmen Rodríguez Eyré, AGP, JHG, T-01277, pp. 1-2.

cia, Alicante, Murcia y Baleares: «He recibido el grato encargo de pasar unos días con vosotros. Te escribo estas líneas para ponerme de acuerdo contigo en las fechas que sean mejores para vosotros. Yo estoy dispuesto a ir cuando a vosotros os convenga, dime la fecha y me presentaré en Barcelona»[114].

Fue una gran alegría para él regresar a aquellas tierras donde había ejercitado su tarea pastoral en los comienzos de su sacerdocio. Enseguida informó a Roma de su plan de trabajo: «Después de ponerme de acuerdo con Quico[115], he quedado en ir allí el 15 de enero. La única pena que me da por tanto retraso es que se aplace mi próximo viaje a Roma. Tantas veces, ahora que estoy en Alemania, me acuerdo de lo que nos dijo el año 1939 en su habitación, en el entresuelo de Jenner: "ahora que me tenéis a vuestra disposición no venís a hablarme; dentro de unos años, querréis verme y ¡no será posible!". Y la verdad es que da gusto mirar el crecimiento»[116].

Inglaterra

Del 1 al 5 de mayo de 1966 tuvo lugar el Congreso General del Opus Dei. Días después, D. José María fue nombrado Sacerdote Secretario de Inglaterra. Con toda naturalidad, desde Roma, a donde había acudido para el Congreso, se trasladó a Inglaterra. Con unas letras se despidió de los de Alemania: «Os escribo para agradeceros todas las amabilidades que habéis tenido

---

[114] Carta de José María Hernández Garnica a Francisco Planell Fonrodona, Colonia 7-XII-1965, AGP, JHG, A-1150.

[115] D. Francisco Planell, entonces Director de la Delegación del Opus Dei en Barcelona.

[116] Carta de José María Hernández Garnica a san Josemaría Escrivá de Balaguer, Colonia 23-XII-1965, AGP, JHG, A-1152.

conmigo y deciros lo mucho que siento –por otro lado es alegre también lo de aquí– el tener que abandonaros. Recuerdo con cariño tantas cosas buenas como hemos tenido en estos cinco años y estad seguros de que os encomendaré a todos para que la labor crezca a buen ritmo y desearos todo género de felicidades»[117].

Las personas de la Obra de Inglaterra agradecieron su llegada, como recoge Amelia Díaz-Guardamino Echeverría: «nos anunciaron que había sido nombrado Sacerdote Secretario de la Región de Inglaterra. De nuevo, nuestra alegría no pudo ser mayor: tenerle solo para nuestra Región, y en momentos en que lo necesitábamos tanto, nos parecía un sueño (...). La ayuda de D. José María fue insustituible durante ese período: daba consejos prácticos y paz a todo el mundo, quitaba importancia a las dificultades y, con su buen humor, hacía reír a todos»[118].

De todas formas, sus limitaciones por el cáncer de piel ya eran patentes. En esa segunda y última etapa que D. José María pasó en Gran Bretaña entre 1966 y 1969, no estaba bien de salud. Le habían operado un poco antes en Alemania y, aunque aparecia curado al menos temporalmente, tenía ciertas limitaciones a las que daba poca o ninguna importancia.

En la primera carta a Roma desde su nuevo país, manifestaba su ilusión por este nuevo encargo: «Puedo decirle, Padre, que todo va bien y que se trabaja en las dos secciones con verdadera unidad y sentido de filiación. Le puedo decir que Dick ha empezado a trabajar y que todos lo han recibido muy bien y agradecidos de

117 Carta de José María Hernández Garnica a Alfonso Par Balcells, Roma 10-V-1966, AGP, JHG, A-1159.

118 Testimonio de Amelia Díaz-Guardamino Echeverría, AGP, JHG, T-00015, p. 19.

que le haya mandado a Inglaterra. Tengo la impresión de que trabajo más que antes. Por las mañanas me dedico a resolver el papeleo y procuro llevar con orden todo y tener presentes los asuntos que hay que empujar. Este mes voy por las tardes a aprender inglés con Maurice. Tengo esta temporada, que el Señor me lo conserve, muy buen humor y no me he enfadado»[119].

En esas fechas tuvo lugar esta significativa anécdota. Se celebraba la inauguración de Netherhall House, una residencia de estudiantes en Londres, y el Patronato invitó a la Reina Madre. Lo recuerda Amelia Díaz-Guardamino: «Relato a continuación una anécdota bonita de aquellos días. Estaba previsto que alguien de la familia real, concretamente la Reina Madre, inaugurara oficialmente la residencia. Se invitaría a cientos de personas: personalidades civiles, miembros del Grupo promotor, que se habían ocupado de ponerla en marcha, a los estudiantes y sus familias y a tantas personas que habían ayudado en cualquier aspecto. La Reina Madre visitaría la residencia y la Administración, donde estaba ubicada una Escuela hotelera. Como el séquito era muy numeroso, y apenas había católicos entre ellos, se planteó retirar al Santísimo de los dos oratorios –residencia y Administración– durante ese día, con el fin de evitar posibles faltas de respeto. Es la única vez en que he visto a D. José María imponer su parecer sobre el de los demás: "No, dijo rotundamente. Mientras yo esté aquí, el Señor estará en el Sagrario; ya nos encargaremos de hacerlo todo de modo que se viva el respeto debido". El Consiliario, que había dudado por un momento, al oír a D. José María, aceptó de buen grado lo que proponía. Cuando llegó el momento del recorrido por la Escuela, me conmovió ver al

119 Carta de José María Hernández Garnica a san Josemaría Escrivá de Balaguer, Londres 15-VI-1966, AGP, JHG, A-1162.

Consiliario, que acompañaba a la Reina Madre, hacer una genuflexión pausada al entrar al oratorio, y mantenerse de rodillas unos minutos, en oración, mientras la Reina Madre y su séquito miraban sorprendidos»[120].

Los cambios sociales y culturales en Europa a finales de los años 60 se produjeron vertiginosamente. Entre 1966 y 1969 hubo una verdadera revolución en Europa, especialmente entre la gente joven. Una anécdota sucedida en Barcelona en 1972 refleja bien la actitud del Siervo de Dios ante esos cambios. Anotaba Adolfo Llorente: «Una mañana de domingo paseábamos con D. José María. A nuestro lado pasó un chico con un pelo bastante largo y no muy cuidado y una poblada barba, cosa que, en aquellos años, no era muy frecuente. El que venía con nosotros comentó en plan de broma que "yo, a estos, los raparía al cero y los afeitaría en seco". En ese momento, D. José María no comentó nada; pero, al poco rato, escribió en su libreta –apenas podía hablar por su enfermedad–, si entre mis alumnos había algún chico con barba o con melena. Ante mi respuesta, un tanto vehemente, de que "ni mucho menos", anotó en su cuaderno: "Eso es tiranía", y añadió un comentario sobre el respeto que hemos de tener a la libertad y al modo de hacer de todas las personas, que siempre había defendido el Padre. Comentó, sin darle ninguna importancia, que, si los de la Obra que habían ido a otros países –especialmente del centro de Europa– hubieran actuado con nuestra rigidez y falta de comprensión, no habrían podido hacer nada»[121].

Era verdad. De la revolución del 68 en Londres, recordaba Amelia Díaz-Guardamino: «hubo una verda-

[120] Testimonio de Amelia Díaz Guardamino Echeverría, AGP, JHG, T-00015, p. 23.

[121] Testimonio de Adolfo Llorente Llorente, AGP, JHG, T-00031, p. 5.

dera revolución en el país, especialmente entre la gente joven: era la época de Mary Quant y las minifaldas; de los Beatles con su música tan innovadora y sus melenas; de los "hippies", que andaban descalzos por las calles y, en general, hubo una ruptura total, por parte de los jóvenes, de los convencionalismos que habían encorsetado la vida social del país, en los últimos siglos. Precisamente en esos momentos vimos con sorpresa que D. José María se dejaba el pelo un poco más largo de lo habitual. Más adelante entendí que D. José María quería que las personas jóvenes comprendieran que nosotros somos como los demás –somos los demás– en todo lo que es compatible con las virtudes cristianas y la ley moral: ahí no hay ningún inconveniente en ser modernos, en estar al día, pero que hay, en cambio, otras cosas a las que los miembros de la Obra no podemos acostumbrarnos ni aceptar, porque afectan la coherencia cristiana y, en esas, hemos de ir contracorriente, siempre que sea necesario. A veces, las alumnas del Centro de estudios le comentaban: "Ha venido a la meditación una chica descalza". Era pleno invierno. "Peor para ella, cogerá un catarro", respondía sin darle ninguna importancia: "Las modas que no son prácticas pasan enseguida"»[122].

---

122 Testimonio de Amelia Díaz-Guardamino Echeverría, AGP, JHG, T-00015, pp. 21-22.

Capítulo IV
HASTA EL FINAL

En 1969, terminados los encargos que recibió de san Josemaría, regresó a Alemania. Como anotaba Amelia Díaz-Guardamino: «D. José María nos comunicó que el Padre había nombrado otro Sacerdote Secretario en la región de Inglaterra –Father Peter Haverty, "que es una joya", nos dijo–, y que había dispuesto que él se trasladara a Alemania, desde donde ayudaría a las de Bélgica y Holanda. Ya lo había estado haciendo durante su estancia previa en Alemania y antes, porque nuestro Padre le enviaba de vez en cuando para ver cómo iban las cosas. No nos pudieron sentar peor las noticias, y protestamos (...). Se ve que a D. José María le hizo gracia nuestro enfado»[1].

Fue nombrado Sacerdote Secretario de Alemania. Serán los años finales de su vida: «A principios de este mes recibí la comunicación de que me encargara con Jesús de ayudar a mis hermanas. Procuraré hacerlo de acuerdo con su mente y pido a Dios que se noten los frutos del trabajo de ellas, y sean una ocasión de alegría y consuelo para Vd. De salud estoy bien; fui a revi-

[1] Testimonio de Amelia Díaz-Guardamino Echeverría, AGP, JHG, T-00015, p. 24.

sión, como me recomendaron en Pamplona, después de los cuatro meses. Me vio el médico que me examinó hace años y dice que, en conjunto, todo va bien, incluso mejor que cuando me vio en el 63. Tal vez me ha sentado bien el dejar de fumar y el ir adelgazando; he perdido unos 4 o 5 kilos de peso. La boca se fastidió del todo y ahora tengo todos los dientes de arriba 100% naturales del país, con eso cada día estoy más alemán. Espero con mucha ilusión la fecha de mis bodas de plata y le pido al Señor que me haga fiel y buen instrumento para ser en mi trabajo báculo del Padre. ¡Cuántas gracias tengo que darle, Padre! Porque, como dicen en Madrid, me ha hecho Vd. un hombre, un hombre con vida feliz y con deseos de ser útil»[2].

Poco tiempo después, en una carta expresa sus ilusiones apostólicas: «Estos días he estado haciendo el curso de retiro y, aparte de pedir al Señor, concretando, para tener más piedad y mayor delicadeza en mi vida interior, le he pedido por la santificación de mi trabajo profesional y sacerdotal para que sepa ayudar en este año a mis hermanos y consigamos sacar adelante los tres Centros de estudios, la casa de retiros y la nueva obra apostólica de las mujeres. Al mismo tiempo, que consigamos ver el crecimiento de la familia en sus dos secciones. No me parece que sean planes quiméricos, con un poco de constancia y con la ayuda del Señor y la intercesión de la Virgen, pienso que podemos hacer este servicio tan necesario»[3].

Evidentemente, los proyectos de Dios nunca son quiméricos, requieren la ayuda del cielo y la docilidad del instrumento. La situación doctrinal después del Va-

---

2 Carta de José María Hernández Garnica a san Josemaría Escrivá de Balaguer, Colonia 23-V-1969, AGP, JHG, A-1188.

3 Carta de José María Hernández Garnica a san Josemaría Escrivá de Balaguer, Londres 22-XII-1967, AGP, JHG, A-1178.

ticano II en Alemania era particularmente preocupante. La esmerada preparación intelectual del Siervo de Dios le fue de gran utilidad para su vida interior y para formar a las personas que se acercaban al calor del Opus Dei en una Europa sumida, primero, en la crisis de la posguerra europea; y, después, en la confusión –de algunos ambientes– ante una recepción incompleta del Concilio Vaticano II[4].

A la vez, consciente de la grave situación y de la escasez de posibilidades reales de muchos cristianos corrientes de entrar en el debate teológico, D. José María expresaba con gran sentido común la necesidad de dar formación doctrinal a través del apostolado personal. El estudio de la fe no era para él algo erudito ni solo para alimentar su propia vida espiritual, sino que tenía siempre un objetivo apostólico; «la doctrina la he hecho mía y al hacerla mía me siento obligado, por lealtad y responsabilidad, a que otros la conozcan, la aprecien y la hagan también suya. Esa responsabilidad está tan metida en mi vida, que veo claro que, si no me preocupo por difundir la Verdad, esa misma Verdad en mí poseída se diluye y me pongo en peligro de perder para mi vida esa Verdad –ese don de Dios– antes bien poseída»[5].

Su capacidad de adaptación a la cultura de cada nuevo país era verdaderamente admirable. Enseguida captaba cómo debía vivir allí un cristiano coherente:

[4] «Nunca le oí un comentario negativo, desesperanzado o falto de fe. Siempre realista, hablaba de dar doctrina, la de siempre. Y nos decía: "Hemos venido a aprender. ¡Hay tantas cosas buenas en esta tierra!: el amor a la Virgen, el espíritu de trabajo, la solidaridad [...]. Formaos bien doctrinalmente y formad a todas. Doctrina y cariño por las personas, amistad de verdad"». Testimonio de Amparo Martín de Rosales, AGP, JHG, T-00033, p. 4.

[5] José María Hernández Garnica, *Meditaciones*, 9-VI-1972, AGP, JHG, E-72, p. 2.

por ejemplo, qué prensa valía la pena leer y cuál podía estar en un hogar cristiano.

Por otro lado, gran parte del trabajo apostólico que realizaba por los países europeos le llevaba a conocer y tratar a muchos luteranos, calvinistas y anglicanos. Con todos ellos buscaba inmediatamente crear una corriente de simpatía y de afecto: llegar a la amistad. Sabía lo que les separaba en cuestiones doctrinales pero, también, de que solo el diálogo confiado podría crear el necesario clima de confianza mutua. Al ver el cariño con el que eran tratados en los Centros del Opus Dei, muchos de aquellos hombres y mujeres cambiaban sus disposiciones respecto a la Iglesia católica. De esta manera, D. José María fue cauce para que la gracia de Dios actuara y se dieran conversiones al catolicismo.

Las bodas de plata sacerdotales

El 25 de junio de 1969 estará marcado por la celebración de las bodas de plata sacerdotales de los tres primeros sacerdotes del Opus Dei. Efectivamente, como narra Carmen Mouriz, san Josemaría fue preparando todos los detalles para ese día de fiesta. Se bordaron tres palias de gran dignidad, con fechas y motivos alusivos, para que las emplearan los tres sacerdotes en la Santa Misa de ese día. Además, había previsto san Josemaría en qué oratorio (...) la celebrarían. D. Álvaro celebró en el oratorio de Pentecostés, D. José María y D. José Luis, en Villa Sachetti, en los oratorios del Corazón de María y en el Santo Cristo: «Se trataba de que todas pudiésemos participar, en la medida de lo posible, en ese destacado aniversario, en la Santa Misa de cada uno de los tres primeros sacerdotes»[6].

[6] Testimonio de Carmen Mouriz García, AGP, APD, T-01185, p. 5.

El día transcurrió en un clima sereno y de alegría. El santo orgullo del Fundador al ver a sus hijos mayores en plena fecundidad apostólica, correspondiendo a la gracia de Dios. De hecho, los tres actualmente están en proceso de beatificación.

Meses después el Siervo de Dios recibió esta carta de san Josemaría: «Querido Chiqui: ¡que Jesús te me guarde! Tu carta me ha llenado de consuelo al ver cómo me ayudas, con tu oración y tu sacrificio, a llevar la carga que nuestro Jesús pone sobre mis hombros, y que tú sabes bien que tantas veces es muy pesada. Mi corazón se llena de alegría ante las continuas manifestaciones del celo ardiente y de la visión sobrenatural con que trabajáis todos. Hijo mío, ten confianza y sigue rezando: se logrará lo que esperamos *–inter medium montium pertransibunt aquae!–*, con la gracia de Dios y el poder suplicante de María Santísima»[7].

En ese tiempo, su salud se fue deteriorando. Así lo recordaba Amelia Díaz-Guardamino Echeverría: «Pasó aproximadamente un año hasta que volví a ver a D. José María. Yo me había trasladado a Roma, en febrero 1970, para trabajar en la Asesoría Central y, quizá en ese mismo año, D. José María fue a pasar unos días en Roma. Me impresionó su aspecto; no podía dejar dc mirarle: desmejorado, con poca vida, había dado un bajón grande durante ese año, tanto que no pude por menos de decirle: "Le cuidábamos mejor en Inglaterra". Se rió, pero lo que vi en sus ojos me hizo pensar que no tendríamos a D. José María por mucho tiempo. "Cuidad al Padre", me dijo al marcharse; se refería a

[7] Carta de san Josemaría Escrivá de Balaguer a José María Hernández Garnica, Roma 15-XII-1969, AGP, serie A.3.4, 295-3.

las que vivíamos en la Montagnola, el Centro de la Asesoría Central»[8].

Al poco, se trasladó a la clínica universitaria de Navarra donde sufrió una operación de hernia. Luego, al regresar escribió: «Llegué aquí, a mi Región, el sábado pasado por la tarde. Ya hemos empezado la labor. Me encuentro ya repuesto, solo he perdido 3 kilos de peso en la "refriega" con los médicos. Mucha ilusión en conseguir que se ensanche e intensifique la labor de formación de gente joven en mis hermanos»[9].

Al pasar por Madrid, también aprovechó para gestionar el doctorado como Ingeniero de Minas. El 30 de marzo de 1970 presentó los documentos requeridos en la convocatoria especial que se promulgó por aquellas fechas, y una Memoria de investigación denominada «Estudio geológico de las Sierras de Algámitas y Algodonales», que era una actualización de su Tesis doctoral en Ciencias Naturales. Con fecha 30 de noviembre de 1971, la Junta evaluadora le comunicó que el 30 de septiembre le habían concedido por unanimidad el título de Doctor Ingeniero. De nada le serviría, pero fue una manifestación más del espíritu laical y secular del Opus Dei que vivía con hondura hasta el final de su vida.

En 1971 san Josemaría regaló un reloj a aquellos tres primeros sacerdotes. En la carta en la que se lo agradece, aprovecha para pedirle que vaya a Alemania a verles: «Unas líneas para agradecerle el cariño que, otra vez más, me ha demostrado. El reloj me da mucha alegría y, cada vez que lo miro, hago una jaculatoria

---

8 Testimonio de Amelia Díaz-Guardamino Echeverría, AGP, JHG, T-00015, p. 24.

9 Carta de José María Hernández Garnica a san Josemaría Escrivá de Balaguer, Colonia 23-IV-1970, AGP, JHG, A-1197.

pidiendo por Vd. He dicho a los de la Comisión que no dejen de encomendarle y también les he dicho que no hay ninguna seguridad pero que pidamos que su trabajo le permita pasar unos días esta primavera o este verano con nosotros»[10].

También, en otra carta al Fundador, le da cuentas de sus viajes a Suiza, cuando ya andaba mal de salud: «He estado del 14 al 21 de este mes en Zürich. Pienso volver para San Juan. En esos días he procurado dar optimismo y alegría por allí y, en conjunto, pienso que la gente ha quedado contenta y con ilusión. Mi opinión es que podré resolver los problemas que se me ocurren y veo, en unos cuantos viajes mensuales de esa duración, a lo largo de este año. Las cosas que tengo aquí entre manos no me parece –a lo mejor me equivoco– que las pueda dejar porque hay que consolidarlas. Sin embargo, cuando llego a esta conclusión, siempre pienso que debo de estar equivocado»[11].

Es interesante el comentario humilde del Siervo de Dios, siempre dispuesto a rectificar sus juicios y, por otra parte, plenamente consciente de que Dios es el que hace las cosas. Bien claro lo tenía y por eso se dedicó a impulsar a quienes estaban en cada lugar.

De regreso a Alemania, se apresta para acometer el último oratorio que instaló personalmente. Se trataba del altar y retablo del nuevo Centro del Opus Dei en la ciudad de Aachen (Aquisgrán). Empezó él mismo hasta que descubrió a un joven artista español, Andrés Rodríguez Eyré, que estaba pasando una temporada en Colonia. Cambió los papeles y se dispuso a terminar esos

---

[10] Carta de José María Hernández Garnica a san Josemaría Escrivá de Balaguer, Colonia 24-I-1971, AGP, JHG, A-1206.

[11] Carta de José María Hernández Garnica a san Josemaría Escrivá de Balaguer, Colonia 26-V-1971, AGP, JHG, A-1212.

trabajos dirigiendo al artista. Así lo escribía D. José María: «Uno de estos días se quedará el Señor en el nuevo oratorio de Aachen. Pienso que quedan bien el altar y el retablo. El sagrario es de Talleres de Arte Granda. Los otros detalles de bancos, etc., habrá que aplazarlos un poco, hasta que dispongamos de otros pisos –no será antes del verano–. Tenemos ilusión en que salga pronto la traducción del libro del Santo Rosario. Me emocionó la piedad y cariño que transpira la nota que nos envió para la 12ª edición. Pienso que esta semana podremos enviar las pruebas corregidas a la imprenta y que en tres semanas estará en la calle»[12].

Su veneración y cuidado de los oratorios de los primeros Centros del Opus Dei en diversos países son un síntoma de la necesidad de fundamentar todo el trabajo en la devoción y veneración a la Eucaristía. Manifestaba Javier Cotelo que «Era habilidoso y con buen gusto. Una de las razones por las que nuestro Padre estaba orgulloso de él era que había realizado, con maña y sin gastar apenas dinero, oratorios, altares y retablos en las Regiones del centro de Europa. En verano de 1962 san Josemaría me llevó por Londres a ver uno de estos oratorios de un Centro de las mujeres. Comentó que con amor de Dios, cuidando los detalles y ahorrando, había realizado una cosa preciosa»[13].

Son muchos los testimonios de cómo adoraba a la Eucaristía. De cómo se metía en Dios al celebrar la Eucaristía, recordaba Dora Calvo lo siguiente: «Su amor a Dios era visible cuando celebraba la Santa Misa. Sin distraerse se concentraba en las palabras, leía despacio

[12] Carta de José María Hernández Garnica a san Josemaría Escrivá de Balaguer, Colonia 22-IX-1971, AGP, JHG, A-1214. Respecto al libro de *Santo Rosario*, cfr. J. Escrivá De Balaguer, *Santo Rosario*, edición crítico-histórica de P. Rodríguez, Rialp, Madrid 2010.

[13] Testimonio de Javier Cotelo Villareal, AGP, JHG, T-01299, p. 1.

con esfuerzo, pues tendía a leer rapidísimo. Podía leer en diagonal, pero en la Santa Misa se detenía en cada pausa y se esforzaba en pronunciar cada palabra». También se recogía al impartir la bendición con el Santísimo. Algunas de las primeras mujeres del Opus Dei recuerdan que comentaron entre ellas: «¡Cómo aprieta D. José María el copón contra su pecho, después de darnos la Bendición con el Santísimo!: ¡Le da un abrazo!»[14].

Precisamente en los años posteriores al Concilio Vaticano II, cuando se produjeron graves abusos en materia litúrgica[15], puso gran empeño en vivir con intensidad y unción los ritos establecidos por la Iglesia. Sabía que solo así podría orientar a los fieles del Opus Dei y a las personas que atendía sacerdotalmente. Son muchos los testimonios de su trato confiado y sereno con la Madre de Dios en esos años. Veneraba especialmente el Santo Rosario, en el que ponía siempre pequeñas y grandes intenciones.

Pamplona

Desde su juventud, por la lesión renal que padecía, había tenido una salud delicada aunque, según afirman los testigos y hemos podido comprobar a lo largo de estas páginas, llevó una vida normal, o realmente quiso llevar vida normal a pesar de sus dolencias. Como resaltaba Francisco Ponz: «Siempre fue un buen enfermo, en el sentido de que no se oponía a las prescripciones médicas, procuraba dar el menor trabajo posible a quienes le atendían, no solicitaba ningún plato especial, no mostraba impaciencias ni se veían en él lamen-

[14] Testimonio de Dorotea Calvo Serrador, AGP, JHG, T-00010, p. 3.

[15] Para la situación creada entre los fieles, cfr. J. RATZINGER, *Informe sobre la fe, op. cit.*, pp. 131-143.

taciones o gestos de mal humor; al contrario, con frecuencia convertía sus dolencias en ocasión de comentarios jocosos, divertidos»[16].

Con ocasión de una de las operaciones del cáncer de piel, volvió a manifestar su total disponibilidad y desprendimiento de sus cargos de gobierno en el Opus Dei. Se lo escribía al Fundador: «Aunque creo que voy bien después de mi operación, para mí es imposible saber cómo quedaré de salud después. Los cargos son servicio y, por tanto, creo que debo ponerlo a su disposición. Padre, bien entendido que con esto lo único que quiero es dejar libertad para hacer lo que más convenga. Yo estoy dispuesto a trabajar donde sea y con lo que sea»[17].

Por otra parte, estas enfermedades fueron una oportunidad para mostrar la hondura de la obediencia del Siervo de Dios. Obedecía las indicaciones médicas, aunque a veces le costaran. Por ejemplo, en 1968, recodaba D. Alfonso Par, los médicos le recomendaron que hiciera ejercicio físico, cosa que para las personas de su edad y de su generación no resultaba ni agradable ni placentero. De hecho, llevaba desde su juventud sin practicar deporte alguno, así que al recibir esa sugerencia médica «se las arregló para que su hermana le regalara una de esas bicicletas de ruedas pequeñas que entonces se usaban mucho. Desde aquel día iba en bicicleta desde la casa de la Comisión a los otros Centros donde tenía que celebrar la Santa Misa o dedicarse a otras labores sacerdotales»[18].

[16] Testimonio de Francisco Ponz Piedrafita, AGP, JHG, T-00044, pp. 18-19.

[17] Carta de José María Hernández Garnica a san Josemaría Escrivá de Balaguer, Colonia 5-III-1962, AGP, JHG, A-1059.

[18] Testimonio de Alfonso Par Balcells, AGP, JHG, T-00043, p. 14. «De salud estoy genial, me muevo por Colonia en una bici, pues me enviaron dinero los hermanos para adquirirla». Carta de José María Hernández Garnica a Teresa Temes Hernández, Colonia 8-I-1968, AGP, JHG, A-219. «Sé

En 1968 volvieron a extirparle el cáncer de piel que padecía, y ya no podrá usar alzacuellos. Preguntó el asunto a san Josemaría: «Como le anuncié a Fernando Valenciano, me hice quitar las pecas molestas en la clínica de Bonn. Los análisis dieron un Vasiloma. Según el de la piel que me vio, tengo que ir al médico cada seis meses para echarme un ojo por la piel, y que si me veo algo anormal, vaya enseguida a un médico para que me lo quite. Esté tranquilo por mí, porque ni me ha dado la menor preocupación interior, ni me ha quitado energías para trabajar. Lo único es que ahora, para evitar roces en la piel, no puedo llevar el cuello corriente para el *clergyman* y para la sotana. Uso lo que llevan la mayoría de los sacerdotes aquí que se llama "guardini collar"; una camisa blanca de cuello corriente con el pechero negro de tela. Supongo que no habrá inconveniente»[19].

A partir de 1970 su salud empezó a quebrantarse seriamente. Tantos años de entrega generosa llevados con extraordinario buen humor comenzaron a reflejarse en su organismo. Recordaba María Luisa Dans que «en 1971 estaba ya mal de salud; lo habíamos visto durante el verano, y al comenzar el otoño tuvimos una convivencia de mujeres de la Obra que atendió él. Nos preocupaba, y le preguntamos cuándo haría el curso anual y podría reponerse un poco. Como siempre, sin

que en 1970 o 1971 –porque lo comentó de pasada–, había pedido que le comprasen una bicicleta pequeña para poder ir a los Centros del Opus Dei para atender la labor apostólica; a nosotras nos parecía que le gustaba, que lo hacía por deporte. Meses más tarde, estuvo atendiendo un curso de formación de Numerarias en Kreuzweingarten, a una hora de Colonia. Tenía gripe y venía cada día en el tren, nevaba... Le sugerimos que se trasladara en coche, y nos explicó que no iba a coger el coche que utilizaban los Numerarios para su trabajo. Vimos que lo hacía por pobreza». Testimonio de María Luisa Dans Gárate, AGP, JHG, T-00014, p. 4.

[19] Carta de José María Hernández Garnica a san Josemaría Escrivá de Balaguer, Colonia 9-XI-1968, AGP, JHG, A-1185.

darse importancia, comentó que el Padre le había encargado una gestión de Cavabianca –la sede del Colegio Romano de la Santa Cruz, en Roma– y que, hasta que la sacara adelante, no lo haría»[20].

En noviembre de 1971, en una carta al Fundador del Opus Dei, escribió como de pasada: «Yo tengo ilusión y alegría, algo cansado me encuentro, pero tal vez el curso anual que todavía no he podido hacer me dé ocasión de reponerme»[21].

Ya en el mes de diciembre fue a la clínica universitaria de Navarra: «Llegué anoche aquí, me atendieron con todo cariño los de Madrid y a la hora estaba camino de Pamplona. Esta mañana ha empezado la visita médica. He hablado ya unos minutos con Eduardo Ortiz de Landázuri y la impresión es optimista. Dice que puedo contar con que el miércoles me dejan irme rumbo a Madrid»[22].

Unos días después se marchó a La Pililla, una casa de retiros situada en Piedralaves (Ávila), para pasar unos días de descanso y formación. Desde allí escribió a san Josemaría: "Llegué anoche para descansar y ha-

[20] Testimonio de María Luisa Dans Gárate, AGP, JHG, T-00014, p. 3. «La última vez que le vi fue en una convivencia para sacerdotes, en Solingen; sería en octubre de 1971. Se le veía muy afectado por la enfermedad, pero siempre trataba de sobreponerse para dar una meditación, una charla, estar presente en la vida de familia». Testimonio de Hermann J. Steinkamp, AGP, JHG, T-00054, p. 3. «En 1971, cuando terminó la gestión de Cavabianca, fue a hacer el curso anual a España, a la Pililla, y pasó por Roma». Testimonio de María Luisa Dans Gárate, AGP, JHG, T-00014, pp. 5-6.

[21] Carta de José María Hernández Garnica a san Josemaría Escrivá de Balaguer, Colonia 26-X-1971, AGP, JHG, A-1217.

[22] Carta de José María Hernández Garnica a san Josemaría Escrivá de Balaguer, Pamplona 12-XII-1971, AGP, JHG, A-1220. «Terminó su estancia en Alemania en diciembre de 1971 para irse a España pasando por Roma. En Pamplona se confirmó la gravedad de la enfermedad. Después de unos meses de tratamiento, los médicos aconsejaron que se trasladara a Barcelona donde se le podría dar un tratamiento más adecuado. Así se hizo, cfr. Testimonio de Alfonso Par Balcells, AGP, JHG, T-00043, p. 11.

cer el curso anual. Hay un grupo de unos 30 profesionales. Me encuentro muy a gusto y contento. Se me ha estropeado el plan que tenía de poder estar junto a Vd. el día 9 para celebrar su cumpleaños. Los médicos de Pamplona me han mirado con todo detenimiento. He estado seis días y piensan que me tienen que ver después de mi descanso, para ver cómo evolucionan las molestias que me han encontrado. Por lo visto son unos cuantos nervios que se han estropeado y que hace que mi lengua no tenga todos los movimientos normales. No han encontrado causa física y se inclinan a creer que ha sido un trastorno vascular. Supongo que, como Dios es tan bueno, me hace purgar el abuso que haya hecho en mi vida con este órgano y me da ocasión para encomendarle y rezar por su intención»[23].

Finalmente, al terminar el curso de formación pasó por Roma, camino de Alemania. Sus dificultades para tragar y el problema de dicción estaban agudizados. Decía D. Florencio: «Desde varios meses atrás, tenía gran dificultad para deglutir y para hablar, y lo hacía con bastante dolor de garganta. Junto a los comentarios clínicos, referían los médicos el buen ánimo con que afrontaba las incomodidades y molestias de aquellos reconocimientos. Después de ponerle un tratamiento adecuado, regresó a Roma»[24].

De esos días romanos recuerda Carmen Mouriz: «En el año 1972 yo vivía en Roma, porque por entonces formaba parte de la Asesoría Central. D. José María, que seguía en Alemania y conforme pasaba el tiempo estaba peor de salud, pasó por Roma. En aquella oportunidad, nuestro Padre quiso que le saludáramos las que le conocíamos más: varias de Alemania y una de

[23] Carta de José María Hernández Garnica a san Josemaría Escrivá de Balaguer, Piedralaves, Ávila 18-XII-1971, AGP, JHG, A-1221.

[24] Testimonio de Florencio Sánchez Bella, AGP, JHG, T 00049, p. 3.

Inglaterra. Unos días más tarde, nuestro Padre nos dijo que D. José María le había pedido regresar a Alemania, pero que le había contestado que volvería después de la revisión médica, si los especialistas lo aprobaban. Comentó: "Este hijo, hasta el último suspiro, dándose"»[25].

Así pues, estuvo unos días en Alemania. De aquellas jornadas, antes de quedarse definitivamente en Pamplona, recuerda Margarita Berga: «Después del curso anual, fue a Roma para pasar el 9 de enero con nuestro Padre y, cuando volvió a Lindenthal, intentó contarnos muchas cosas, pero no fue posible debido a que le costaba hablar. De nuevo, volví a palpar su sencillez y humildad»[26].

Finalmente, los médicos aconsejaron que fuese a Pamplona para un seguimiento intensivo. Había logrado hacer una vida de trabajo normal, pero llegaba el momento de decir con naturalidad «hasta luego». Así lo recordaba María Luisa Dans: «Al cabo de cinco o seis días, nos dijo que quería estar con todas las de la casa; en aquel momento era el Sacerdote Secretario de la Región y vino acompañado de otro sacerdote. Nos dijo que el Padre le había pedido que volviera a España y nos presentaba al nuevo Sacerdote Secretario»[27].

Los testigos resaltan que aquellos días tenían cierto sabor de despedida. Lo resumía Fernando Echeverría: «Cuando iba a marcharse de Colonia para ser tratado en España, nos dábamos cuenta de que quizá fuera la última vez que nos viéramos en Alemania; aun esforzándonos en mantenernos serenos, no podíamos dejar de entrever los sentimientos que teníamos todos»[28].

[25] Testimonio de Carmen Mouriz García, AGP, JHG, T-00037, p. 15.
[26] Testimonio de Margarita Berga Codony, AGP, JHG, T-01280, p. 2.
[27] Testimonio de María Luisa Dans Gárate, AGP, JHG, T-00014, pp. 5-6.
[28] Testimonio de Fernando Echeverría Mareca, AGP, JHG, T-00018, p. 2.

A finales de enero llegó de nuevo a Pamplona para ser tratado de los problemas en la garganta. Cada vez le costaba más la deglución de alimentos y la pronunciación de algunas palabras. La exploración a la que fue sometido mostró parálisis de parte de la lengua. Comenzaron los estudios y pruebas para averiguar la causa. Augusto Granados, médico, casado con una de sus sobrinas, recibió una carta para que la trasmitiera a la familia: «La lengua se me inmovilizó más y no puedo pronunciar las linguales. De todas maneras, los últimos días he mejorado. De tragar, hasta ahora bien, aunque prácticamente todo lo que tomo es líquido. Lo más espeso, yogurth. Dicen que es interno; un trastorno vascular y confían que, con la medicación, la naturaleza reaccione en unos meses»[29].

El propio Augusto viajó a Pamplona con su mujer, para comprobar el estado del enfermo y llevarle el afecto de toda la familia. Escribía años después: «Como soy médico y estábamos todos preocupados, me desplacé a Pamplona para averiguar su estado de salud. Estuvimos mi mujer y yo. Hablamos de muchas cosas de la familia, de los niños. Me llamó la atención ver cómo no le daba ninguna importancia a su situación y hablaba como si fuera una circunstancia pasajera. Yo sabía, como él, que estaba mal y que su curación era muy difícil, por eso me impresionó su entereza, que solo podía deberse a su profundo abandono en las manos de Dios»[30].

En esta etapa de Pamplona, el médico que lo atendió fue el Dr. Martínez Lage, que anotó en sus recuerdos la vivísima impresión que le causó: «Conocí de manera muy personal y directa a D. José María Hernández

---

[29] Carta de José María Hernández Garnica a Augusto Granados Sanz, Pamplona 10-II-1972, AGP, JHG, A-1424.

[30] Testimonio de Augusto Granados Sanz, AGP, JHG, T 00251, p. 1.

Garnica el 31 de enero de 1972. Vino a mi consulta de neurología en razón de la dificultad que tenía para tragar y articular la palabra. Estos síntomas se habían iniciado en el mes de julio de 1971, junto con dolor de garganta, y tenían un carácter netamente progresivo. Desde el primer momento me impresionó su talante. Risueño en el interrogatorio médico, restando importancia a sus síntomas, colaborando como un niño en la exploración de su boca, lengua y garganta. Recuerdo que improvisó algún chiste sobre estas maniobras. No me preguntó sobre el diagnóstico, ciertamente muy sombrío en esta primera consulta. Aceptó sin rechistar mis prescripciones terapéuticas. Yo creo que él se percató por completo de que su enfermedad era grave o muy grave pero, por docilidad y visión sobrenatural, permaneció todo el tiempo en la consulta sonriente, como si él no fuera el enfermo, traduciendo alegría y paz espiritual, con un porte sencillamente elegante en aspecto y delicados modales. Lo fui viendo a lo largo de los meses siguientes. Empeoraba semana a semana su disartria y su disfagia. Me miraba siempre, siempre sonriente, me decía algo más bien jocoso, como podía, pues su palabra se iba haciendo poco a poco ininteligible. Al oír él mismo su mal sonido gutural, labial y bucal era consciente que su interlocutor no podía descifrar su lenguaje hablado. Pero jamás le vi un gesto de señalar su boca para indicar que no podía emitir bien la palabra, ni un mohín de enfado, ¡ni una mala cara!»[31].

Esa alegría de fondo también fue percibida por Alfonso Nieto, que convivió con D. José María en Pamplona: «vino a vivir a Pamplona para que le trataran los médicos de la clínica universitaria. Se notaba en el

[31] Testimonio de José Manuel Martínez Lage, AGP, JHG, T-00034, p. 1.

cuerpo el paso y el peso de los años, los trabajos que por todo el mundo realizó, fiel a las encomiendas que le hizo san Josemaría. Pero el alma seguía tan joven como cuando le conocí: la misma sonrisa, mirada despierta, asombrosa agilidad mental y dolor hecho santidad. Tenía una enfermedad grave, mas solo el trato permanente permitía entrever que sufría dolores poco comunes»[32].

D. José María, consciente de lo que le esperaba a él y a quienes le acompañaran, en su última conversación con san Josemaría en Roma, se lanzó a pedirle un crucifijo bendecido por él, que le sirviera de recordatorio en la etapa que iba a afrontar: «Al día siguiente de llegar me dijo que, antes de salir de Roma, le había pedido a nuestro Padre un crucifijo pequeño con su bendición, para entregárselo al director del Centro donde fuera a vivir en Pamplona, porque le hará falta; con la enfermedad le voy a hacer sufrir mucho. Alargando la mano me lo entregó. Desde entonces ese pequeño crucifijo me acompaña; ante él escribo estas líneas»[33]. En este sencillo recuerdo se encuentran las claves de su preparación para la muerte.

Para sostenerle en la situación grave que padecía, el Fundador del Opus Dei extremó aún más sus detalles de cariño. Lo muestran las cartas que le escribió en aquellos meses. En una de ellas decía san Josemaría: «Querido Chiqui: que Jesús te me guarde. Estoy contento de que te encuentres cerca de los médicos de Pamplona, y siempre cada día más cerca de Dios Nuestro Señor, porque al Señor y a los médicos importuno continuamente para que te me curen. Sé que tienes el día muy lleno y me da alegría: así te será más fácil

[32] Testimonio de Alfonso Nieto Tamargo, AGP, JHG, T-00038, p. 1.
[33] *Ibíd.*

unirte a las intenciones de mi Misa y de mi oración, y la Madre Nuestra Santa María nos obtendrá de su Divino Hijo que se acaben estos tremendos e increíbles tiempos de prueba, que la Iglesia y las almas padecemos. Tengo la seguridad de que Jesús, Amor Nuestro, te escuchará especialmente mientras dure esa enfermedad que te ha enviado: aprovéchate de ese privilegio»[34].

También en aquellos días, el 16 de febrero, D. Álvaro del Portillo escribió por encargo de san Josemaría a José Luis Múzquiz; era preciso buscar oraciones: «Supongo que ya estarás enterado de que Chiqui está mal de salud. Pero me dice el Padre que te lo escriba yo directamente, para que reces. Este verano pasado estaba muy bien: pero después empezó a notar molestias en la lengua, y gran dificultad para hablar y para comer. Cuando vino a Roma, el Padre le mandó ir directamente a Pamplona: ya tenía paralizada media lengua y no podía hacer pasar los alimentos a la garganta ni pronunciar muchos sonidos. Hizo después el curso en La Pililla y le volvieron a ver en Pamplona, donde le pusieron un régimen para dos o tres meses, y salió de nuevo hacia Alemania pasando –como le habíamos dicho– por Roma. Aquí, al verle, decidió el Padre que fuera a Alemania para recoger sus cosas y volver otra

[34] Carta de san Josemaría Escrivá de Balaguer a José María Hernández Garnica, Roma 19-II-1972, AGP, serie A.3.4, 301-4. La preocupación por la salud del Siervo de Dios por parte del Fundador del Opus Dei era patente. Así, decidió escribir a la sobrina del Siervo de Dios, Teresa Temes, a Kenia: «El 8 de febrero de 1972 nuestro Padre me escribe una carta a Kenia en la que me decía: "Acabo de recibir noticias de que tu tío Chiqui está en Pamplona enfermo y, si el Señor no dispone otra cosa, sin posibilidad de curación. No dejes de rezar por él. Haz una novena detrás de otra a Montse, para que interceda ante el Señor, y le dé la salud. Escríbele, con cariño, contándole cosas de la labor, pero sin hacer referencia a su enfermedad: él no sabe todavía que se trata de algo grave, aunque lleva todas sus molestias con mucha paz y con mucha visión sobrenatural". Yo le escribí cada 15 o 20 días hasta su muerte, ocurrida en diciembre de ese mismo año». Testimonio de Teresa Temes Hernández, AGP, JHG, T-00060, p. 5.

vez a Pamplona, donde estaría mejor cuidado. Por fin, ahí, le han hecho un diagnóstico grave: una lesión, no sé si cerebral (es pseudo-bulbal), es la que le produce esa parálisis. La enfermedad es progresiva y, por ahora, incurable y molestísima. Puede durar Chiqui, según los médicos, de algunos meses a uno o dos años, pero con peligro de muerte en cualquier momento. Chiqui se da cuenta de todo, pero, como está preparadísimo, de momento no se le ha dicho nada, para ver cómo evoluciona la enfermedad. El Padre está, como puedes suponer, enormemente afectado: Chiqui ha sido siempre un instrumento lleno de eficacia, que ha derrochado todas sus fuerzas para servir a la Obra, alegre siempre con los sacrificios que se le pedían. Reza por él, para que el Señor, si es su Voluntad, haga el milagro: y, si no, para que conceda a Chiqui la gracia necesaria para llevar con garbo sus dolores, hasta el fin, en alabanza a Dios y para bien de toda la Obra. ¡Reza! Y acuérdate también un poco de mí, que estoy sano como nunca, para que sea bueno y fiel»[35].

La entrega a los demás, una constante en la vida de D. José María, se expresó en nuevas formas. Al no poder hablar, y con el deseo de ayudar a los que vivían en su Centro, comenzó a escribir meditaciones. Alfonso Nieto sigue escribiendo: «Contagiaba fe. No reparaba esfuerzos para contribuir a que creciéramos en piedad, en vida de oración. Referiré un modo que tuvo de ayudarnos en el ejercicio de la oración mental y a penetrar en el espíritu de la Obra. Cuando apenas podía articular palabras, un día le pedimos que nos escribiera "algo" para hacer la meditación en la mañana siguiente, 19 de febrero de 1972, santo de D. Álvaro del Portillo. Se resistió, pero al final, con su sonrisa habitual, asin-

[35] Carta de Álvaro del Portillo a José Luis Múzquiz, Roma 16-II-1972, AGP, JHG, D-1227.

tió con la cabeza. Le instalamos un pequeño atril que le permitía escribir con la cabeza levantada, evitando en parte la salivación que difícilmente retenía. Al día siguiente leímos en el oratorio los folios que nos había escrito. A esa meditación siguieron otras quince, como mínimo, que nos escribió entre febrero y junio de aquel año»[36]. Aquellas meditaciones, redactadas al final de su vida, muestran la hondura de su piedad y la fidelidad acendrada de un hombre de Dios.

Además de las meditaciones escritas, hay que señalar sus desvelos continuos por los de su Centro, manifestando detalles de cariño. Les ayudó a vivir también, de modo práctico, la pobreza y el buen gusto en el mantenimiento de la casa. Por ejemplo, sugirió mejoras en la decoración: desde hacer un Vía Crucis para el oratorio con unos recortes de listones que sobraron de otro trabajo, hasta buscar con detenimiento unas sillas que se debían comprar para el comedor.

Una tarde, mientras estaban merendando, uno de los que vivían en la casa comentó que no acababa de ver claro cómo orientar un capítulo del libro que estaba escribiendo. Se trataba de un libro de investigación sobre cuestiones de prensa. Como en la casa vivían varios periodistas, se dieron diversas opiniones. D. José María escuchó y no dijo nada. Al día siguiente, se acercó a quien estaba preparando aquel libro y le dijo que, durante la noche, había pensado en el tema que planteó la tarde anterior; le dio su opinión tomando como base la idea de responsabilidad personal que tantas veces había predicado san Josemaría. Verdaderamente había dado en el clavo. La ayuda a la fidelidad y a la santidad de las personas de la Obra con las que convivió se recuerda todavía.

---

[36] Testimonio de Alfonso Nieto Tamargo, AGP, JHG, T-00038, p. 2.

Para hacerle descansar, y aprovechando un viaje que uno tenía que realizar a Asturias en el mes de mayo, acudió con varios al Santuario de la Virgen de Covadonga. Se había preparado aquella visita con especial cariño. Habían previsto que celebraría la Santa Misa a ese pequeño grupo, de modo que pudiera hacerlo en voz baja, pues le resultaba muy doloroso alzar la voz. El hecho fue que el sacristán, sin previo aviso, cambió el orden y acabó celebrando delante de un numeroso grupo de peregrinos en la gruta. Llegado el momento de la homilía, sacando fuerzas de flaqueza, habló con gran fuerza y tono alto del Amor a la Virgen, y de la necesidad de pedir, a través de su intercesión, por la Iglesia. Los que le escucharon quedaron profundamente removidos. Mucho esfuerzo tuvo que hacer, pues el agua de la cascada que está debajo de la gruta produce un ruido muy fuerte.

Al final de su vida, como desde el comienzo de su entrega, se exigía mucho. Su carácter –fuerte, sereno, racional– le llevaba a no ceder a la comodidad de emplear más tiempo del debido en hacer una cosa. A todos los que convivían con él les asombraba su rapidez para leer el periódico en el desayuno; resumía las noticias y con acento castizo madrileño añadía: «¡Al trabajo!».

En este tiempo continuaba al tanto de las necesidades de los países de Europa y de la labor que en ellos se realizaba. Parecía que tenía aquellos países sobre sus hombros. Por ejemplo, en una carta dirigida a los de Holanda decía: «La alegría al escuchar las buenas noticias de Holanda es inmensa. Ya se ve que se ha empezado a romper el fuego y es cuestión de insistir, no cejar y seguir pidiendo al Señor, por intercesión de la Virgen, que conserve nuestro espíritu y la familia seguirá creciendo. Las noticias de Utrecht son estupendas. Tener un nuevo sitio –en ciudad distinta– donde poner el pie es un aliciente enorme. Ya supongo que como todo crecimiento trae problemas consigo pero, como el Padre nos dice, no hay rosas sin espinas. Yo encomiendo todos los días vuestra labor y a vosotros»[37].

Para no perder los idiomas, y para hacer un rato agradable a quienes le cuidan, hace con ellos crucigramas en varias lenguas: castellano, alemán, francés e inglés. Mientras, la enfermedad seguía su inexorable rumbo. Acudió el 2 de febrero a la clínica universitaria de Navarra para una punción lumbar. El 6 de marzo volvió de nuevo a la consulta. Los exámenes paraclínicos fueron también negativos.

El 22 de marzo le sobrevino una crisis cardíaca bastante grave. Mientras le llevaban a la clínica pidió a los que le acompañaban que le fueran repitiendo jaculatorias al oído. En esa ocasión, al pasar delante del portero de la finca, no dejó de saludarle con afecto. El portero quedó notablemente impresionado por la caridad y el cariño de aquel detalle. Días después se repitió la alarma; no obstante, superó esos problemas cardíacos y fue dado de alta el 2 de abril.

A los pocos días, tuvo la dicha de estar con san Josemaría en Pamplona. Así lo recordaba D. Gumersindo Sánchez: «El 8 de abril de 1972 tuvimos un buen número de sacerdotes tertulia con nuestro Padre en el Colegio Mayor Aralar (Pamplona). Asistía D. José María, que estaba en Pamplona por su enfermedad, atendido en la clínica universitaria. Cuando nuestro Padre entraba saludando a unos y otros, D. José María, ya enfermo, hincó la rodilla para saludar a nuestro Padre.

[37] Carta de José María Hernández Garnica a Hermann J. Steinkamp, Pamplona 3-VIII-1972, A-75, p. 1.

Me pareció una escena emocionante e inolvidable. Durante la tertulia se dirigió nuestro Padre muchas veces a él, siempre con su cariño. Decía: "Chiqui, ¿quién te quiere a ti?". Y él, con su voz cascada, decía: "¡el Padre!". Hacia el final de la tertulia le decía: "te llevé a Francia, a Inglaterra, luego a Alemania. En todos esos sitios preguntan por ti y te encomiendan"»[38].

Pasó unas semanas estabilizado, con cierta mejoría, aunque seguía teniendo problemas para la deglución de alimentos. En mayo le escribió a su sobrina Teresa Temes: «Voy bastante bien de salud. Sigo comiendo a base de "potitos", es decir, "recién destetado", pero ya me he acostumbrado. Hoy me he pesado, después de seis semanas, y me he llevado un susto: he engordado dos kilos; y, ahora que tiene uno línea, sería catastrófico abotijarme. Espero que el Padre me deje liberarme de esta vida "de canónigo" que llevo y que, si la lengua se para, no es motivo para que no pueda seguir ayudando en Alemania. Veremos qué dicen los médicos, pero la verdad, para cuatro días que uno va a vivir, me parece que vale la pena rendir algo de tanto como ha recibido uno en casa. Sin embargo, si no conviene, seguiremos como la última temporada»[39].

También escribió a san Josemaría. En la contestación le decía: «Me dicen –y doy tantas gracias al Señor–

---

[38] Testimonio de Gumersindo Sánchez Fernández, AGP, JHG, T-01316, p. 1. «En abril de 1972, con ocasión de un viaje rápido a Pamplona, nuestro Padre pudo ver a D. José María en el Colegio Mayor Aralar. Al saludarle, le dijo con buen humor, animándole: "Chiqui, te he hecho correr por medio mundo, te he mandado a trabajar a Inglaterra una porción de años, y lo has hecho muy bien; luego has danzado por Irlanda y por Francia, Alemania, Suiza, Bélgica, Holanda... De todos los sitios recibo preguntas sobre tu salud y les digo: no os preocupéis, que nos va a enterrar a todos. ¡Adelante! Dios te pondrá bueno, porque se lo pido yo tanto"». Testimonio de Florencio Sánchez Bella, AGP, JHG, T-00049, p. 5.

[39] Carta de José María Hernández Garnica a Teresa Temes Hernández, Pamplona 31-V-1972, AGP, JHG, A-222.

que vas mejor de salud. Yo espero que te repondrás del todo y pronto, y así podremos dar gusto a los alemanes, que me escriben siempre diciendo que por qué no vuelves y que te encuentran mucha falta. A primeros de octubre pienso abrazarte en Pamplona, sin prisa, y entonces veremos qué es lo que conviene que se haga. Mientras, cuídate, déjate cuidar, reza y sigue con tu buen humor»[40].

En verano salió cerca de Pamplona, a Elorrio, como recordaba Ismael Sánchez Bella: «Estuve haciéndole compañía con Alfonso Nieto y algunos otros en Elorrio, a mediados de 1972, cuando ya estaba muy enfermo. Quizá era en julio. Por indicación médica, todos los días hacía varios kilómetros en bicicleta. Se mantenía siempre alegre y animoso, pero tenía que acostarse antes, por el fuerte dolor de cabeza»[41].

En agosto se trasladó a pasar unos días a Islabe, en Derio (Vizcaya) donde un grupo numeroso de fieles del Opus Dei participaba en una convivencia de formación. También, desde allí, pasó unos días a Noja. María Temes cuenta que «en agosto de 1972 fue desde Islabe a pasar unos días a Noja: Pepe Temes, su cuñado, con un sobrino nieto, Tomás Gómez-Acebo Temes, fueron a buscarle a Bilbao. Le encontraron muy mal. Casi no podía hablar ni tragar. Tomaba los alimentos, pasados por la batidora, con gran esfuerzo. Todos los días decía la Santa Misa en la capilla de la Casona y le hacía de monaguillo Tomás, que leía en alto todas las Lecturas de la Santa Misa. Tomás tenía unos siete años. Él le hacía leerlas la víspera en voz alta (en esa época no era corriente que partes de la Santa Misa las leyera un seglar, y menos un niño). Toda la familia recuerda esas

[40] Carta de san Josemaría Escrivá de Balaguer a José María Hernández Garnica, Roma 8-VI-1972, AGP, serie A.3.4, 302-4.

[41] Testimonio de Ismael Sánchez Bella, AGP, JHG, T-00050, p. 1.

misas con emoción: por su recogimiento y piedad. Por las tardes paseaba con sus sobrinos: les enseñaba plantas autóctonas de Cantabria, etc. Un día quisieron ir en bicicleta hasta un Santuario de la Virgen a pocos kilómetros de Noja, pero Chiqui se cayó de la bicicleta y tuvieron que volverse»[42].

En agosto estuvo ejerciendo su labor pastoral y descansando, aunque no cambió la situación. Lo expresaba en una carta: «Yo sigo alegre y optimista, con buena salud general y con una lengua que sigue hecha un auténtico "tarugo", pero ya se ablandará»[43]. Su ilusión en esos días era ayudar a todos a prepararse para el viaje que el Fundador del Opus Dei realizaría en otoño por diversos lugares de España y Portugal.

A finales de agosto la enfermedad entró en un nuevo ritmo. Los médicos acertaron con el diagnóstico definitivo y eso marcó, desde entonces, el rumbo de la enfermedad hasta su muerte. Decía el Doctor Martínez Lage: «El 4 de septiembre de 1972 resultó evidente para mí

---

[42] Testimonio de María y Teresa Temes Hernández, AGP, JHG, T-00060, p. 6. «Estuvo en Noja unos días en el verano de 1972. Estaba ya muy mal y apenas podía hablar. De todas formas montaba en bicicleta y se daba largos paseos de varios kilómetros. Le preparábamos comidas a base de purés y batidos, pues le costaba mucho tragar. Celebraba la Misa a diario y era impresionante verle hacerlo. Le ayudaba a Misa mi marido, que hacía las lecturas, ya que a tío Chiqui apenas se le entendía. En aquellos días era llamativo su buen humor. En ese verano, como siempre que iba a Noja, saludó y le dedicó su tiempo a Emilio Gándara, el casero, que correspondió al cariño de tío Chiqui trayendo la mejor leche de la mejor vaca. A tío Chiqui no le gustaba la leche pero la tomó, hacía bromas al respecto». Testimonio de Adela Temes Hernández, AGP, JHG, T-00262, p. 1. «A las pocas semanas vino a Noja su hermano Fernando a pasar unos días, quería que hubiera ido con él a Barcelona, pero escogió Noja para estar con sus hermanas y ver a la familia Garnica, que se reunía en aquella localidad. Allí le conté mis inquietudes sobre mi vocación a la Obra. Él me escuchó y me contestó que lo que importaba es que hiciera siempre la voluntad de Dios, que así sería feliz». Testimonio de Marta Temes Hernández, AGP, JHG, T-00264, p. 1.

[43] Carta de José María Hernández Garnica a José Gabriel de la Rica Olave, Pamplona 3-VIII-1972, AGP, JHG, A-1225.

que mi primer diagnóstico de enfermedad de neurona motora bulbar/esclerosis lateral amiotrófica estaba equivocado. Lo consulté con mi colega el Dr. Elías Maraví que estuvo de acuerdo en que, en efecto, la sintomatología no estaba causada por la mencionada enfermedad neurodegenerativa, sino que estaba creciendo una tumoración en la base de la lengua que se palpaba desde fuera, en la región submaxilar, e invadía ya encías y mejillas. La biopsia, realizada el 13 de septiembre, demuestra que la lesión era un carcinoma de células escamosas. Tengo para mí que esa lesión, por su tamaño y situación, tuvo que producir importantes dolores físicos a D. José María. No se quejó de ellos ante mí. Hube de comunicar al enfermo la rectificación del diagnóstico y la necesidad de realizar radioterapia. No se inquietó al oír mis palabras, no perdió su permanente sonrisa, no mostró gesto alguno de preocupación y tampoco quiso inquirir de mí más detalles. Se quedó tranquilo con mis palabras, naturalmente adecuadas a la situación»[44].

Así pues, el 13 de septiembre se hizo una biopsia y se comprobó la existencia de un carcinoma de células escamosas con un grado moderado de diferenciación. Se vio necesario iniciar enseguida un tratamiento de radioterapia de cuyo efecto dependerían las posibilidades de curación. Para llevarlo a cabo, se estudió realizarlo en el M. D. Anderson Hospital de Houston (Texas) o en el Hospital de Cáncer de Manchester. Sin em-

[44] Testimonio de José Manuel Martínez Lage, AGP, JHG, T-00034, p. 1. «El Dr. Martínez Lage me contó en 1992, en la Clínica Universitaria de Navarra, que, cuando le hizo la biopsia y los análisis, Chiqui lo pasó muy mal: tenía muchos dolores, no podía tragar, etc. Una tarde fue a verle y, para animarle, le dijo que pronto estaría bien... Chiqui cogió un papel y escribió: "me tienes completamente fastidiado". El médico y su equipo se rieron mucho de su buen humor». Testimonio de Teresa Temes Hernández, AGP, JHG, T-00060, p. 6.

bargo, los médicos consideraron que podría practicarse la misma técnica y obtener los mismos resultados en Barcelona, con el Dr. Luis Salvador, que había sido Profesor de la Facultad de Medicina de la Universidad de Navarra. Estaba perfectamente capacitado para realizar el tratamiento que se necesitaba: contaba con el instrumental y la competencia necesarios.

En una carta a D. José Luis Múzquiz le decía D. José María: «Parece que dentro de unos días me iré a Barcelona para que me den Rayos; todos parecen contentos con haber descubierto algo concreto que combatir en mi cuerpo. Yo me mantengo, gracias a Dios, con una paz y una alegría grande, muy unido al Padre»[45].

En septiembre acudió a una convivencia con sacerdotes en Islabe y, de esos días, recuerda D. Gumersindo Sánchez que ya estaba bastante mal, aunque asistía a todas las actividades de la convivencia: «Uno de aquellos días nos dio una charla, por la enfermedad hablaba mal y apenas se le entendía. A mí me bastó el título de la charla: "Disponibilidad", y verle a él y conocer su vida»[46].

Había llegado el momento de su preparación final y, en esos días, se le comunicó el duro pronóstico de su enfermedad. Como señalaba Fernando Inciarte: «Por casualidad estaba yo con él en la clínica de Pamplona cuando D. Amadeo me hizo salir porque tenía que darle la noticia de que era cáncer, normalmente incurable. No recuerdo si volví a entrar después, pero sí que D. Amadeo dijo que la había recibido con tanta entereza como visión sobrenatural. Por otra parte, sé, dada su

---

45 Carta de José María Hernández Garnica a José Luis Múzquiz de Miguel, Pamplona 15-IX-1972, AGP, JHG, A-1234.

46 Testimonio de Gumersindo Sánchez Fernández, AGP, JHG, T-01316, p. 1. Cfr. Testimonio de Amador García Bañón, AGP, JHG, T-01233, p. 1.

robusta vitalidad, que la idea de la muerte, según me decía, le causaba un gran temor natural y que, ya desde joven (tal vez desde que perdió un riñón), estaba convencido de que moriría pronto»[47].

Cuando se le comunicó el diagnóstico definitivo y las posibilidades de tratamiento, recibió con mucha serenidad toda la información. En esos días, recibió unas letras de san Josemaría: «He recibido tu última carta y le he dado muchas gracias al Señor por ese nuevo diagnóstico, que me hace pedir todavía con más insistencia tu curación al Señor y a nuestra Bendita Madre. Agradezco también a la Santísima Virgen la paz y el abandono que quiere mantener en tu alma. Sigue así, hijo mío, que tus molestias son clamor de oración a Jesucristo Nuestro Señor por esta Santa Iglesia suya»[48].

Carmen Mouriz, que vivía en Roma, recuerda cómo san Josemaría quiso darles personalmente la noticia del nuevo diagnóstico: «nos llamó nuestro Padre a todas las Directoras de la Asesoría Central a la Sala de sesiones, para decirnos el comunicado médico que le acababa de llegar de España (tenía en sus manos el escrito y nos leyó el término técnico del diagnóstico dado que, naturalmente, nosotras tampoco entendimos); dijo que D. José Luis Soria se lo había tenido que traducir: le habían dado muy poco tiempo de vida. Cuando nos lo dijo, le acompañaba D. Álvaro, y ambos estaban visiblemente conmovidos: es la única vez que he visto llorar a nuestro Padre. En esta ocasión nos habló de la fidelidad que le había caracterizado a ese hijo suyo en todo momento: sin medios, sin salud, sin idiomas, pero fiel, siempre fiel y leal. Un ejemplo para todos en

[47] Testimonio de Fernando Inciarte Armiñán, AGP, JHG, T-00026, p. 6.

[48] Carta de san Josemaría Escrivá de Balaguer a José María Hernández Garnica, Roma 20-IX-1972, AGP, JHG, C-111.

la Obra. Nos pidió que nos uniésemos a su petición por el milagro de su curación»[49].

Barcelona

Plenamente consciente de su gravedad, se trasladó a Barcelona, y preparando su alma por si había de rendir la vida a su Creador, a la vez que no dejaba de pedir la curación para seguir sirviendo a Dios y a la Iglesia. En estos últimos meses, su heroísmo se hizo más patente en el cultivo de las virtudes humanas y sobrenaturales. La purificación por el dolor fue más intensa y crecieron también su alegría y buen humor, fruto del ejercicio de la filiación divina y de su unión con la cruz de Jesucristo.

Para facilitarle el tratamiento, vivió en la residencia de profesores del Colegio Viaró, Centro de la Obra situado en las afueras de San Cugat del Vallés. Llegó el 20 de septiembre de 1972 procedente de Pamplona. Los dolores eran cada vez más fuertes. Los médicos le daban calmantes también para que durmiese por la noche. De todas formas, tenía muchas molestias.

De aquellos primeros días en Barcelona recordaba Adolfo Llorente, médico que coordinó su atención en Barcelona: «Durante las primeras semanas que estuvo en Viaró solía pasear con frecuencia por los jardines y zonas deportivas del colegio; casi siempre le acompañábamos alguno de nosotros. Disfrutaba al ver el número tan elevado de alumnos del colegio, su buen aspecto y educación, cómo acudían al oratorio a visitar al Santísimo o cómo ponían flores a las imágenes de la Virgen del jardín. Nos resaltaba la gran labor de forma-

[49] Testimonio de Carmen Mouriz García, AGP, JIIG, T-00037, p. 16.

ción que, por iniciativa e impulso de nuestro Padre, se hacía en tantos colegios del mundo entero, y nos hacía considerar su gran visión sobrenatural»[50].

Cuando se le preguntaba cómo estaba o si había dormido bien, contestaba sonriente con un «muy bien» o «como las rosas». Los directores inmediatos y los médicos conocían la intensidad de sus dolores y sus constantes insomnios. En esas circunstancias, D. José María aumentaba su preocupación apostólica y la vida de piedad. Solo así se entiende que llevara con tanto garbo humano y sobrenatural esos grandes sufrimientos. Al perder el habla, realizaba sugerencias y correcciones a través de terceras personas. Con cariño inmenso, pero con claridad, ayudó a quienes le rodeaban a ser más fieles al espíritu del Opus Dei.

La primera impresión de los médicos en Barcelona no fue muy favorable. Tenían solo la esperanza de que se detuviera el proceso. No confiaban en una recuperación sensible: descartaron que mejorara en la deglución o en el habla. De ahí que plantearan un tratamiento lento, con dosis fraccionadas en el tiempo y de carácter paliativo. Seguía recordando el Dr. Llorente: «lo que pretendíamos era intentar reducir poco a poco la masa tumoral, para dar tiempo a la reparación y cicatrización de las zonas ulceradas, tratando de evitar, al mismo tiempo, las hemorragias que, sabíamos, se podrían producir con gran facilidad»[51].

El Dr. Martínez Lage, que le había atendido en Pamplona, aprovechó un viaje a Barcelona para visitarle. Estas fueron sus impresiones: «Volví a ver a D. José María un día en Barcelona, en el Colegio Viaró, en el curso de la radioterapia que allí se le aplicaba. Su

[50] Testimonio de Adolfo Llorente Llorente, AGP, JHG, T-00031, pp. 3-4.
[51] *Ibíd.*, p. 2.

aspecto beatífico persistía derivado de la paz y alegría que trascendía hacia fuera. Su fe en Dios era manifiesta porque nunca le vi vivir con pena su enfermedad. Creo que esta actitud era la consecuencia de su gran esperanza en Dios, conocedor de que se acercaba el encuentro definitivo con Él. La virtud de la caridad de D. José María era patente al cumplir con gozo, en su enfermedad, la Voluntad de Dios. El doctor que le aplicó la radioterapia me comentó muy impresionado que D. José María tenía que ser un santo de Dios porque no comprendía que pudiera sobrellevar su enfermedad con la serenidad, dominio, sonrisa y alegría que constantemente apreciaba en él. Le desconcertaba también que a él, agnóstico, le mirara siempre con tanto amor. Otro dato que quiero añadir en este testimonio que relata toda la verdad que he conocido de D. José María es que, en todos los momentos que estuve con él, jamás llamó la atención sobre sí ni tampoco sobre sus dolorosos síntomas moralmente hablando. Que una persona como él se vea reducido a la mudez, sin rechistar, es expresión, en mi opinión, de una humildad ilimitada»[52].

Además de la progresiva imposibilidad de hablar, el problema real estaba en la deglución de los alimentos. Lo resumía así el Dr. Llorente: «la lengua no podía empujarlos hacia atrás porque carecía de la más mínima movilidad. Por este motivo, un hecho tan fisiológico y natural como comer se transformó en los últimos meses de su vida en un auténtico tormento para él, y en una situación angustiosa para todos los demás. Como no podía abrir la boca, utilizaba entonces un pistero. Como cada vez se le hacía más costoso comer, en alguna ocasión nos comentó a los que habitualmente pasábamos más tiempo con él algo parecido a lo si-

[52] Testimonio de José Manuel Martínez Lage, AGP, JHG, T-00034, p. 1.

guiente: "Ya se necesita optimismo para vivir así: comer, un asco para mí y un tormento para todos. Pero vale la pena luchar para vivir con minúscula y, después, Vivir"»[53].

Si los sufrimientos físicos que padecía eran muy serios, todavía lo era más el dolor que le producía dejar de celebrar la Santa Misa y, después, no poder comulgar por la imposibilidad de deglutir. D. Eusebio Bazán recordaba cómo se le escapaban al Siervo de Dios comentarios «sobre lo duro que se le hacía no poder celebrar el Santo Sacrificio ni recibir el Cuerpo de Cristo»[54].

En esos momentos cuidó más amorosamente el plan de vida espiritual: oración, Santo Rosario, jaculatorias, así como la repetición de comuniones espirituales. Con buen humor, pero también con claridad, se quejaba de los gastos que estaba ocasionando: «mala inversión hacéis». A la vez, se dejaba querer por quienes le atendían. Procuraba atender a las visitas, tener el tiempo ocupado y seguía con atención, a través de cartas, todo lo relacionado con la labor apostólica del Opus Dei en Alemania.

También recibía visitas de familiares, amigos y personas del Opus Dei. Comentaba Rafaela, una de sus sobrinas: «Acudió a visitarle con frecuencia mi tío Felipe Font Delás, hermano de mi madre. Era marino mercante y en esos meses de octubre a diciembre tenía vacaciones, así que pudieron verse con calma. Estaba tío Chiqui muy enfermo. Sé que mi tío Felipe comentaba que Chiqui era fantástico, un santo. Debió de ayudarle a orientar su vida»[55].

---

53 Testimonio de Adolfo Llorente Llorente, AGP, JHG, T-00031, p. 4.
54 Cfr. Testimonio de Eusebio Bazán Ocón, AGP, JHG, T-00006, pp. 19 y 28.
55 Testimonio de Felipe Hernández Font, AGP, JHG, T-00254, p. 2.

El 15 de octubre fueron a verle sus hermanos desde Madrid. Testigo de excepción fue D. Eusebio Bazán: «Pasamos a verle y aguantaron bien las emociones. Fueron ellos los que llevaron la voz cantante en la conversación y lo primero que le contaron, fue que habían estado con nuestro Padre y con D. Álvaro en Madrid. Inmediatamente les preguntó si habían escrito a nuestro Padre, para darle las gracias. Se quedaron muy sorprendidos y respondieron que no. D. José María añadió enseguida: "era lo primero que teníais que haber hecho". Su hermano le comentó que le imaginaba muy preocupado con el tema económico, añadiendo, más o menos: "con lo que tú has sido siempre en el tema de las perras...". Y D. José María le respondió: "no te lo imaginas, a ver si te estiras". Nada le dijo que poco antes me había entregado a mí un sobre con dinero. Cuando se fueron, relaté a D. José María lo del sobre con dinero que me habían dado y quise entregárselo para que lo viera. Sin mirar lo que había, no lo cogió»[56]. Sus familiares salían impresionados de esas y otras visitas, pues mantenía, a pesar de los sufrimientos, el buen humor y el cariño de siempre hacia todos.

Finalmente, el 12 de noviembre los médicos decidieron que ingresara en la Clínica Quirón. Lo resumía el Dr. Llorente: «Aunque en los primeros momentos parecía que respondía positivamente al tratamiento con radiaciones que le aplicábamos, poco tiempo después comenzó a decaer y encontrarse cada vez peor: como apenas podía alimentarse, su pérdida de peso se hizo cada vez más manifiesta. Se quedaba cada vez más delgado, y día a día se le notaba cómo iba per-

[56] Testimonio de Eusebio Bazán Ocón, AGP, JHG, T-00006, pp. 80-81. «También meses después, fuimos a verle a Barcelona, a la clínica Quirón, donde le estaban radiando. Era unas semanas antes de morir, ya no hablaba, solo pudo dirigirnos unas sonrisas y gestos de cariño muy expresivos». Testimonio de Augusto Granados Sanz, AGP, JHG, T-00251, p. 1.

diendo fuerzas, de tal manera que llegó un momento en que hasta le costaba mantenerse en pie. Por ese motivo, nos vimos obligados a recomendarle que quedara ingresado en la clínica; como siempre, D. José María no puso el más mínimo inconveniente y obedeció con docilidad»[57].

En esos días su piedad fue haciéndose más profunda. Lo más importante para él seguía siendo el trato con Dios y el modo de hacerlo a través del orden y la puntualidad en el cumplimiento de las normas de piedad. Si, en alguna ocasión, a la persona que le acompañaba se le pasaba la hora prevista para hacer alguna de ellas sin avisarle, era el propio D. José María quien enseguida lo recordaba.

Tenía muy presente ofrecer su vida por la Iglesia, como le había escrito san Josemaría en una carta, invitándole a que ofreciera todos sus sufrimientos y sus molestias por sus intenciones y por la Iglesia.

Por aquellas fechas había comenzado el Fundador del Opus Dei una visita por diversos lugares de España y Portugal, un viaje de catequesis[58]. Su unión con el Fundador se hizo por tanto más intensa, rezando por los frutos de ese viaje y procurando ayudar a quienes le rodeaban. Le preocupaba especialmente que: «los más jóvenes supieran valorar la figura del Padre: su persona y su doctrina y lo que significaba para la Iglesia universal y para la Obra. Seguía paso a paso ese viaje y esperaba con impaciencia sus noticias y los relatos de sus tertulias»[59].

---

[57] Testimonio de Adolfo Llorente Llorente, AGP, JHG, T-00031, p. 9.

[58] Cfr. A. VÁZQUEZ DE PRADA, *El Fundador del Opus Dei*, *op. cit.*, Vol. III, pp. 646-660.

[59] Testimonio de Adolfo Llorente Llorente, AGP, JHG, T-00031, p. 7.

Precisamente el final de ese viaje sería en Barcelona y por aquellas fechas. El 20 de noviembre san Josemaría llegó a Castelldaura y enseguida preguntó por él. La visita quedó fijada para el 22 de noviembre. Ese día el Siervo de Dios se trasladó desde la Clínica Quirón, donde estaba internado, a un Centro del Opus Dei. Allí, san Josemaría le vio por última vez. Llegó sobre la una de la tarde y dio un abrazo muy fuerte a ese hijo suyo ya gravemente enfermo. Lo narraba D. Florencio Sánchez Bella, que fue testigo del encuentro: «Desde tiempo atrás el Padre esperaba esa ocasión para acercarse a verle, y venía pensando qué obsequio podría llevarle, para alegrar y ayudar a ese hijo suyo. Al final, decidió comprar un pequeño tríptico con las catorce estaciones del Vía Crucis. El día previsto para la visita, nuestro Padre tuvo una tertulia en el Brafa. Al cumplirse el tiempo de concluir esta reunión, me acerqué a nuestro Padre para avisarle, y le recordé que Chiqui nos estaba esperando. El Padre se dirigió inmediatamente a los que le escuchaban: "Me espera un enfermo, y no tengo derecho a hacer esperar a un enfermo, que es Cristo. Le hace falta el padre y la madre, y yo soy padre y madre". D. Álvaro, D. Javier y yo acompañamos al Padre hasta el centro de la calle Tibidabo, donde esperaba D. José María. El encuentro con nuestro Padre fue uno de los episodios más emotivos que he presenciado en mi vida, por las muestras de fidelidad que D. José María –consciente de que era la última vez que se encontraba con nuestro Fundador– quiso demostrar al Padre, venciendo su completa postración física. El Padre estaba conmovido. Días más tarde –al conocer su fallecimiento– resumiría así sus impresiones de aquel momento: "se le veía ya consumido, deshecho. No podía hablar, pero estaba tan contento, tan feliz. Quiso decirme algo y no le entendí, sino por los gestos. Cuando le comenté el bien que estaba haciendo con los guiones y meditaciones que preparaba –él los entregaba por si servían para algo–, supliendo así su trabajo sacerdotal, me dio a entender que lo hacía hasta donde le llegaba la cabeza. Y la cabeza le llegaba hasta muy lejos, porque tenía una mente formidable y una memoria extraordinaria". Con palabras casi ininteligibles, D. José María dijo al Padre que sufría especialmente por no poder celebrar la Santa Misa. Nuestro Fundador le entregó entonces el Vía Crucis que llevaba, y le dijo: "ahora el Señor te deja que estés en su Cruz las veinticuatro horas: todo tu día es una Misa". Aunque, mientras permaneció al lado de D. José María, nuestro Padre se esforzó en quitar importancia a las cosas, para ayudar a ese hijo suyo a ser más fuerte y a ofrecer sus dolores con alegría, al salir se le veía conmovido, muy dolorido; ya en el coche, tuvo que esforzarse para cambiar de tema de conversación, aceptando plenamente la Voluntad de Dios»[60].

Y añadía D. Florencio: «Al despedirnos, el Siervo de Dios se arrodilló para recibir la bendición del Padre; a continuación, con gran sorpresa de los que estábamos allí, se inclinó para besar sus pies. Fue un instante conmovedor y sorprendente, impropio de su modo de ser y de actuar. Pienso que, al despedirse del Padre por última vez, quiso manifestarle así su cariño y veneración con aquel acto de humildad»[61].

D. Eusebio Bazán recordaba de este modo la alegría de D. José María después de ese encuentro con el Fundador del Opus Dei: «Cuando, por la noche, fui a dormir a la clínica (...), ya estaba acostado. Al entrar en la habitación, inmediatamente escribió en el bloc: "Ha estado con la ruina". Cariñosamente, como en otras

---

[60] Testimonio de Florencio Sánchez Bella, AGP, JHG, T-00049, p. 5.
[61] *Ibíd.*, pp. 3-4.

ocasiones similares, le reñía si utilizaba expresiones así o semejantes. A la vez, me mostró un Vía Crucis, pequeño, enmarcado, que le había regalado nuestro Padre y que dejó puesto en la mesilla, para verlo desde la cama. Al mostrármelo, con expresión ya muy feliz, escribió: "Al que le toca, le toca". Fue deseo de nuestro Padre ir a visitarle otra vez, pero D. José María prefirió que no fuera y escribió: "La segunda vez no quise yo que viniese el Padre, porque pasa muy mal rato"»[62].

Antes de salir para Roma, san Josemaría le escribió estas líneas: «Queridísimo Chiqui: antes de salir de viaje a Roma, mil abrazos llenos de cariño, la seguridad de que te acompaño siempre, y la mejor bendición de tu Padre»[63].

Al poco de llegar a la Ciudad Eterna, estuvo un rato con sus hijas de la Asesoría Central y, entre otras cosas, les relató su conversación con D. José María Hernández Garnica con estas expresivas palabras: «Nos lo hemos dicho todo con la mirada: aquí en la tierra no volveremos a vernos»[64].

Mientras, en Barcelona, en la Clínica Quirón, el Siervo de Dios recorría los últimos días de su vida en la tierra. Lo resumía D. Eusebio Bazán: «Aquel día 30-XI me incorporé a la clínica al mediodía. Al llegar, D. José

---

62 Testimonio de Eusebio Bazán Ocón, AGP, JHG, T-00006, p. 58.

63 Carta de san Josemaría Escrivá de Balaguer a José María Hernández Garnica, Roma 30-XI-1972, AGP, JHG, C-113. «Antes de regresar a Roma, el Padre le envió, desde Castelldaura, un ramo de flores acompañado de una nota llena de cariño». Testimonio de Florencio Sánchez Bella, AGP, JHG, T-00049, p. 4. Testimonio de Carmen Mouriz García, AGP, JHG, T-00037, p. 16.

64 «Sufrió mucho nuestro Padre en aquella visita: "Los dos sabíamos que era la última vez que nos veíamos sobre la tierra", nos decía, pero, al mismo tiempo, se llenó de paz y de gozo al ver tan cerca de Dios a ese hijo suyo, que se iba de este mundo; una persona que había dejado una estela de servicio, de bondad y de fidelidad, por dondequiera que había pasado». Testimonio de Amelia Díaz-Guardamino Echeverría, AGP, JHG, T-00015, p. 25.

María me mostró un ramo de rosas rojas, aterciopeladas, junto con una postal de la Virgen de la Merced, en cuyo anverso habían escrito, con fecha 30 de noviembre, nuestro Padre, D. Álvaro y D. Javier unas breves líneas, a mano, cada uno. Tanto el ramo de flores como la postal, creo recordar que se lo había llevado, personalmente, de parte del Padre, y por encargo suyo, D. Francisco Planell, entonces Director de la Delegación de Barcelona. Me pareció observar que la marcha de nuestro Padre afectó en el estado de ánimo de D. José María de un modo claro. No estuvo muy comunicativo a partir del regreso de nuestro Padre a Roma, aunque pudo coincidir con su empeoramiento en su estado de salud: fallecía a la semana siguiente de marchar nuestro Padre, aunque los médicos presagiaban muchos más meses de vida y hasta había esperanzas de una buena recuperación que le permitiera, durante un tiempo imprevisible, una cierta calidad de vida, siempre mejor que la que estaba teniendo»[65].

Entre las visitas de esos días, le conmovió la de un grupo de alemanes. Así lo recordaba D. Alfonso Par: «La última vez que vi a D. José María fue en noviembre de 1972 en Barcelona. Estaba en la clínica. Fuimos un grupo de Alemania para asistir a algunas tertulias que nuestro Fundador dio en la escuela deportiva Brafa, en Viaró, en Castelldaura, en Bell.lloc, etc. Aprovechando esta ocasión pude visitarle dos veces. Apenas podía hablar. Le costaba mucho esfuerzo. Le contamos de la labor apostólica de Alemania, sobre todo le describimos detalles de los que podían pedir pronto la admisión para que los encomendara. Le gustaba poder ayudarnos ofreciendo sus dolores. Nos enseñó un Vía Crucis de estuche. Lo tenía siempre presente. Su día era un

[65] Testimonio de Eusebio Bazán Ocón, AGP, JHG, T-00006, p. 61.

continuo Vía Crucis. Nos agradeció mucho la visita, estaba consumido. Por última vez le pude ver antes de ir a tomar el tren de regreso. Me quería despedir de él, pero me costaba mucho. Los dos sabíamos que no nos veríamos más en esta tierra. Yo estaba tan emocionado que no me salía nada, estaba como paralizado, como tonto. No sabía qué decir. Fue él quien me dijo: "Bueno, Sito, vete ya, porque, si no, vas a perder el tren". Siguiendo una costumbre alemana, le di la bendición y luego me fui»[66].

El 2 de diciembre recibió la visita de José Gabriel de la Rica y en sus recuerdos anota que lo encontró demacrado y que apenas podía hablar. D. José María le fue preguntando por todos los de Alemania con gran cariño a través de notas escritas, como si él, no su salud, no tuviera importancia: «Al final me acompañó hasta el ascensor y nos despedimos bastante emocionados, pues yo volvía a Alemania y era cierto que no nos volveríamos a ver en la tierra. Fue más un anfitrión que un enfermo a pesar de la gravedad de su estado»[67].

El 3 de diciembre comenzó a tener pequeñas hemorragias; a juicio de los médicos, en principio no eran graves. Sin embargo, él escribió una nota –ya no podía hablar– en la que decía: «los médicos dicen que no tiene importancia; pero yo digo que no tiene más importancia que la importancia que tiene»[68]. Y entregó lo escrito con una sonrisa llena de abandono y serena alegría.

D. Eusebio Bazán recordaba otro detalle significativo de esos días. D. Amadeo de Fuenmayor fue a visi-

---

[66] Testimonio de Alfonso Par Balcells, AGP, JHG, T-00043, pp. 11-12.

[67] Testimonio de José Gabriel de la Rica Olave, AGP, JHG, T-00045, p. 3.

[68] Testimonio de Alfonso Nieto Tamargo, AGP, JHG, T-00038. p. 6. Cfr. Testimonio de Adolfo Llorente Llorente, AGP, JHG, T-00031, p. 10.

tarle en los primeros días de diciembre y el Siervo de Dios aprovechó para confesarse: «Ese síntoma de confesarse con más frecuencia de lo habitual es lo que me hizo pensar que se acercaba su final»[69].

También el personal de la clínica, médicos, monjas y enfermeras que le atendían comprobaron cómo, a pesar del gravísimo quebrantamiento de su estado general, de que cada vez decaía más y de sus intensos dolores, seguía alegre y pendiente de los demás, tratando de hacer alegre la vida a todos los que le rodeaban, y comentaban con cariño todos los detalles de afecto y servicio que tenía para con ellas, a las que trataba de facilitar todo lo que podía su trabajo en todo momento.

Así llegó al 7 de diciembre. A las siete de la mañana se desencadenó una intensa hemorragia mayor de lo habitual. Inmediatamente, el que le acompañaba avisó al personal sanitario, al médico que lo trataba y a un sacerdote; mientras, D. José María mostraba una respiración jadeante y cierta inquietud. Tomó el bloc y escribió con trazos firmes: *Unción de enfermos,* subrayando con mucha fuerza las tres palabras. Tomó de nuevo el bloc, y escribió: *Quiero y más*.

A los pocos minutos llegó el médico que le atendía, y la situación empeoraba por momentos. «En el momento en que D. Joaquín entró en la habitación, como si D. José María se abriera paso entre nosotros que estábamos alrededor de la cama, para ver mejor a D. Joaquín, se dispuso inmediatamente a recibir la absolución sacramental y bendición –estaba sentado sobre la cama–, a la vez que parecía olvidarse de todos los aparatos y tubos de los que tan pendiente había estado hasta ese momento, y durante bastante tiempo. Este detalle de olvidarse de todo y de to-

---

69 Testimonio de Eusebio Bazán Ocón, AGP, JHG, T-00006, p. 99.

dos y de seguir solo la formula y señal de la cruz de D. Joaquín fue un detalle que no pasó inadvertido para ninguno y nos llamó la atención, sorprendiéndonos a todos. Poco después -casi inmediatamente- de hacer varias veces la señal de la Cruz y reiterarle la absolución sacramental, D. José María hizo un gesto con la mano cerrada y el dedo pulgar en tieso, y con una sonrisa muy expresiva, como señalando para arriba, y con gesto de agradecimiento y rostro sereno y lleno de paz, y como muy alegre, nos fue dando las gracias a médicos y enfermeras –y en especial a los de Casa–, y así falleció»[70].

Fama de santidad

Después de su muerte quedó patente su fama de santidad. Resumamos algunos de los muchos testimonios que se conservan. El Dr. Llorente sintetizaba con estas palabras la vida del Siervo de Dios en los últimos días de su vida en la tierra: «Tuve la suerte de poder tratar y atender a D. José María Hernández Garnica durante los tres últimos meses de su vida que pasó en Barcelona. Aunque fue muy corto el tiempo que conviví con él, lo considero como una gracia que Dios me concedió, al permitirme estar con uno de los tres primeros sacerdotes del Opus Dei en unos momentos de especial sufrimiento físico: la fase terminal de su enfermedad, extraordinariamente dolorosa y molesta. Con sencillez, con naturalidad, sin espectáculo y sin dar ninguna importancia a su estado, D. José María sobrellevó su enfermedad no solo con resignación, sino que

---

[70] Testimonio de Eusebio Bazán Ocón, AGP, JHG, T-00006, pp. 100-103. Cfr. Certificado literal de la partida de defunción del Siervo de Dios en AGP, JHG, D-1273.

la aceptó como una situación permitida verdaderamente por Dios para su santificación»[71].

Son significativas también estas palabras de D. Eusebio Bazán, que también le acompañó en los últimos meses: «No le importaba absolutamente nada ni su diagnóstico, ni su salud, ni su futuro; ni tampoco el morir. Tan solo le preocupaba en la medida que le afectara a nuestro Padre. A su vez, notaba una gran paz, porque no se sentía ni necesario ni imprescindible, como lo pudo ser, en cierta medida, en otros momentos de la historia de la Obra en los que nuestro Fundador se apoyó, de modo muy especial, para la expansión del Opus Dei, en los primeros que estuvieron a su lado. Ahora, manifestaba que no tenía esa preocupación, porque la Obra ya estaba desarrollada en todo el mundo y su papel era –y así lo hacía y había hecho siempre– ofrecer su vida y su enfermedad por el Padre y sus intenciones, por el Papa, por la Iglesia y por la Obra. Y, por eso, tenía una gran paz y sentía un gran abandono en cumplir la Voluntad de Dios, también, en esos momentos, de inactividad, por su enfermedad»[72].

Carmen Mouriz recordaba cómo la noticia llegó enseguida a Roma: «Unos días más tarde –el 7 de diciembre por la mañana, temprano, sin esperarlo– se nos avisó a todas las que vivíamos en Villa Sacchetti y La Montagnola que fuésemos rápidamente al oratorio del Corazón de María. A los pocos instantes entraron D. Francisco Vives y D. Joaquín, muy conmovidos. D. Francisco, con la voz entrecortada, nos dijo: "D. Florencio Sánchez Bella acaba de llamar al Padre para comunicarle que ha fallecido D. José María Hernández Garnica. El Padre me ha pedido que os diga que enten-

[71] Testimonio de Adolfo Llorente Llorente, AGP, JHG, T-00031, p. 1.
[72] Testimonio de Eusebio Bazán Ocón, AGP, JHG, T-00006, p. 49.

deréis que no pase él mismo a daros esta dura noticia; pasará en cuanto pueda. Ahora desea estar solo con Dios y celebrar enseguida la Santa Misa en sufragio por su alma, aunque tiene certeza de que se ha ido directo al cielo, bien purificado. Vamos a rezar un responso juntos". Después, sin lograr contener las lágrimas, se fueron»[73].

Ese mismo día, san Josemaría convocó en Roma, en la sala de sesiones de la Montagnola, a las que formaban parte de la Asesoría Central, y les dio la noticia del fallecimiento de D. José María. Así lo resumía Amelia Díaz-Guardamino Echeverría: «tenía los ojos llenos de lágrimas, cuando nos dijo: "Ha sido un hijo fidelísimo, en el que siempre he podido apoyarme. Lo he mandado de aquí para allá, y él siempre iba contento, para arrimar el hombro donde hiciera falta"»[74].

D. Florencio, Vicario Regional de España entonces, recordaba las palabras de san Josemaría con motivo de su fallecimiento: «Es lógico que suframos. Si no tuviéramos corazón, no tendríamos tampoco sentido sobrenatural. Somos personas humanas, con corazón de carne, y es lógico que los que hemos estado tan juntos, tan unidos suframos en estos momentos. Es la primera impresión. Ahora, lo lógico es que aceptemos la Voluntad de Dios plenamente, sin reservas, con serenidad. Y cuando el Señor me llame a mí, pues lo mismo. ¿Está claro? No quiero ni una corbata negra»[75].

El velatorio se instaló en el Centro de la Obra donde había estado con san Josemaría por última vez. Después de revestirlo con los ornamentos sacerdotales, fue

[73] Testimonio de Carmen Mouriz García, AGP, JHG, T-00037, p. 16.
[74] Testimonio de Amelia Díaz-Guardamino Echeverría, AGP, JHG, T-00015, p. 25.
[75] Testimonio de Florencio Sánchez Bella, AGP, JHG, T-00049, p. 6.

amortajado con una sábana blanca, con la que le envolvieron en forma de sudario. Luego colocaron el escapulario del Carmen alrededor de su cuello y un crucifijo entre sus manos.

San Josemaría escribió a la familia del Siervo de Dios: «El día de su fallecimiento, los hermanos de Chiqui recibieron un telegrama muy cariñoso de nuestro Padre. Y también yo recibí uno en Nairobi en el que decía: "Apenadísimo fallecimiento de Chiqui, hacemos sufragios y nos encomendamos a él. Mariano[76]"»[77].

D. Florencio Sánchez Bella celebró la Santa Misa para la familia antes de partir para Barcelona. Como recordaba Marta Temes, sobrina de D. José María: «La mañana en la que falleció, siete de diciembre de 1972, tuvimos la Santa Misa en sufragio por su alma en el oratorio de la Comisión Regional de España (...). Recuerdo que se le quebró la voz en la homilía, por la emoción. "Era un fruto maduro y Dios se lo ha llevado con él cuando era aún joven", comentó. Esa tarde nos desplazamos a Barcelona donde estuvimos un buen grupo de la familia en el velatorio, en el cementerio y en el funeral que se celebró en la Ciudad Condal. He conservado toda la vida una flor de aquella corona que estaba alrededor de su féretro en el velatorio»[78].

---

[76] Cuarto nombre que impusieron a san Josemaría en el bautismo. Por devoción a Nuestra Señora, con frecuencia siguió utilizando ese nombre para firmar cartas o documentos dirigidos a personas del Opus Dei.

[77] El 8 de enero de 1973 los hermanos de Chiqui recibieron una carta de nuestro Padre, que, entre otras cosas, decía: «No os puedo ocultar que he sufrido mucho, he llorado al conocer la noticia del fallecimiento de Chiqui (q.e.p.d.). Pero el Señor nos quiere ahora serenos, amando su Voluntad Santísima...». Testimonio de Teresa Temes Hernández, AGP, JHG, T-00060, p. 6.

[78] Testimonio de Marta Temes Hernández, AGP, JHG, T-00264, p. 2. «D. José María estaba envuelto en un sudario. Se había reducido en tamaño hasta niveles insospechados, pero el gesto era el suyo, inconfundible. (...) Llorábamos sin ningún disimulo, y recordábamos, increíblemente grabadas

Con un sereno dolor se procedió al entierro en el cementerio de Barcelona. Así lo comentaba su sobrina Rafaela, hija de Fernando Hernández Garnica: «Mi padre no llevó bien que fuera a radiarse el cáncer a Barcelona, y no a Madrid. Mi madre terciaba, y decía que la Obra era su familia y que debíamos respetar la decisión que había tomado. Estuvimos en el funeral y en el entierro. Estábamos muy conmovidos»[79].

Fueron muchas las personas que se acercaron al cementerio para el sepelio y les costaba marcharse después de la inhumación del cadáver. Eran muchas las cosas que pedir a Dios a través de su intercesión y numerosos los recuerdos y buen ejemplo para meditar. Sobre la tumba quedaron muchas flores.

El solemne funeral lo ofició D. Severino Monzó. En la homilía, entre otras cosas decía: «Nos comunicaba ayer el Consiliario, que estuvo, con nosotros, las conversaciones que había sostenido con D. Álvaro, para dar satisfacción al interés del Padre por conocer detalles de los últimos momentos en que hemos tenido entre nosotros, con vida terrena, a D. José María, a Chiqui. Habían pasado pocos días desde el último encuentro del Padre con él. Y, muy conmovido, y en varias ocasiones, había comentado el Padre, con estas o parecidas palabras: "Está con una paz inefable. Él no quería de ninguna manera dar a entender que no me

---

en la memoria, las lecciones que nos había dado con toda su vida». Testimonio de Lourdes Toranzo Fernández, AGP, JHG, T-00058, p. 11.

[79] Testimonio de Rafaela Hernández Font, AGP, JHG, T-00253, p. 2. «Era el día 8 de diciembre, una mañana fría, pero llena de sol; y la tumba, en la parte alta del cementerio, se asoma al Mediterráneo. Recordé, también en este detalle, a D. José María: siempre nos había comentado su falta de interés por "el campo y playa"; lo resumía con una frase suya: "de las excursiones me gusta la tortilla de patata en una mesa camilla con brasero". Frente al mar y en Barcelona quedaban sus restos mortales como un magnífico fundamento de la labor apostólica en Cataluña y desde Cataluña». Testimonio de Lourdes Toranzo Fernández, AGP, JHG, T-00058, p. 12.

vería más en la tierra. Y yo tampoco se lo quise decir; pero nos entendimos a pesar de no querernos entender, ¿está claro? Y no se queja de la Cruz. Y es muy duro lo que tiene; una enfermedad tremenda. ¿Por qué no se queja de la Cruz? Porque la ama. Cuando vamos de frente al dolor y lo abrazamos, la Cruz no es un peso, la Cruz es el triunfo de Dios en nuestras almas y en nuestras vidas". Una vez más se ha hecho realidad lo que tantas veces se nos ha hecho meditar: que la vida –vida de unión con Cristo, llena de esperanza y prodigándose generosamente con amor– pudo más que la muerte; y todo fue serenidad, una serenidad activa, pendiente del pequeño servicio que hay que prestar en cada momento»[80].

Habían transcurrido treinta y siete años de servicio a la Iglesia en el Opus Dei, años de servicio incondicionado al Señor, procurando vivir con fidelidad el espíritu que había recibido directamente del Fundador. Su vida está ya incorporada para siempre a la historia del Opus Dei. Además, su peregrinar por tantos países de Europa, llevando la semilla del Evangelio, hacen de él un modelo de santidad en medio del mundo para personas de las más variadas culturas y mentalidades. Puede verse en él a un apóstol de Europa, cuando vislumbramos la realidad de unos países europeos más unidos que nunca.

Tras conocer su fallecimiento, comentó el profesor Inciarte: «Recibí la noticia de su muerte cuando yo estaba desayunando en Stadtwaldgürtel y se me escapó un "gracias a Dios". Porque sabía lo mucho que había sufrido durante su vida, e incomparablemente más, al final de su vida; y desde entonces no me ha abandonado la sensación de haber vivido bastantes años de mi

[80] Testimonio de Severino Monzó Romualdo, AGP, JHG, T-00244, p. 4.

vida con alguien que, al final y de modo bastante directo, había alcanzado definitivamente la santidad»[81].

Y Amparo Martín de Rosales, directora de la residencia de Lovaina, decía: «A D. José María, desde que se fue al cielo, siempre le he pedido muchas cosas, nunca he dudado que le veríamos en los altares». Y un poco más adelante narraba esta ilustrativa anécdota: «Debió de ser a finales de 1971 cuando le vi por última vez. En septiembre preparábamos el comienzo del curso en la residencia, Maite Ripoll, Mª Carmen Rodríguez Eyré y yo. Vino una residente a avisarnos que D. José María había llegado. Del tercer piso donde estábamos, bajamos al vestíbulo; estaba sentado en una sillita; con esa capacidad de adivinar que tenía, notó que nos preocupaba algo y nos preguntó: "pero ¿qué os pasa?". Las tres nos sentamos y le contamos: llevamos años aquí, somos amigas de las residentes, rezan, trabajamos juntas, se confiesan, hacemos visitas a los ancianos con ellas pero, cuando les planteamos una posible entrega a Dios en el Opus Dei, nos dicen que no; unas en francés y otras en flamenco, pero dicen no. Nos miró con muchísimo cariño y nos dijo: "Desde ahora repetid al Señor: Señor, no nos trates como personas mayores, sino como niños que necesitan ver los resultados. Danos vocaciones pronto". Unos meses después pidieron la admisión a la Obra tres amigas nuestras. D. José María ya estaba en España, enfermo, moría el 7 de diciembre de 1972»[82].

Muchas personas comenzaron a pedir favores a través de su intercesión. Como atestiguaba Sabina Alandes: «La última vez que vi a D. José María fue en 1955, cuando llegó a Rosario (Argentina) enviado por nues-

[81] Testimonio de Fernando Inciarte Armiñán, AGP, JHG, T-00026, p. 7.

[82] Testimonio de Amparo Martín de Rosales Garrido, AGP, JHG, T-00033, p. 2.

tro Fundador en Comisión de Servicio. Desde entonces, no volví a verle pero desde su fallecimiento le he encomendado muchos asuntos, segura de su intercesión ante el Señor»[83].

Y resumía Francesco D'Agostino: «"Santos y formadores de santos": este deseo de san Josemaría se ha hecho realidad en una serie de personas. Y la gracia de Dios que se manifiesta es justo que reciba la gloria que Él espera. Cada muestra de santidad es a la vez un empuje para el cristiano. No veo qué cosa mejor que esta ha podido hacer D. José María entre nosotros. Con su alta capacidad humana y su procedencia social podría haber llevado a cabo una óptima carrera humana, pero sacrificó todo por hacer la Obra hasta el final de su vida. Por este motivo deseo su canonización»[84].

Son muchas las personas que han acudido en estos años a Dios para pedir por sus necesidades espirituales y materiales a través de su intercesión. Y la fama de su santidad sigue creciendo constantemente.

Escribía también Amelia Díaz-Guardamino Echeverría: «Estoy convencida de que D. José María Hernández Garnica vivió el espíritu del Opus Dei con una fidelidad extraordinaria, que sirvió de aliciente y de estímulo a muchas personas; y que practicó las virtudes cristianas, muy especialmente la de la caridad y el servicio a los demás, de modo heroico. Por si mis recuerdos pudieran servir como testimonio para su causa de beatificación y de canonización, los dejo escritos, por orden más o menos cronológico. En mi opinión, su elevación a los altares sería un gran beneficio no solo para los miembros de la Obra, que sacarían aún más provecho de su ejemplo y de su intercesión, sino tam-

[83] Testimonio de Sabina Alandes Caldés, AGP, JHG, T-00002, p. 4.

[84] Testimonio de Francesco D'Agostino, AGP, JHG, T-00001, p. 2.

bién para tantas otras personas ante las que se pondría de manifiesto la fecundidad de una vida vivida cara a Dios, sin más ambición que la de servir y hacer el bien a los demás»[85].

Respecto al tiempo de la apertura de la Causa, resume la historia Carmen Marco: «Cuando murió el Fundador del Opus Dei, pensé que el Proceso de D. José María Hernández Garnica se pospondría –lógicamente– porque la importancia para la Iglesia de que se iniciara el de san Josemaría era muy grande. Y lo pensaba con la seguridad de que también D. José María se había hecho santo viviendo el espíritu genuino del Opus Dei»[86].

---

[85] Testimonio de Amelia Díaz-Guardamino Echeverría, AGP, JHG, T-00015, p. 1.

[86] Testimonio de Carmen Marco Rodrigo, AGP, JHG, T-00032, p. 1.

ÍNDICE

testimonios

Vidas de contemporáneos que han sido testigos de Jesucristo en su existencia diaria

ISIDORO ZORZANO
Ingeniero Industrial
José Miguel Pero-Sanz
5ª edición revisada

EL DOCTOR ORTIZ DE LANDÁZURI
Un hombre de ciencia al encuentro con Dios
Juan Antonio Narváez Sánchez
2ª edición

TOMÁS ALVIRA
Una pasión por la familia. Un maestro de la educación
Antonio Vázquez
3ª edición

ALEXIA
Alegría y heroísmo en la enfermedad
Miguel Ángel Monge
9ª edición

GAUDÍ
Arquitecto de Dios (1852-1926)
Rafael Álvarez Izquierdo
3ª edición

PEPE SERRET
Himno a la vida
Lluis Raventós Artés
2ª edición

GUADALUPE ORTIZ DE LANDÁZURI
Trabajo, amistad y buen humor
Mercedes Eguíbar Galarza
4ª edición

TOMÁS ALVIRA Y PAQUITA DOMÍNGUEZ
La aventura de un matrimonio feliz
Antonio Vázquez

JUAN LARREA
Un rayo de luz sobre fondo gris
Antonio Vázquez

ILONA
Regálame tu sonrisa
Elisabeth András

CARLOS MARTÍNEZ, PESCADERO
Un revolucionario que se encontró con Dios
José Antonio Íñiguez Herrero y Pablo Álvarez Álvarez
2ª edición

UNA LUZ ENCENDIDA. DORA DEL HOYO
Javier Medina Bayo
3ª edición

MISIÓN CUMPLIDA
Mons. Álvaro del Portillo
Hugo de Azevedo
4ª edición actualizada

ROTURANDO LOS CAMINOS
Perfil biográfico de D. José María Hernández Garnica
José Carlos Martín De la Hoz